현대인을 위한 신학총서 3

신약개론

정훈택 지음

대한예수교장로회총회

발간사

이 땅에 복음이 들어온 지 불과 한 세기 정도에 한국 교회는 하나님의 크신 은총으로 괄목할 만한 성장을 이루어 세계 교회의 찬사를 받고 있습니다. 신앙의 열심과 세계 선교에 대한 큰 열정을 볼 때, 하나님께 받은 사명이 한국 교회를 통해 꽃피고 있다는 사실에 감사하지 않을 수 없습니다. 그러나 한편으로 한국 교회는 양적인 성장에 비하여 질적인 성숙도가 부족하다고 우려하는 자성의 소리도 크게 들려옵니다.

각양 사상과 문화가 혼탁해지고 상대주의, 다원주의의 물결이 넘쳐나는 혼돈의 시대입니다. 그 어느 때보다도 성경적인 사고와 생활이 내면화되도록 지도자와 평신도를 질적으로 교육하는 것이 시급합니다. 그런 관점에서 이번에 총회 교육부가 기획한 '신학총서' 는 개혁주의 신앙과 신학을 정립하고 성경적 삶을 살아가는 데 많은 도움을 줄 것이라고 생각합니다.

하나님의 형상으로 창조되고 예수 그리스도의 피로 구속함을 입은 우리는 성경으로 돌아가 성경대로 사는 것을 구심점으로 삼아야 합니다. "모든 성경은 하나님의 감동으로 된 것으로 교훈과 책망과 바르게 함과 의로 교육하기에 유익하니 이는 하나님의 사람으로 온전하게 하며 모든 선한 일을 행할 능력을 갖추게 하려 함이라"(딤후 3:16~17)는 말씀처럼,

철저하게 성경을 근거로 세계관을 확립하고, 바른 신앙과 신학을 정립하여 성경적인 삶의 열매를 맺는 데 '신학총서'가 도움이 되기를 바랍니다.

따라서 '신학총서'는 성도들이 효과적으로 신학을 이해할 수 있는 개론적인 성격을 띠고 있습니다. 주요 과목으로는 성경을 쉽게 이해할 수 있도록 돕는「구약개론」,「신약개론」, 초대교회 이후의 교회의 역사를 다룬「기독교 교회사」, 개혁주의의 핵심 진리를 다룬「장로교 기본교리」, 섬김의 진정한 의미를 깨닫게 하는「예배학」,「교회행정학」,「청지기론」, 말씀을 지켜 살아야 할 현대 그리스도인의 사명과 윤리를 다룬「기독교인의 생활윤리」등을 선정, 발행하였습니다. 금번 교재는 1998년에 출간된 초판 교재의 오탈자와 일부 내용을 바로잡아 새로운 디자인으로 출간하게 되었습니다.

신학생들과 평신도들이 '신학총서'를 숙독하여 교회를 올바로 섬기고 나아가 한국의 복음화에 기여하는 선한 일꾼들이 되기를 간절히 기원합니다.

2009년 9월
대한예수교장로회총회
교육부장

저자 서문

신약성경을 읽기 위해서는 바른 안내자가 있어야 한다. 「신약개론」은 신약성경을 읽고 이해하고 사용하는 데 필요한 안내서이다. 신약성경의 내용을 대신하거나 보충하려는 것이 아니라 신약성경의 이해를 도우려는 것이다.

한 권의 책이 탄생한 때와 같은 시대, 같은 장소에 살고 있는 사람들은 그 책을 읽는 데 별 어려움이 없다. 예를 들어 오늘날 한국에서 사는 사람들은 "지난 설에 고향까지 가는 데 꼬박 열 시간이 걸렸다"는 글을 쉽게 이해할 수 있을 것이다. 우리는 한국의 명절인 설을 너무나 잘 알고 있다. 모두가 고향을 찾아 나서서 차들로 길이 붐빈다. 오늘날의 교통 수단으로 남한의 이 끝에서 저 끝까지 가는 데는 아무리 멀어도 네다섯 시간이면 충분하지만, 설에는 하루 종일 걸리는 지루한 여행 끝에 겨우 고향에 도착한다.

그러나 차를 알지 못하는 옛날 사람이 이 글을 읽으면 고개를 갸우뚱할 것이다. 옛날에는 한양 가는 길이 보름이 걸리기도 하고, 한 달이 걸리기도 했다. 그들은 아무도 열 시간을 지루하게 생각하지 않을 것이다. 반대로 과학이 더 발달하여 초고속 자동차에 모두가 익숙해져 있는 시대가 오면, 역시 사람들은 '꼬박 열 시간 걸렸다' 는 글을 이해하기 어려울 것이다. 열 시간이라면 지구를 한 바퀴 돌 수 있는 시간인데 그 긴 시간을 길에서 보냈다는 것은 말도 안 되기 때문이다.

한국의 지형과 교통 상황을 전혀 모르는, 그리고 설에 굳이 고향을 찾아 나서지도 않는 외국인에게 "지난 설에 고향까지 가는 데 꼬박 열 시간이 걸렸다"는 소설의 한 대목은 적지 않은 설명이 필요할 것이다. 그 외국인은 한국을 잘 알고 있는 사람의 설명을 들어야 이 글을 겨우 이해할 수 있을 것이다.

이 「신약개론」은 한국 땅에서 현대를 살아가는 사람들에게 오래전에 지중해 연안에서 기록된 신약성경을 바로 이해할 수 있도록 도와주려는 책이다.

신약성경은 책이다. 2천여 년 전에 만들어진 책이다. 정확하게 말하자면 27권의 책들이 모여 있는 문집이다. 신약성경과 우리 사이에는 긴 시대의 간격이 놓여 있다. 신약성경이 배경으로 삼고 있는 장소는 우리에게 낯설다. 생소한 풍습과 관습이 등장한다. 언어도 다르고 사람들의 사고방식도 우리와 같지 않았다.

이 차이를 한마디로 '사람들이 전혀 다른 세상에 살고 있었다' 라고 말한다. '우리가 그들과는 다른 세상에 살고 있다' 고 말할 수도 있다. 신약성경은 우리가 경험할 수 없는 옛날 세계에서 탄생한 책이다.

하나님의 구속 사역이 그 세계에서 진행되었다. 이 내용이 당시의 언어로 기록되어 있다. 지금 한국에 살고 있는 우리가 신약성경을 올바로 읽고, 정확하게 이해하며, 무리 없이 사용하기 위해서는 적지 않은 도움이 필요하다.

이 개론서는 독자들에게 다음과 같은 면에서 도움을 줄 것이다.

1. 신약성경이 탄생한 시대, 장소, 그 당시의 문화와 관습 등 역사적 상황에 대한 지식을 제공한다.
2. 각 책의 저자, 수신자, 책을 쓰게 된 동기나 상황, 저술 목적, 문학적 특성 등에 대한 지식을 제공한다.
3. 27권의 각기 다른 책들이 기록되고 난 후 신약성경이라는 이름으로 모이고, 구약성경과 짝을 이루어 성경으로 발전하는 과정에 대한 정보를 제공한다.
4. 사본학과 원문비평학에 대한 지식을 제공한다. 사본학이란 발견된 신약성경의 고대 필사본들을 정리하고 해독하는 일을, 원문비평학이란 그 본문들을 비교, 분석하여 신약성경의 원문을 추측하는 일을 말한다.
5. 신약성경 각 책의 구조와 내용에 대해 개략적으로 소개한다.

이 개론서를 공부하는 모든 사람에게 하나님의 은총과 사랑이 가득하기를 기원한다. 또한 모두가 신약성경에 더 친숙해질 뿐만 아니라 신약성경이 명실 공히 신앙과 생활을 자극하고 조정하며 교회 사역을 준비하고 주도할 수 있게 되기를 기원한다.

1998년 6월

정 훈 택

차 례

제3부 바울서신

제4부 공동서신

제5부 계시록

제 1 부

서론

1. 신약성경은 어떤 책인가?

신약성경은 성경전서의 제2부를 구성한다. '신약(성경)' 은 마태복음에서 요한계시록에 이르는 스물일곱 권의 책에 붙여진 이름이다. '구약' 즉 '옛 약속' 을 담고 있는 39권의 책(구약성경)에 대조하여, 이 책들이 하나님의 '새 약속' 을 담고 있다는 의미이다.

신약성경에 포함되어 있는 27권의 책은 다음과 같다.

복 음 서 : 마태복음, 마가복음, 누가복음, 요한복음

행 전 : 사도행전

바울서신 : 로마서, 고린도전서, 고린도후서, 갈라디아서, 에베소서, 빌립보서, 골로새서, 데살로니가전서, 데살로니가후서, 디모데전서, 디모데후서, 디도서, 빌레몬서

공동서신 : 히브리서, 야고보서, 베드로전서, 베드로후서, 요한일서, 요한이서, 요한삼서, 유다서

계 시 록 : 요한계시록

책 중의 책

'신약(성경)' 이 무엇인지 모르는 사람은 오늘날 거의 없다. 기독교 신자가 아닌 사람도 신약성경 정도는 알고 있다. 신약성경이라는 이름은 혹시 모를 수 있어도 신약성경에 나오는 이야기 한두 개나 예수님의 교훈 한두 가지를 모르는 사람은 거의 없다.

신약성경은 하나님께서 인류를 구원하기 위하여 주신 인류의 책이다. 예수님의 십자가가 모든 사람을 향한 하나님의 사랑의 결과이듯이 이러한 소식, 즉 복음을 기록해놓은 신약성경은 인류를 위한 하나님의 사랑의 열매이다. 따라서 모든 사람이 이 책을 읽어야 한다. 또한 이 책의 내용을 들어야 하며, 지켜야 한다.

신약성경은 기독교인들만의 책이 아니다. 신약성경을 먼저 읽은 우리에게는 이 책을 누구에게나 전하고, 읽게 하고, 지키게 해야 할 의무가 있다.

기독교의 경전

신약성경이 인류에게 주어진 인류의 책임에도 불구하고 그 가치를 알고 있는 사람들은 기독교인들뿐이다. 기독교인은 신약성경을 하나님의 말씀으로 믿고 이 책을 신앙과 삶의 유일한 규범으로 사용한다. 즉 신약성경은 기독교의 경전이다. 우리는 다른 어떤 책도 신약성경과 같은 권위가 있는 책으로 인정하지 않는다.

물론 신약성경 앞에는 구약성경이 있다. 그러나 구약성경은 기독교인들만 사용하는 책이 아니다. 구약성경은 기독교의 경전이기 이전에 유대교의 경전이었다. 유대교는 아직도 구약성경을 거룩한 책으로 사용하고 있다. 그러나 유대교는 예수님을 믿지 않는다. 따라서 신약성경을 인정하지 않고, 가지고 있지도 않다. 기독교인들은 구약성경의 모든 예언들이 예수님에게서 성취되었다고 믿는다. 바로 이 점이 기독교가 유대교를 이어가지 않고 별개로 독립하게 된 원인이었다. 또는 유대교가 기독교라는 이름으로 계승되지 않고 별개의 집단으로 존속하는 이유이다.

예수님을 믿은 사람들은 기독교라는 이름으로 새롭게 출발하였다. 예수님을 믿지 않은 사람들은 유대교라는 이름으로 계속 이어갔다. 이렇게 보면 신약성경이야말로 진정한 의미의 기독교 경전이라고 할 수 있다. 구약성경은 신약성경과 함께 읽힐 때에만 기독교 경전의 역할을 하게 된다.

우리는 구약성경을 읽고 사용하되 예수님께서 말씀하셨고 그의 사도들이 확신한 대로 예수님과의 관련성 속에서 읽는다. 예수님의 가르침과 사도들의 전통을 따르는 것이다. 즉 구약성경을 기독교적으로 읽고 사용하는 것이 구약성경의 진정한 의미라고 믿는다. 하나님께서 대대로 말씀해 오셨던 바로 그 구속의 의지와 속죄 사역이 예수님을 통하여 나타났으므로, 이스라엘을 하나님의 백성으로 선택하여 그들에게 말씀하시고 사역하시며 구속자를 예언하신 일들을 기록해놓은 책들을 옛 약속, 즉 구약(성경)이라고 부르고, 그 예언들이 성취된 것을 기록해놓은 책들을 새 약속, 즉 신약(성경)이라고 부른다. 구약성경과 신약성경은 예수님을 구약성경의 성취로 믿는 기독교인들에게서 나온 이름이다.

구약성경은 그리스도에 대한 예언과 예표를 담고 있는 책들로 간주된다는 점에서 역시 기독교의 경전이다. 신약성경은 구약성경을 포함하고 있다고 말할 수 있다. 더 정확히 말한다면 신약성경은 예수님을 믿는 사람들이 구약성경을 어떻게 읽어야 하는지, 구약성경이 탄생한 이스라엘의 역사를 어떻게 이해하고 해석해야 하는지를 제한하고 있다. 어떤 사람이 구약성경을 신약성경이 말하는 대로 해석하지 않고 다르게 읽는다면 그는 구약성경을 오해하는 것이며, 구약성경을 기독교의 경전이 되지 못하게 하는 것이다.

교회의 책

신약성경은 교회의 책이다. 그 대부분이 예수님을 믿는 사람들을 위하여 기록되었다. 저자들도 같은 믿음을 가진 사람들이었다. 그들은 독자들보다 먼저 예수님을 만나 먼저 예수님을 믿은 사람들이었다. 독자들은 그들에게 전도를 받고 신자가 되었거나 비슷한 처지에서 저자들의 지도를 받고 있었다. 예수님을 믿는 저자들이 예수님을 믿는 독자들, 또는 교회에 전하고자 하는 내용을 각 책에 담아놓았다. 신약성경은 예수님을 믿는 사람들, 그들의 믿음을 전제하고 있음을 알 수 있다.

이것은 신약성경을 읽고 이해하는 데 같은 믿음이 필요하다는 것을 알려준다. 예수님을 믿지 않는 사람들에게 신약성경의 내용이 허황된 얘기로 보이는 것은 바로 이 전제가 그들에게 없기 때문이다. 예수님을 믿기 전까지 신약성경은 독자에게 가치 있어 보이는 교훈을 별로 전해주지 않는다. 신약성경을 읽기 위해서는 예수님을 향한 믿음이 있어야 한다. 예수님의 권위를 인정하고 그 아래 굴복하는 사람들만이 신약성경의 진가를 알게 된다.

예수님께 거리감을 두고 있는 사람들은 신약성경을 읽어도 그 진정한 가치에 도달할 수 없다. 그런 사람은 예수님에 대해 관심을 갖게 하고, 그 권위에 굴복하게 하며, 예수님을 믿도록 하는 일이 더 급한 일이다. 예수님을 믿도록 만드는 것은 살아 계신 예수님께서 직접 하시는 일이기 때문에 우리는 그들을 위해 기도하는 일, 복음을 전하는 일, 친절을 베풀고 도움을 주는 일을 하면 된다.

신약성경의 저자들은 그들이 믿을 수밖에 없었던 예수님을 독자들도 믿도록 이 글들을 통해서 강청하고 있다. 그들이 예수님께 배운 하나님의 뜻을 모두가 배워 순종하도록 설득하고 있다. 신약성경의 목적은 저자들의 믿음과 삶의 모습을 알려주는 데 머물지 않고 독자들을 자극하여 같은 믿음과 같은 삶의 길로 끌어들이는 데 있었다. 신약성경은 목적 의식이 강한 책이다.

권위의 책

믿음의 눈으로 신약성경을 읽는 사람들에게 신약성경은 하나님의 말씀이다. 일 점 일 획도 버리거나 고칠 수 없는 귀한 보물이다. 이것은 신약성경이 믿는 자들에게만 진리를 얘기하는 일종의 비밀문서라는 말이 아니다. 신약성경은 하나님의 일을 알려 모든 사람이 진리와 구원에 도달하게 하는 구원의 책이다. 언젠가는 모두가 이 사실을 수긍하는 날이 오겠지만 예수님을 믿기까지는 누구도 이 신적 가치를 인정하지 않는다는 말일 뿐이다.

예수님을 믿는 사람들에게 신약성경은 단순한 인간의 책이 아니다. 신약성경은 하나님의 말씀이요, 인간을 부르시고 회개하게 하시는 하나님의 구원의 도구이다. 인간에게 구원의 길을 여는 구원의 책이다. 하나님께서는 성경과 이 말씀을 통하여 그의 자녀들을 부르시고 교회를 세우시며, 우리로 하여금 하나님의 자녀답게 살고 세상을 정복하며 영원한 하나님의 나라로 향하게 하신다.

이 책을 거부하는 것은 예수님을 거부하는 것과 같다. 예수님을 보내신 하늘의 아버지를 피해 도망가는 것과 같다. 다른 면에서 말한다면 신약성경을 받아들이는 것은 예수님을 받아들이는 것과 같다. 예수님을 보내신 하나님을 믿고 인정하며 그 말씀을 듣는 것과 같다. 예수님께서는 사람들에게 자신을 영접하는 사람은 다름 아닌 하나님을 영접하는 것이요, 자신이 보낸 사람들을 영접하는 것은 예수님을 영접하는 것과 같다고 하셨다. 예수님께서 보내신 사도들의 말을 듣는 것은 예수님의 말씀을 듣는 것과 마찬가지이다. 같은 효과를 만들고 같은 결과를 낳는다. 신약성경의 권위는 곧 이것을 기록한 사람들의 권위요, 이들을 보내신 분의 권위이며, 예수님을 보내신 하나님의 권위이다. 그래서 신약성경은 하나님의 말씀이다. 하나님의 권위가 그 안에 새겨져 있다.

책으로서의 신약성경

신약성경은 신적 요소 외에 인간적 요소도 있다. 신약성경은 '책' 이라는 사실이다. 신약성경을 공부할 때 한편으로는 하나님의 말씀으로 받아들여야 하지만 다른 한편으로는 한 권의 책임을 잊어서는 안 된다.

책이란 무엇인가? 책은 정보를 전달하는 수단이다. 전달할 말을 글로 적어 쉽게 펼쳐볼 수 있도록 엮어놓은 것이다. 신약성경도 다량의 종이와 인쇄된 글자로 이루어져 있다. 책이라는 점에서 신약성경은 다른 책과 차이가 없다. 오래되면 낡아지고 찢어지고 못쓰게 된다. 늘 들고 다녀도 아무런 효험이 없다. 아무리 많이 가지고 있어도 소용이 없다. 신약성경의 효능은 읽고 이해하고 사용할 때 비로소 나타난다.

신약성경은 특수한 내용을 전달하는 책이다. 신약성경의 특징은 글자를 통해 전달하려고 하는 특수한 내용에 있다. 두 가지를 지적할 필요가 있다.

첫째, 신약성경의 내용만을 강조해서는 안 된다. 형식이나 도구가 달라지면 내용도 달라진다. 내용을 바꾸려면 글자를 바꿔야 한다. 형식과 내용, 글자와 의미는 뗄 수 없는 관계이다. 성경의 의미가 성령의 감동으로 되었다고 한다면, 당연히 축자영감설을 말해야 한다. 축자영감설을 고집하는 것은 영감된 내용을 보호하기 위한 것이다. 이렇게 성경의 의미영감설과 축자영감설은 서로를 보완하는 개념이다.

둘째, 신약성경의 내용을 다른 언어권의 사람들에게 전달하기 위하여 사람들이 이해할 수 있는 언어로 번역해야 한다. 그렇게 하지 않을 때 글자를 지키려는 욕심은 내용의 전달을 거부하는 것이 된다.

번역서로서의 신약성경

우리가 신약성경에 접촉하는 것은 대부분 한글 성경을 통해서이다. 따라서 신약성경이란 현실적으로는 한글 성경을 의미한다. 우리는 한글 성경을 통하여 예수님을 알게 되고 하나님의 구속 사역을 배운다. 전도자들, 목회자나 설교자들이 모두 한국어를 사용하기 때문에 이들을 통하여 예수님을 믿게 되는 모든 사람들에게 거룩한 책의 역할을 하는 것은 어디까지나 한글 성경이다.

그러나 신약성경은 원래 한글 성경이나 현대어 성경에 붙여진 이름이 아니었다. 2천여 년 전에 고대 헬라어로 기록된 책을 우리는 신약성경이라고 부른다.

한글 성경이 번역된 간략한 역사는 다음과 같다. 1882년 만주에서 누가복음이 번역되기 시작하여 1887년 「예수셩교젼서」란 이름으로 최초의 신약성경이 출판되었다. 그사이에 일본에서 별도로 1884년 「신약성경」이 번역, 출판되었다. 그후 선교사들과 한국인들로 구성된 성서번역자회에서 1900년에 번역한 「신약젼셔」가 개정되어 1904년부터 공인역으로 사용되다가, 1911년 「구약젼셔」와 합쳐져 「구약성경젼셔」가 탄생했다. 1938년 성서개역위원회가 「개역셩경」을 출판했는데 1952년과 1956년 두 차례에 걸쳐 철자법과 맞춤법을 수정하여 모든 교회가 사용하고 있다. 그 이후 「새번역」(1967년), 「공동번역」(1971년), 「현대인의 성경」(1977년), 「표준신약성서」(1983년), 「새성경」(1990년), 「표준새번역」(1992년) 등이 출판되었으나 대부분의 교회에서 예배용으로 받아들이지 않았다.

우리가 지금 사용하는 신약성경은 원칙적으로 60여 년 전인 1938년에 번역된 것이다. 비록 두 차례에 걸쳐 맞춤법을 수정했다고는 하지만 이제는 대부분의 사람들에게 읽기 어려운 책이 되고 말았다. 구한말과 일제시대를 거치는 동안 한국어는 한국민의 사랑을 받지 못했고 일제의 탄압으로 엄청난 수난과 혼란을 겪었다. 해방과 함께 한국어는 다시 정리되어 발전하기 시작했는데 60년 전의 한국어와 현대 한국어는 상당히 다르다. 비록 예전에 정확하게 최상의 번역을 만들었다고 해도 언어는 계속 변하고 발전하기 때문에 그 신약성경이 현대인에게 낯설게 느껴지는 것이다. 사람들과 사용하는 언어가 변했기 때문에 지금의 한글 신약성경은 헬라어 신약성경을 정확하게 번역하지 못한 것처럼 보인다.

신약성경이 하나님의 뜻을 전하는 면에서만이 아니라 아름다운 한글로도 한국민의 사랑을 받을 수 있도록 신약성경의 새로운 번역이 시급히 요청된다. 번역이 늦어지면 다음 세대의 선교에 엄청난 지장을 초래한다.

어려운 내용을 어려운 글로 읽으려는 사람은 드물기 때문이다.

그렇다고 신약성경이 변하는 것은 아니다. 신약성경은 2천여 년 전에 그 당시의 언어로 기록되었고 2천여 년 동안 조금도 변하지 않았다. 원형을 가지고 있기 때문에 현대에 사용할 신약성경은 필요할 때마다 다시 번역할 수 있다. 한국 교회의 침체 원인에는 성경이 사람들의 사랑을 받지 못하는 면도 있다는 사실을 잊지 말아야 한다.

책과 서신의 모음집인 신약성경

우리는 신약성경을 구약성경과 함께 한 권의 책으로 만난다. 한글 성경이 한 권의 책인 것처럼 편찬되었기 때문이다. 신약성경이 한 권의 책으로 취급되는 현상은 상당히 멀리 서기 2~3세기까지 추적할 수 있다. 오늘날에 신약성경을 공부하는 독자들의 대부분이 신약성경을 한 권의 책으로 생각하는 것은 어쩌면 자연스러운 현상이다.

하지만 신약성경은 수많은 책들과 서신들의 모음집이다. 다양한 책들이 다른 시대에 다른 장소에서 다른 사람에 의해 기록되었다. 각 책은 처음에 좁은 지역에서 한정적으로 사용되다가 조금씩 넓은 지역으로 퍼져나가며 이 책 저 책이 만나, 시간이 흐른 후에 지금과 같은 형태의 한 권으로 묶였다. 이것은 각 책이 탄생한 때로부터 훨씬 후대의 일이다.

저자들은 그들이 쓰는 글이 한 권의 큰 책으로 묶일 것을 알고 있었던 것 같지 않다. 또 그렇게 기대한 흔적도 없다. 다른 사람이 쓴 책이 있다는 것을 알고는 있었지만 저자 중 누구도 자신이 스물일곱 권으로 이루어질 신약성경의 한 부분을 맡아서 성실하게 그 역할을 하고 있다는 의식을 하고 있지는 않았다. 그들은 독립적으로, 즉 다른 저자나 저술들과 상관없이 저술했다. 이것은 각 책이 서로 다른 역사적 상황에서 탄생했음을 의미한다. 그리고 신약성경을 이해한다는 것은 일차적으로 각 책을 독립적으로 공부하는 것을 의미한다.

다른 시대에, 다른 장소에 사는 종들을 부르셔서 나중에 한 권의 책으로 묶일 기독교 경전의 한 부분을 쓰게 하신 것은 하나님의 일이다. 저자들은 각자 그들의 입장에서 자신이 쓰고 싶고 꼭 써야 할 것을 썼는데 결과적으로 교회의 경전이 될 신약성경의 한 부분을 쓰고 있었다.

저자들이 편지를 쓰거나 복음서를 저술하도록 충동질한 것은 그들이 속해 있던 교회나 그 교회가 존재한 지역의 역사적 상황과 연결되어 있다. 그들은 현실적 필요와 역사적 사명감에 의하여 복음서나 서신을 기록했다. 물론 그 배후에 하나님의 섭리와 독려, 영적 감화가 있었음을 우리는 부인하지 않는다. 이 책들이 거룩한 책이요 하나님의 말씀이라는 것은 초대교회 시절부터 줄기차게 이어져온 기독교인의 확신이었다. 우리의 확신이기도 하다. 그렇다고 하더라도 각 책의 특징과 다양한 상황 또는 목적을 부정하거나 무시해서는 안 된다.

신약성경이 교회사 초기에 하나의 책으로 모였고 또 충분히 그럴 만한 이유가 있었다 하더라도, 한 권의 책으로 취급되도록 공통점과 통일성이 명백하다 하더라도, 신약성경은 한 권의 책이기 이전에 책들의 전집이다. 신약성경을 이해하기 위해서는 무엇보다도 각 책, 각 편지를 개별적으로 이해할 수 있어야 한다.

문학적 특색을 지닌 문서들

하나님의 말씀이 인간의 언어로 기록된 이상 하나님의 말씀은 인간의 언어가 나타내는 제반 특색을 보일 수밖에 없다. 신약성경에 시적 표현이나 비유가 들어 있는 것은 당연한 일이다. 격언과 속담, 반의법이 빈번히 사용된 것도 이상한 일이 아니다. 신약성경에는 과장법도 있고 상징법도 있다. 신약성경을 이해한다는 것은 다양하게 표현된 본문의 특성을 찾아 각 특성에 맞게 해석하는 것을 의미한다.

신약성경의 요람인 교회

우리는 보통 신약성경을 교회가 세워져 있는 튼튼한 기초로 알고 있다.

물론 이것은 사실이다. 처음에 복음 사건이 있었고, 복음을 전하는 사도들이 있었으며, 예수님의 구속 사역과 사도들의 증거 위에 교회가 세워졌기 때문이다.

예수 그리스도의 십자가와 부활에 관한, 그리고 그를 통한 화목과 칭의에 관한 사도들의 증거는 확실히 교회보다 앞선다. 그 증거 사역 전에 예수님의 탄생과 생애, 대속의 사역이 있었다. 이것은 책이라는 정보 전달 매체나 그 매체를 통한 사건의 인식과 믿음보다는 사건(의 발생) 자체가 기독교의 주초가 된다는 의미이다. 교회는 예수님의 사역과 성령에 의해 이끌린 사도들의 증거의 열매이다.

그러나 다른 한편으로 교회는 신약성경의 요람이기도 하다. 교회가 모체가 되어 신약성경의 각 책들이 기록되고 수집되었다. 신약성경이 정경으로 받아들여진 것도 교회를 통해서이다. 교회는 신약성경의 각 책이 기록되기 이전부터 존재했을 뿐만 아니라 지금과 같은 형태의 신약성경이 탄생하는 데 결정적인 역할을 했다. 이 역할을 '요람'이라고 표현한 것이다.

이 양면성은 이렇게 요약할 수 있다. 내용적으로 보면, 신약성경의 핵심 내용인 복음과 복음 사건이 교회를 탄생시켰다. 형식적으로 보면, 그 복음이 다양한 형태의 책이 되도록 하고 다양한 결과를 낳도록 한 것은 교회였다. 신약성경과 교회의 관계 및 역할은 상호보완적이다.

신약성경의 다양성

신약성경의 형성 과정에 초대교회의 사정이 여러 면으로 작용했고, 이 구체적인 상황에서 교회의 난관을 타파하기 위하여 각 책이 기록되었다는 사실로부터 우리는 신약성경의 다양성을 쉽게 이해할 수 있다. 최소한 이러한 사실이 부정되어서는 안 된다. 이 다양성은 서로 상충되거나 초대교회의 대립 및 적대 관계를 보여주는 것은 아니다. 이 다양성을 통하여 우리는 복음과 교회의 풍부한 면에 접촉하게 된다.

한 문서를 신약성경 전체에서 분리하여 이 책이 강조하는 특수한 면, 독특한 신학을 추출하고 이것을 절대화한다면 초대교회에는 대립 또는 상충 관계가 있었다고 말할 수 있을 것이다. 그러나 이것은 옳지 않다. 그 책은 신약성경의 일부분을 구성하고 있기 때문이다. 다양성은 전체와 함께 이해되어야 한다.

복음서나 서신서를 검토하면 저자가 특정한 책이나 서신에서 특수한 일면만을 거듭 말하거나 자세하게 다루며 강조하고 있음을 알 수 있다. 다른 일면은 전혀 언급하지 않는 경우도 있다. 다른 책은 그 면을 거의 다루지 않는가 하면, 전혀 다른 면을 집중적으로 파고들기도 한다.

성경의 통일성에 초점을 맞춘 나머지 신약성경의 이러한 다채로운 면을 약화시키거나 극소화시켜서는 안 된다. 그렇게 할 필요도 없다. 대부분의 경우에 이러한 다양성은 아주 분명하게 표현되어 있기 때문이다. 예를 들어 교회 구성원의 차이는 같은 주제라도 다른 방식으로 설명할 것을 요청한다. 마태복음에 수록되어 있는 많은 말씀들은 이방인에게는 이해하기 힘든 내용이지만 유대인들에게는 설명이 필요 없을 정도로 자명한 내용들이다.

하지만 각 책들 사이의 다양성을 무조건 특수한 역사적 교회의 특수 상황, 현실적 필요, 그 발전상에서만 해결하려는 것은 잘못이다. 그 기록의 주체인 저자에게서 비롯된 것일 수도 있고, 그 내용이 지향하는 하나님과 그리스도에게서 연유한 것일 수도 있다. 이렇게 보면 신약성경 각 책의 모든 다양성이 연결되어 신약성경을 구성한다.

신약성경의 통일성

신약성경의 바탕에 깔려 있는 통일성은 신약성경의 주인공인 예수 그리스도께 있다. 이 하나의 이름이 모든 가능한 방법으로 주연을 연출하고 주목을 받는다. 예수 그리스도로 인해 하나님께서 사람과 함께하신다. 예수 그리스도 안에 하나님께서 자신의 의를 계시하셨다. 예수님은 모든 이름 위에 뛰어난 이름을 받으신 분이다. 예수님은 만물의 주님이므로 모든 무릎이 그 아래 엎드릴 것이다. 그 안에 하나님의 모든 약속이 성취되었다. 그는 자신의 손에 생명의 책과 심판의 책을 들고 계신다. 그의 재림에 모든 육체의 희망이 집중되어 있다. 이 이름 예수 그리스도는 모든 사람이 믿어 구원을 얻게 하는 이름이다.

신약성경의 저자들은 예수 그리스도를 위한 봉사자들이다. 그들이 스스로를 예수의 종 또는 청지기로 묘사하고 있음을 거의 모든 서신에서 발견할 수 있다. 이것은 그들의 기록이 예수 그리스도와 그의 복음, 그의 지상 사역을 돕고 널리 전파하기 위한 것임을 보여준다. 그들은 이 칭호를 예수님께 받았다. 예수님께서는 이 사람들을 자신의 종이라 칭하셨다. 이들이 주장하는 예수님과의 관계는 예수님 자신에게서 나온 것이다. 따라서 신약성경의 저자들은 자기들 멋대로 또는 자신의 필요를 위하여 저작한 것이 아니라 예수님께서 의도하셨던 대로 그의 사역을 계속하고 있었던 것임을 알 수 있다.

신약성경의 권위

사도들이나 기자들이 예수 그리스도의 종이라는 자세로 저술 작업에 임했다는 것은, 그들이 스스로의 권위가 아니라 주님의 권위에 의존했고 독자들 역시 이 책을 통하여 같은 주님의 권위에 직면할 수밖에 없다는 것을 알려준다. 그들의 저작 목적은 글을 통하여 독자들이 살아 계신 예수 그리스도와 직접 부딪히게 만드는 일이었다. 신약성경의 권위는 기자들이 증거하는 예수 그리스도의 권위와 같다.

예수님의 권위는 과거의 지상 생애에만 관계되어 있지 않다. 그의 권위는 과거보다는 오히려 지금 더 강하게 살아 움직이고 있다. 예수님은 지금도 주님이시다. 신약성경의 권위는 과거의 권위가 아니라 현재 우리의 삶 위에 있는 권위이다.

신약성경이 보이려고 노력하는 것은 예수 그리스도의 권위 곧 하나님께서 그에게 주신 권위라는 점이다. 예수님과 함께 하나님께서 세상에 찾아오시고 말씀하시고 일하신다는 것이다. '나를 본 자는 아버지를 보았다', '내 말을 듣는 사람은 하나님의 음성을 듣는 것이다' 라는 말씀은 예수님과 하나님을 같은 '한 분 하나님' 으로 믿을 때 의미심장한 말씀이다. 요한복음 1장 1절에서 예수 그리스도를 절대적 의미의 '말씀' 으로 부르며 창세기 1장의 말씀에 비유하고 있는 것은, 예수님을 하나님의 창조적인 말씀과 같은 신적 권위로만 설명할 수 있다는 것을 알려준다.

예수님을 가능한 모든 방법으로 구약성경과 결합하는 것은 예수님에 대한 어떤 신약적 개념보다도 더 강력한 설명이다. 하나님께서 구약 시대에 시작하셨던 구속 사역이 지금 예수님에게 와서 완성되어 그 마지막에 도달했다는 것이다. 구약성경의 감격스러운 장면은 무엇보다도 그의 영광스러운 출현 즉 자기 계시였는데, 이 하나님의 영광이 예수님의 탄생 시에 아낌없이 나타났다.

"우리가 그의 영광을 보니 (하나님) 아버지의 독생자의 영광이요 은혜와 진리가 충만하더라."

그리스도 안에 나타난 하나님의 창조주요 구속주로서의 권위는 이제 신약성경을 통하여 우리에게도 나타난다. 예수님께서는 사도들을 보내며 그들에게 자신의 권위를 덧입혀주셨다. 보냄을 받은 자는 보내신 분보다 더 크지 못한다. 보냄을 받은 자는 보내신 분의 권위로 말하고 행동하며 글을 쓴다. 보냄을 받은 자를 받아들이는 것은 곧 보내신 분을 받아들이는 것이다. 그래서 예수님께서는 '너희를 듣는 사람들은 곧 나를 듣는 것이다' 라고 말씀하셨다.

부활하신 후 예수님께서는 제자들에게 이렇게 말씀하셨다.

"아버지께서 나를 보내신 것같이 나도 너희를 보내노라."

이 파송은 성령의 은사를 동반하는 것이었다. 그들은 하나님의 영이 그들의 사역을 인도한다는 것을 알았다. 그러므로 '귀 있는 자들은 성령이 교회에 하시는 말씀을 들으라' 고 쓸 수 있었다. 성경에 나타난 권위는 성령의 권위이며 예수님의 권위요, 하나님 아버지의 권위이다.

신약성경을 공부한다는 것

신약성경을 읽고 공부하고 사용하는 목적은 무엇인가? 신약성경에서 우리는 예수님께서 2천여 년 전에 하셨다는 일들을 주로 배운다. 실제 사건에 접근하는 것은 물론 아니다. 성경을 통하여 사건에 대한 지식을 얻을 뿐이다. 그렇다면 예수님에 관한 지식을 얻거나 쌓으려고 신약성경을 읽는가? 신약성경에 대한 지식이 구원을 실어 나르는가?

신약성경을 읽는 것은 지식을 얻기 위한 것 이상이다. 물론 지식이 불필요하다는 말은 아니다. 다만 지식의 한계를 먼저 말하려는 것이다.

지식은 완전하거나 영원하지 않다. 배워도 배워도 끝이 없다. 외워도 또 잊어버린다. 한 번 얻어진 지식은 머잖아 망각의 세계로 흘러 들어간다. 사람은 늙어가며 얻었던 지식을 잊어버린다. 기억력의 감퇴가 원인이다. 죽음과 함께 뇌세포가 파괴되고 두뇌의 활동이 정지되면 모두가 배운 것을 잊고 만다. 지식으로 구원을 얻는 것은 아니다. 믿음을 지식으로 단정 짓고 이 믿음과 구원이 결부된 것처럼 이해하면 인간의 구원은 아주 불확실하게 된다.

성경은 예수님과 하나님의 과거 사역에 관한 것만이 아니라 훨씬 더 강하게 현재와 미래의 사역에 관하여 알려준다. 성경 기자들이 신약성경을 쓰고 있을 때 그러했던 것처럼 사람이 살아 움직이는 오늘과 오늘의 세계, 그 이후의 모든 미래가 하나님의 손에 놓여 있다. 예수 그리스도는 그때나 지금이나 영원히 살아 계시며 우리를 찾아 오신다. 예수님은 지금도 자신의 교회와 이 세상을 다스리는 영원한 주님이시다.

우리의 현재가 하나님께서 살아 계시고 예수님께서 역사하시는 바로 그 세상, 바로 그 시점이다. 기독교의 진정한 핵심은 과거의 사건과 말씀에 대한 지식이 아니라 그러한 일들을 일으키신 하나님과 예수님, 성령님께서 지금 살아 계시며 활동하시는 데 있다. 또한 하나님의 섭리와 통치에 대한 인간의 지식이 아니라, 그렇게 오늘의 세상을 다스리시는 하나님 자신과 그의 실제 사역에 있다. 우리는 성경을 통하여 지금 살아 계시며 역사를 주관하시고 우리를 부르시고 인도하시는 하나님에 대하여 상세하게 배우는 것이다. 살아 계신 주님께서 우리를 부르실 때 우리는 주님을 만난다. 우리를 위해 십자가를 지신 그 주님을 살아 있는 우리가 믿음으로 부를 때 주님께서는 우리를 찾아오신다. 예수님께서 그때 제자들을 찾아오셨던 것처럼.

신약성경은 지금 우리와 동행하시는 하나님이 어떤 분인지를 알려준다. 그 하나님은 아브라함과 이삭과 야곱의 하나님이시다. 가는 세대와 함께하셨으면서도 오늘의 세계를 다스리시고 오는 세대와 여전히 함께하시는 분이다. 신약성경은 십자가를 지시고 승리하시고 우리를 인도하시는 예수님이 어떤 분이며 어떤 일을 하셨는지를, 그리고 지금 어떤 일을 하고 계시는지를 알려준다. 또한 신약성경은 예수님을 믿지 않는 사람들에게는 하나님과 그 구원의 사역을 소개하여 지금 살아 계신 그분과의 만남을 준비하고 고대하게 하는 역할을 한다.

어떤 사람이 신약성경이 보도하는 내용을 모두 알고 있으면서도 예수님을 믿지 않는다면 그가 배운 것은 지식으로 끝날 뿐이다. 그런 지식은 야고보서에 따르면 귀신들도 가지고 있다. 복음서에는 제자들보다 예수님을 더 잘 아는 귀신 들린 사람과 사탄에 대하여 말하고 있다.

신약성경을 읽고 공부하는 것은 지식의 습득으로만 끝나지 않는다. 성경은 복음을 전하고 받아들이는 것을 통하여 우리의 구원이 가능해진다고 말한다. 이는 복음적 지식이 우리를 구원하는 힘이 있기 때문이 아니라 복음이 십자가를 지셨던 예수 그리스도와의 만남을 준비하게 하고 매개하기 때문이다. 복음이 가는 곳에 주님께서도 함께 가신다. 복음이 전파되는 곳에 일어났던 성령의 사역을 통하여 우리는 이 점을 확증하게 된다. 복음이 전파되면 그리고 그 복음을 받아들이면 예수님께서 그에게 오신다. 그를 고치시고 용서하시고 이끌어가신다.

신약성경을 읽는 것으로 자동적으로 모든 결과가 만들어지는 것은 아니다. 예수님을 믿고 그 권위에 굴복하여 신약성경을 읽을 때 직접 사역하시는 분은 주님이시다. 성령님이시다. 그리고 이 모두를 주도하시는 하나님이시다. 신약성경을 살아 계신 삼위일체 하나님의 권위 있는 말씀으로 읽을 때 주님께서는 성경을 통해서 우리에게 말씀하신다. 신약성경은 영원한 하나님의 말씀이기 때문에 비록 글자로 기록되었어도 하늘에서 지금 울린 소리 못지않게 신자들을 권위적으로 고치고 바꾸고 인도하는 힘이 있다. 신약성경은 하나님께서 믿는 자들을 자신의 자녀로 키우시고 자신의 나라로 나르시는 하나님의 통치 도구인 것이다.

우리의 현재가 삼위일체 하나님의 주권과 사역 아래 놓여 있지 못한다면, 아무리 많은 성경적 지식을 가지고 있다 하더라도 우리는 아무것도 아니다.

생각해볼 문제

1. 신약성경은 누구를 위한 책입니까?
2. 기독교의 경전에는 어떤 책이 있습니까?
3. 신약성경을 바로 이해하기 위하여 무엇이 필요합니까?
4. 신약성경의 권위란 무엇을 말합니까?
5. 신약성경이 책이라고 할 때 무엇을 강조하는 것입니까?
6. 우리가 사용하는 한글 개역 신약성경은 언제 번역된 것입니까?
7. 신약성경은 모두 몇 권으로 이루어진 문집입니까?
8. 복음과 교회, 교회와 신약성경의 관계와 역할을 요약하십시오.
9. 신약성경의 다양성과 통일성이란 무엇을 말합니까?
10. 왜 신약성경을 읽어야 합니까?

2. 신약성경 배경사

예수님을 통한 하나님의 구속 사역은 특정한 시대에 특정한 장소에서 진행되었다. 하나님의 사역과 그 결과를 알려주는 신약성경의 모든 책들 역시 특정한 시대에 특정한 장소에 살았던 사람들에 의하여 기록되었다. 하나님의 구속 사역과 이것을 보도하는 신약성경은 모든 시대에 유효하게 적용된다 하더라도 그 시대의 흔적을 가지고 있다. 그러므로 하나님의 구속 사역이 진행되었고 이것을 기록한 사람들이 살았던 세계에 대해 아는 것은 신약성경을 이해하는 데 필수적이다.

그 세계의 모든 것은 그때 돌발적으로 역사의 현장에 등장하는 것이 아니라 앞 시대에서 주어지는 것이기 때문에 신약성경의 역사적 배경은 구약성경이 끝나는 곳에서부터 살펴보아야 한다(고대 사건들의 연대는 책에 따라 1~2년의 차이가 있을 수 있다).

북방 이스라엘의 멸망과 그 결과

기원전 722년 북방 이스라엘을 멸망시킨 앗수르 왕 사르곤 2세(에살핫돈)는 그곳에 살고 있던 이스라엘 사람들을 다른 지역으로 이주시키고 대신 이방인들을 이주시켰다. 이러한 이중 이주의 결과로 사마리아(북방 이스라엘)는 이방인과 혼혈족이 거주하는 곳이 되었고 유대 역사에서 더 이상 중요한 역할을 하지 못했다. 이 상황은 예수님 당시까지 거의 그대로 지속되었다. 예수님의 사역 당시 사마리아와 그 북쪽의 갈릴리는 몇 도시를 제외하고는 혼혈족이나 이방인들이 거주하고 있었다.

남방 유대의 멸망과 그 결과

기원전 587년 바벨론(바빌로니아) 왕 느부갓네살이 남방 유대를 멸망시켰다. 그는 솔로몬이 지었던 성전을 위시하여 예루살렘을 파괴하고 성전 기물들을 약탈했으며, 유대인 중 귀족과 귀인들을 바벨론의 수도인 수사를 비롯하여 여러 도시로 잡아갔다. 유대 본토에는 농부나 목동 등 비천한 사람들만이 남았다.

남방 유대의 멸망은 유대인들에게 심각한 신학적 문제를 불러일으켰다. 사무엘하 7장 11~17절에서 하나님께서 다윗 가문에 영원한 왕권과 축복을 약속하셨는데, 유대인들은 이 약속에 근거하여 다윗 왕국이 절대로 멸망하지 않을 것으로 믿고 있었기 때문이다. 중심이 바벨론으로 이동한 유대인들은 비참한 운명에 처하여 두 가지 방향에서 해결책을 찾았다.

첫째, 그 원인과 책임을 하나님의 언약에 대한 그들의 불성실에서 찾았다. 유다의 멸망을 불성실에 대한 하나님의 심판으로 이해하자 그것이 오히려 하나님의 성실하심으로 이해된 것이다. 이것은 집단적 회개 운동으로 나타났다.

둘째, 그들이 과거의 죄를 회개하고 하나님의 율법을 성실히 준수하면 하나님께서는 언제라도 그들을 고국으로 돌려보내 하나님의 백성으로서의 영광을 회복시켜주실 것으로 믿었다. 이 미래에 대한 기대는 다윗 왕가의 회복을 핵심으로 하는 메시아 대망 사상의 뿌리가 되었다.

성전과 성전 제사가 중심이었던 유대교는 이 기간 동안 거주지의 한 건물(회당)을 중심으로 하는 회당 예배로 발전되었으며 이 회당에서 율법을 가르쳤다.

기원전 539년, 고레스 왕이 바벨론을 멸망시키고 페르시아(바사) 제국을 세우면서 유대인들의 꿈이 실현되었다. 바벨론으로 잡혀갔던 사람들 중 일부가 여러 차례에 걸쳐 귀환했다. 그들은 성전을 수리하고 성벽을 보수했으며 대제사장이 중심이 되는 유대 사회를 재건하고 성전 제사를 회복했다. 그러나 오랫동안 이전과 같은 독립 국가로 회복되지는 못했다. 특히 한 번 몰락한 다윗 가문은 예수님 당시까지도 그리고 영원히 왕권을 되찾지 못한다.

이후 페르시아의 지배가 계속되는 200여 년 동안 이 상황은 크게 변하지 않았다. 구약성경 외에는 이 시대의 유대인들의 삶을 보여주는 다른 자료들이 남아 있지 않다. 특기할 사항이 있다면 바벨론 포로기 이후에 유대인들이 아람어를 사용하게 되었다는 것과, 재건되는 유대 사회에 대항할 목적으로 사마리아의 그리심 산에 다른 성전이 세워졌다는 것이다.

헬라 통치 시대

유대 지역은 기원전 332년부터 헬라의 지배를 받게 되었다. 그 결과는 두 가지 면에서 눈에 보이게 나타났다. 헬라 방식의 도시가 곳곳에 건설되었고, 헬라어가 상용어로 급속하게 퍼져 나간 것이다.

지중해 전역을 통일시킨 알렉산더 대왕이 죽은 후에 헬라 제국은 넷으로 분할되었다. 그중 신약성경을 이해하는 데 중요한 역할을 하는 것은 이집트와 리비아 지역에 세워진 프톨레미 왕조와, 시리아와 페르시아 지역에 세워진 셀류커스 왕조였다.

기원전 320년부터 유대는 프톨레미 왕조가 지배하였다. 이 시기의 유대 지역의 역사는 잘 알려져 있지 않다. 프톨레미 왕조는 유대인들에게 비교적 관대하게 대했기 때문에 유대인들은 외세의 압력을 거의 받지 않는 비교적 안정된 시기를 누렸던 것으로 보인다. 그들은 지배자들에게 정해진 세를 바치는 것으로 평화를 유지할 수 있었다. 이 기간에 구약성경이 헬라어로 번역되기 시작하였다. 최초로 번역된 것은 모세오경인데 알렉산드리아에서 72인의 유대인 장로들에 의하여 70일 동안에 번역되었다. 그래서 칠십인경(LXX)으로 불린다. 구약의 외경 중 토빗, 유딧 등이 이때를 배경으로 하고 있다.

기원전 200년에 유대 지역은 셀류커스 왕조의 지배를 받게 되었다. 셀류커스 왕조의 관할 아래 유대 지역은 초기에는 비교적 안정되어 있었지만 기원전 175년 안티오커스 4세(별명, 에피파네스)가 왕이 되면서 상황이 급변했다.

안티오커스 4세는 과거의 막강했던 셀류커스 왕조를 재건하기 위해 노력했다. 그는 우선 그의 제국을 정신적으로 통일시켜야 한다고 생각했고, 헬라주의를 강력한 통일왕국의 이념으로 삼았다. 이러한 정책을 실행해가는 데 유일신 사상인 유대교는 가장 큰 방해물이었다. 따라서 그의 정책은 유대교의 탄압에서부터 시작되었다.

그가 가장 먼저 착수한 것은 유대인들을 실질적으로 지도하고 있던 대제사장을 갈아치우는 일이었다. 기원전 174년, 그는 유대인의 존경을 받고 있던 보수적 성향의 대제사장 오니아스 3세를 파면하고 헬라화 정책에 긍정적이었던 오니아스의 동생 요수아(야손이란 헬라 이름으로 개명)를 대제사장직에 임명했다. 물론 요수아는 형보다 더 많은 공물을 바칠 것을 약속하고 이 직책을 얻게 되었다.

요수아를 앞세운 안티오커스 4세는 거룩한 성 예루살렘에 경기장 시설을 갖춘 군사 훈련소를 세웠고, 이곳에서 유대 청년들을 헬라 청년들과 함께 나체로 훈련을 시켰다. 거룩한 성은 곧 성적으로 문란해졌으며, 할례가 정복자들에게 비방거리가 되자 이를 복구하려는 사람들이 속출하여 큰 사회적인 문제가 되었다. 유대인들은 앞다투어 이름을 헬라 식으로 개명하고 이교도들의 경기와 그 의식의 하나인 이방신들에 대한 제사에 동참했다. 안티오커스 4세는 헬라 시민권을 발행하여 이 시민권을 가진 사람들에게 특혜를 주었기 때문에 유대 사회는 급속하게 헬라화되어갔다. 유대 사회가 이교화하는 것에 반대하는 유대인들이 있었지만 정복자들의 정책을 꺾거나 예루살렘의 변화를 막을 수는 없었다. 이때 유대 지역의 헬라화에 반대하던 사람들을 '경건한 사람들' 이란 뜻의 '하시딤' 이라고 불렀다.

그러나 안티오커스 4세는 이런 소극적인 개혁에 만족하지 못했다. 기원전 171년 사독 가문에도, 대제사장 가문에도 속하지 않고 오히려 정치에 관심을 가지고 있던 메넬라우스를 제사장직에 임명했다. 물론 더 많은 공물이 안티오커스 4세에게 건네졌다. 대제사장직은 항존직으로 사독 가문을 따라 세습되어왔는데 메넬라우스가 대제사장이 됨으로써 출애굽 이후 46대 1,560여 년 동안 이어져온 구약 전통이 파괴되었다. '경건한 사람들' , 제사장들과 그 가족, 특히 사독 가문에 속한 대제사장 가문의 사람들이 이에 분개했지만 사태를 되돌릴 수는 없었다. 대제사장이었던 오니아스 3세는 후에 살해당한 것으로 보인다. 법적 계승자인 그의 아들 오니아스 4세가 복수를 하고 대제사장직을 되찾기 위해 예루살렘을 기습했으나 성공하지 못했다. 그는 애굽으로 도망칠 수밖에 없었다(기원전 169년). 그는 이집트 왕 프톨레미 4세의 지원을 받아 레온토폴리스에 성전을 건축하여 이곳에서 '다른 제사' 를 하나님께 드리기 시작했다. 이로써 대제사장직에 흠없는 대제사장이 회복될 희망도 함께 사라졌다. 법적 계승자는 다른 성전에서 다른 제사를 드렸고 예루살렘에서는 무자격자들이 대제사장직을 수행했기 때문이다.

한편 안티오커스 4세는 소아시아를 로마에 빼앗긴 분풀이로, 약하다고 생각되었던 이집트를 공격했지만 로마의 방해로 뜻을 이룰 수 없었다. 이 전쟁 중 예루살렘에서 반란이 일어났다. 반란은 요수아가 백성들과 함께 메넬라우스를 몰아내려고 일으킨 것이었다. 안티오커스 4세는 예루살렘으로 돌아와 요수아를 격파하고 성전 재물을 몰수한 후 성전 관리를 다시 메넬라우스에게 맡겼다. 많은 사람이 죽임을 당했고 일부는 노예로 끌려갔다.

이후 안티오커스 4세는 외부로의 돌파구를 더 이상 마련하지 못하고 내부 문제에 치중하여 유다의 강력한 헬라화에 몰두했다(기원전 167년). 그는 하나님께 드리는 희생제사를 금했고 율법을 지키는 사람을 탄압했다. 안식일을 지키지 못하게 했고, 할례를 시행하지 못하게 했으며, 성전 안에 제우스 신상과 제단을 건립하여 이곳에서 12월 25일(안티오커스의 생일) 이래로 매월 25일 부정한 짐승인 돼지로 희생제사를 드리게 했다.

유대 지역의 한 시골 모딘(혹은 모데인)에서부터 무력적인 저항이 시작되었다. 이 지방의 늙은 제사장 맛다디아가 기원전 167년 이방신들에게 제물을 드리도록 강요하는 안티오커스 4세의 감독관과 그를 따르는 한 유대인을 살해한 것이 사건의 도화선이었다. 그는 자신의 다섯 아들과 유대 광야로 도망했는데 뜻을 같이하는 많은 하시딤(경건한 사람)들이 모여들었다. 그들은 셀류커스 왕조에 대항하여 광야에서 게릴라전을 벌였다.

아버지 맛다디아가 죽자 셋째아들 유다 마카비가 지휘권을 넘겨 받았다. 그가 이끄는 반란군은 기원전 164년 엠마오 전투에서 셀류커스 왕조의 진압군을 격파하고 곧바로 예루살렘으로 진격하여, 성전에 신상이 세워진 지 꼭 3년 만인 12월 25일에 성전을 회복하고(성전 청결) 하나님께 드리는 희생제사를 회복시켰다. 이날을 기념하는 축제인 수전절(하누카, 요 10:22)이 이때 시작되어 오늘날까지 12월 25일부터 8일간 거행된다.

마카비 시대

기원전 164년 성전을 회복하고 하나님께 제사를 다시 드리기 시작한 이 시기부터 하스몬 시대 또는 마카비 시대라고 부른다. 하스몬은 이 반란을 주도한 맛다디아 가문의 이름이고, 마카비는 아람어로 망치라는 뜻인데 이방인들과 이방신들을 마구 두들겨 부순다는 의미로 유다에게 붙여진 별명이었다.

기원전 160년에 유다가 전사하고 막내인 요나단이 지휘권을 인계 받았다. 외세의 위협과 내부의 반란으로 골치를 앓고 있던 셀류커스 왕조는 그를 기원전 152년에 대제사장으로 인정했다. 요나단은 이것을 당연하게 받아들였지만 이 때문에 마카비 가문에 대한 유대인들의 반감이 시작되었다. 지금까지 대제사장 가문에 속하지 않은 사람이 이 직을 계승한 것은 외세에 의하여 어쩔 수 없이 일어난 일이었지만, 이제는 유대인 스스로에 의해서 받아들여졌기 때문이다. 셀류커스 왕조와 요나단은 대제사장직을 정치적인 것으로 이해했지만, 유대인들은 종교적인 것으로 이해하고 있었다는 것이 큰 차이점이었다. 유대인들이 요나단의 대제사장직을 옳지 않게 여긴 또 다른 이유는 그가 여러 전쟁에서 피를 흘린 군인이기 때문이었다. 깨끗해야 할 대제사장직을 군인이 승계하는 것을 가슴 아파한 것이다.

기원전 142년 요나단이 죽고 둘째 형 시몬이 이를 계승했다. 이때 나라 자체는 셀류커스 왕국에 종속되어 있었으나 세금 면제의 혜택을 받음으로써 사실상 정치적 자유국이 되었다.

시몬의 통치 아래 이스라엘은 많은 영토를 회복했다. 그러나 많은 경건한 사람들은 지도자들을 더 이상 따르지 않았다. 하스몬 왕가는 구약의 계명이나 정결 예식 등 종교적인 것보다는 정치에 뜻이 있었기 때문이다. 대부분의 유대인들은 정치적 지배권이나 통치권 등에는 별 관심이 없었고 하나님 앞에서의 정결과 완벽한 신앙 생활에 관심을 가지고 있었다.

기원전 134년 시몬이 사위에 의해 살해되자 그의 둘째아들 히르카누스 1세가 지도권을 계승했다. 그는 군인 출신으로 정복 정치를 일삼았는데 사마리아, 갈릴리 등이 이때 이스라엘의 세력권에 들어왔다. 사마리아를 정복한 그는 그리심 산의 성전을 파괴하고(기원전 128년) 갈릴리 지역에 순수 유대인들을 이주시켰다. 갈릴리 지역은 농사를 지을 수 있는 비옥한 땅이었기 때문이다. 그는 또 이두메아(에돔)를 정복하고 이두메아인들에게 할례와 개종을 강요했다.

기원전 104년, 히르카누스 1세의 뒤를 이어 그의 아들 아리스토불루스 1세가 이스라엘을 지배했다. 그는 대권을 쥐고 왕이란 칭호를 사용했으며, 갈릴리 지방 북부와 이두레아를 정복했다. 그의 아버지와 마찬가지로 주민들에게 할례를 강조했다.

기원전 103년, 아리스토불루스 1세가 죽자 그의 미망인인 살로메 알렉산드라가 가장 나이 많은 시동생인 알렉산더 얀네우스와 결혼하여 왕위를 승계했다. 얀네우스는 하스몬 왕가의 정치적 영향력을 싫어하던 바리새파 사람들과 충돌하여 약 800여 명 정도를 십자가에 처형했다. 그는 야심가로 기원전 80년경에는 나라의 영토를 과거 다윗과 솔로몬 시대만큼 확장할 수 있었다.

얀네우스가 죽은 후(기원전 76년) 그의 아내 알렉산드라가 약 9년간 통치를 계속했다. 여성이기 때문에 자신이 맡을 수 없었던 대제사장직에 맏아들 히르카누스 2세를 임명하고 작은아들 아리스토불루스에게는 군사 통수권을 맡겼다. 그는 남편 때에 벌어졌던 바리새파와 화해하고 그들이 산헤드린의 회원으로 들어오게 했다.

기원전 67년, 히르카누스 2세가 어머니를 이어 즉위했으나(바리새인들이 그를 지지했다) 동생인 아리스토불루스 2세가 사두개인의 지지를 등에 업고 형을 공격했다. 그는 군사력을 힘입어 예루살렘을 함락하고 왕위에 올랐다(기원전 66년). 히르카누스 2세는 이두메아로 도피했는데 이두메아인의 지도자인 안티파텔이 그를 도와주었다.

기원전 146년, 그리스와 소아시아를 병합한 로마는 이후 내전으로 시달리다가 이 무렵 안정을 되찾고 있었다. 폼페이우스가 셀류커스 왕조에 마지막 일격을 가하기 위해 정벌차 시리아에 진군해 있을 때, 유대인들은 그에게 형과 아우의 싸움을 중재해줄 것을 요청했다. 폼페이우스 장군은 군대를 이끌고 예루살렘에 입성하여 아우를 체포하고 안티파텔의 충고에 따라 형 히르카누스 2세를 대제사장으로 인정했다.

기원전 64년, 로마 제국은 이렇게 피 한 방울 흘리지 않고 이스라엘을 정복하였다. 이스라엘은 그나마 손에 넣었던 정치적 독립권을 잃었고 대제사장의 영향권은 유다, 사마리아, 갈릴리와 베뢰아로 제한되었다. 로마의 통치 아래 이스라엘은 시리아 주의 한 지방(속주)으로 편입된 셈이다.

폼페이우스는 아리스토불루스 2세와 그의 두 아들, 그의 추종자들을 전리품으로 로마로 끌고 갔다.

로마 시대

◉ 안티파텔

안티파텔은 이두메아의 지도자로서 유대화 정책으로 억지로 할례를 받은 개종인이었다. 그가 유대 역사와 인연을 맺은 것은 히르카누스 2세를 지원하면서부터였다. 로마가 형제들의 싸움에 개입할 때 그는 참고인 정도로 등장하나, 유대 지역이 로마의 속주로 편입되고 히르카누스 2세가 대제사장으로 전락할 때 안티파텔은 로마를 등에 업은 숨은 실력자로 등장했다. 예루살렘에서 세 번의 반란이 일어났을 때 안티파텔은 전적으로 로마를 지지하여 큰 신임을 얻고 기원전 55년에 유대의 총독으로 임명되었다.

기원전 47년, 율리우스 시저가 알렉산드리아 전쟁에서 곤경에 처했을 때 안티파텔은 유대와 이집트 지역의 유대인들을 설득하여 시저를 도왔다. 그 결과 시저는 지중해 통일을 위한 마지막 전쟁에서 승리하는데, 안티파텔과 유대인들은 그 공로를 인정받아 큰 특권을 얻게 된다. 히르카누스 2세는 기원전 47년에 왕이란 칭호를 사용할 수 있게 되었고, 안티파텔은 로마 시민권과 함께 유대 지역의 로마 집정관이 되었다. 그의 두 아들 파사엘과 헤롯은 유대와 갈릴리의 군사령관이 되었다.

◉ 헤롯 대왕

기원전 44년, 로마에서 시저가 살해되면서 내분이 일어났고, 예루살렘에서도 안티파텔이 기원전 43년에 살해되었다. 산헤드린과 안티파텔의 두 아들 사이의 삼파전에서 헤롯이 정권을 장악했다. 그는 브루투스 일파를 격파한 안토니우스와 옥타비아누스에 의해 '유대인의 왕'으로 인정받았다.

기원전 40년, 아리스토불루스 2세의 아들 안티고누스가 예루살렘에서 반란을 일으켜 약 3년간 이스라엘을 지배했다. 반란에 성공한 그는 대제사장 히르카누스 2세(그의 큰아버지)의 귀를 자르고 파면시켰다. 파사엘은 전쟁 중에 자살하고 헤롯은 로마로 도망했다. 헤롯은 로마에서 두 친구 안토니우스와 옥타비아누스의 후원으로 원로원을 통하여 다시 한번 '유대인의 왕'으로 인정받았다. 사두개인들이 지지했지만 기원전 37년 로마 군대의 도움으로 예루살렘을 함락시키고 나서야 실제적으로 유대인의 왕이 될 수 있었다.

무력으로 왕이 된 헤롯 대왕은 왕좌를 늘 불안하게 생각했다. 유대인들이 이방인인 자신을 회피하며 늘 다윗 왕국의 회복과 진정한 유대인의 왕, 즉 메시아를 기대하고 있었기 때문이다. 헤롯은 불안감을 해소하기 위하여 기원전 20년에 성전을 아름답게 단장하고 증축하기 시작했다. 하나님을 열심히 섬기는 사람으로 보이려는 정치적인 노력의 하나였다. 이 성전 공사는 서기 63년까지 계속되었다.

다른 한편으로는 유대인의 존경을 받는 사람들을 수단과 방법을 가리지 않고 제거했다. 대제사장이 유대인의 존경을 받는 것으로 보이면 즉시 파면하고 새로운 사람을 대제사장에 임명했다. 베들레헴 부근에서 두 살 아래의 아이들을 살해한 것도 잔인한 그의 성격을 보여주는 사건이었다.

유대인들과의 관계는 원활하지 못했지만 헤롯은 로마 제국에서 유능한 정치인이요 위대한 건축가로 알려져 있었다. 그는 철권과 검으로 그가 맡은 지역을 탈없이 다스렸고, 많은 세금을 거두어들여 수많은 건물의 건축과 도시 건설에 사용했다.

이러한 헤롯의 활동에 힘입어 로마 제국 안에서 유대인의 지위는 다른 민족에 비해 크게 향상되었다. 유대인들은 어디에서나 환영을 받았고 별 반대나 제약 없이 회당을 중심으로 하는 유대 사회(디아스포라)를 조직하고 살아갈 수 있었다. 그러자 그의 헬라화 정책을 지지하는 유대인들이 나타났다. 이들을 특별히 헤롯당이라고 불렀다. 바리새인들은 헤롯이나 헤롯당과는 늘 거리를 두고 다녔으나 사두개인들은 그 정치 도구로 전락하였다.

◉ 복음사 시대

기원전 4년 4월 1일경 헤롯 대왕이 여리고에서 병으로 죽은 후 아우구스투스 황제는 헤롯 대왕의 유언을 승인하여 그의 영토를 다음과 같이 셋으로 분할하여 헤롯의 세 아들에게 주었다.

- 아켈라우스 : 유대, 사마리아, 이두메아 지역(서기 6년까지)
- 안티파스 : 갈릴리, 베뢰아 지역(서기 39년까지)
- 빌립 : 이두레아, 요단강 건너편(서기 34년까지, 이 빌립은 헤로디아의 전 남편이 아님)

아우구스투스 황제는 왕이란 칭호 대신 '민중의 지도자' 또는 감독의 의미가 있는 '분봉왕' 이란 칭호를 사용하게 하였다.

◉ 유대·사마리아

팔레스틴의 노른자위를 상속받은 아켈라우스는 유대인의 탄원에 의해 서기 6년에 폐위되어 추방당했다. 이후로 유다와 사마리아 지역은 로마의 총독이 다스리는 지역으로 편입되었다(서기 41년까지). 로마 제국이 직접 관할하는 총독 정치에는 두 종류가 있었다. 로마 원로원이 총독을 임명하고 세금을 부과하는 원로원 관할 총독구와, 황제가 총독을 임명하고 세금을 부과하는 황제 관할 총독구이다. 유대·사마리아 지역은 황제 관할 총독구로 개편되어 황제의 근위대가 주둔하게 되었다.

최초의 총독은 코포니우스였다(6~9년). 지역상으로 보면 유대·사마리아는 시리아 주에 속해 있었는데 황제는 당시 시리아의 총독이었던 퀴레니우스(구레뇨)에게 명령하여 이 지역의 조세 제도를 확립하게 하였다. 구레뇨는 과세를 위하여 유대·사마리아 지역에 인구 조사를 실시했다(예수님께서 출생하실 당시에 있었다는 구레뇨가 실시한 첫 번째 인구 조사와는 다른 것이다). 이 인구조사는 유대인들의 강한 반발과 무력 투쟁을 불러일으켰다. 당시의 조세 제도는 황제의 얼굴이 새겨진 동전을 발행하여 유통시키며 이를 세금으로 거두어들이는 것을 의미했기 때문이다. 바리새파의 한 지류인 급진주의자들(열심당원)이 이 투쟁에 앞장섰다. 그러나 인구 조사는 예정대로 완료되었고, 조세 제도가 확립되어 유대·사마리아 지역의 화폐는 로마화되었다.

유대·사마리아 지역이 로마의 총독구로 개편되었으나 아우구스투스 황제는 지나친 억압이나 로마화 정책을 추진하지 않았다. 유대 종교나 유대인의 내정에 관한 것은 관대하게 자치권을 인정했으며, 황제 관할 총독구에 주둔하는 근위대에게도 군기 위에 황제의 초상을 달지 못하게 했다. 로마의 종교를 강요하지 않았고, 그 대신 예루살렘 성전에서 매일 두 번씩 드리는 희생제사 때 황제 자신을 위하여 한 쌍의 제물을 드릴 것을 요구했다. 강제 징용권도 이 지역에서는 행사하지 않았다.

황제 아우구스투스가 서기 14년에 죽고 티베리우스가 로마의 제2대 황제가 되자 유대·사마리아에 약간의 변화가 일어난다. 아우구스투스 시대에는 유대 총독의 임기가 3년이었는데 티베리우스는 임기를 10년으로 조정했다. 티베리우스에 의해 최초로 임명된 유대·사마리아의 총독은 발레리우스 그라투스였다(15~26년). 그라투스는 임기 중에 대제사장을 네 번이나 갈아치울 정도로 독단적이었다. 그는 서기 18년에 가야바를 대제사장에 임명했다(서기 36년까지).

서기 26년, 폰티우스 빌라투스(빌라도)가 총독으로 부임했다. 그는 고지식한 로마 식의 군인 정치가로 알려져 있다. 그의 성격을 잘 설명해주는 두 가지 사건이 있다. 부임할 때 그는 예루살렘에 입성하는 근위대의 군기에 황제의 초상을 매달도록 하였다. 그가 예루살렘으로 행진해갈 때 유대인들은 목숨을 걸고 이 행진을 막았고 빌라도의 뜻은 끝내 무산되었다. 예루살렘에 수로(水路)를 건설하기 위하여 성전고의 보물을 제공할 것을 요청했다가 거절당하자 군인들을 시켜 성전고를 약탈하게 했다. 이에 격노한 군중들이 몰려들었지만 그는 군대를 동원해 이들을 곤봉으로 두들겨 해산시켰다.

예수님께서는 빌라도의 통치 아래 재판을 받으셨다. 빌라도는 예수님의 무죄를 알고 있었으며 무흠한 사람에게 사형을 선고하는 것은 로마법에 어긋날 뿐만 아니라 그의 통치 이념 및 성격에 맞지 않았지만, "이 사람을 놓으면 황제의 충신이 아니다"라는 유대 군중의 함성에 굴복하여 십자가형을 언도하였다(서기 33년경).

● 헤롯 안티파스

헤롯 안티파스는 팔레스틴 중 가장 비옥한 갈릴리를 상속받아 비교적 평온한 생활을 영위했다. 그는 아버지 헤롯 대왕처럼 헬라 문화의 신봉자였고 그에 필적하는 건축가로 알려져 있다. 서기 22년경에 그는 갈릴리 해변에 도시를 건설하여 황제의 이름을 따라 티베리아라 이름 짓고 이곳을 수도로 정했다(여기서부터 갈릴리 바다를 '디베랴 바다'로 부르게 되었다).

그는 서기 26년 나바테의 공주와 이혼하고 이복형 빌립의 아내 헤로디아(원래 조카였다)와 결혼했다. 세례 요한이 이 사건을 비판하자 헤롯은 그를 체포, 투옥하였다가 헤로디아의 사주를 받은 헤로디아의 딸 살로메의 요청으로 목을 잘라 죽였다(서기 32년경).

그는 유월절 행사에 참여하기 위하여 예루살렘을 방문하였다가 예수님을 만날 기회를 가졌지만 예수님에게서 기대하던 이적을 보지 못하고 빌라도에게 돌려보내고 말았다.

● 헤롯 빌립

빌립은 유대 사회의 핵심에서 멀리 떨어져 있었고 대부분의 주민이 이방인 및 혼혈족이었기 때문에 다른 형제들이 겪었던 유대인 고유의 문제로 인한 정치적, 사회적 갈등 없이 평온하게 지낼 수 있었다. 그가 가이사랴 빌립보를 건설할 수 있었던 것도 이러한 평화의 결과였다. 그의 성격도 다른 형제들과는 달리 온순했던 것으로 알려져 있다. 나중에 살로메와 결혼한다.

예수님의 사역이 시작되었을 때 팔레스틴의 상황은 다음과 같았다. 이 상황은 예수님께서 십자가에 못 박히실 때까지 변하지 않았다.

– 유다, 사마리아, 이두메아 : 빌라도 총독이 다스리던 황제 관할구.
– 갈릴리, 베뢰아 : 헤롯 안티파스가 분봉왕으로 있던 자치구.
– 이두레아, 드라고닛(요단강 건너) : 빌립이 분봉왕으로 있던 자치구.

◉ 사도 시대

서기 35년, 비텔리우스가 시리아 주의 총독으로 취임했다. 그는 황제의 친한 친구였다. 황제 티베리우스는 정적 세자누스를 처형한 후 그의 후원을 받고 있던 빌라도가 다스리는 유대·사마리아 지역의 전권을 비텔리우스에게 맡겼다.

서기 36년, 사마리아에서 출현한 한 예언자와 그의 추종자들을 반란군으로 오인하여 빌라도가 군대를 풀어 강제로 해산시키고 주모자를 처형하였다. 이 사건이 발단이 되어 빌라도 반대 운동이 일어나자 베텔리우스는 빌라도를 파면하고 로마로 보냈다. 빌라도는 로마에서 처형당했거나 자살했다는 두 가지 전설이 남아 있다.

비텔리우스는 유대 지역을 관할하기 위해 부하 마르셀루스를 가이사랴에 대리인으로 파견했는데, 그에게 전권을 위임하지 않고 연락관 정도의 권한만을 주었다. 결국 유대·사마리아 지역은 사실상 무정부 상태가 되었고, 그 와중에 유대인 대제사장과 산헤드린이 유대 사회의 실권자로 등장했다. 게다가 비텔리우스가 보수적 성향의 요나단을 대제사장에 임명하자 유대는 완전한 복고 분위기에 휩싸였다. 이러한 분위기에서 서기

36년 첫 박해와 스데반의 순교 사건이 발생했다.

서기 37년, 칼리굴라 황제가 즉위하여 대제사장 요나단을 파면하였다. 유대인들에게는 다시 어려운 시기가 도래했지만, 같은 사회에 살면서도 전통적 삶을 함께 나눌 수 없었던 교회는 다시 자유로이 전도에 전념할 수 있었다.

칼리굴라 황제는 자신과 함께 로마에서 지내며 두터운 친분을 맺고 있던 헤롯 대왕의 손자요 헤로디아의 오빠인 헤롯 아그립바 1세를 34년 이후 공석 중이던 빌립의 영토(이두레아와 요단 건너편)의 왕으로 임명했다. 오빠가 왕의 칭호를 얻었다는 소식을 듣고 분개한 헤로디아는 남편 헤롯 안티파스를 부추겨 황제에게 같은 칭호를 달라고 청하게 했다. 칼리굴라는 이를 괘씸하게 여겨 서기 39년 안티파스를 분봉왕에서 파면하고 갈리아 지역의 한 섬으로 귀양보냈으며, 그가 다스리던 갈릴리와 베뢰아 지방을 아그립바 1세에게 붙여주었다. 칼리굴라의 통치 시기 동안 교회는 비교적 안전하게 발전해 나갔다.

서기 41년, 클라우디우스가 황제로 즉위하지만 헤롯 아그립바 1세의 지위는 흔들리지 않고 오히려 유다, 사마리아, 이두메아까지의 모든 영토를 넘겨받았다. 이리하여 팔레스틴은 서기 41년에 다시 한번 단일 체제로 회복되었다. 아그립바 왕은 과거와 같은 강한 헤롯 왕국의 재건을 위해 노력했다. 강력한 유대 사회의 회복은 기독교인에게는 어려운 시기가 도래함을 의미했다. 그는 야고보를 처형하고 베드로를 투옥했다.

서기 44년, 아그립바 1세가 사망하자 팔레스틴 전체가 다시 총독 관할로 들어갔다. 이 상황은 이후로 더 이상 변하지 않는데 이때를 제2총독 시기라고 부른다. 총독을 통한 강력한 로마의 행정력과 군사력은 유대인에게는 다시 혼란과 투쟁의 시기가, 기독교인들과 교회에는 안정기가 온 것을 의미한다.

최초의 총독으로 카스피우스 파두스가 서기 44년에 취임했다. 그는 대제사장의 선정 권한을 아그립바 1세의 친형인 헤롯 2세(칼키스의 왕)에게 맡겼다. 헤롯 2세는 예루살렘에서 멀리 떨어져 있었기 때문에 성전과 유대인의 핵심부에는 별 영향력을 행사할 수 없었다. 이런 방식으로 파두스는 유대인의 반발을 줄이면서 동시에 성전 전체의 통제권을 손에 넣으려 했지만 총독 정치의 강화는 곳곳에서 저항 운동을 불러일으켰다. 한 예로 서기 45년에 드다의 난이 일어났다. 대제사장 임명권을 두고 유대인과 파두스가 정면으로 대립한 사건이었다. 이 드다의 난은 사도행전 5장 36절의 난은 아니다.

서기 50년, 아그립바 1세의 아들 아그립바 2세가 그의 아저씨인 헤롯 2세가 다스리던 땅, 칼키스를 얻게 되었다(94년까지 통치). 처음에 그는 성전과 대제사장직을 관리만 하였으나 나중에는 그 자신이 대제사장직을 계승하였다. 그는 이렇게 함으로써 그의 통치권이 미치지 않는 예루살렘에서도 다소의 영향력을 행사할 수 있게 되었다. 사도행전 25장 13절에 따르면 그는 늘 누이동생인 버니게와 함께 다녔다고 한다.

서기 52년, 안토니우스 펠릭스가 총독으로 부임했다. 그는 크라우디우스 황제의 어머니 안토니아의 해방노예이자 당시 로마의 재무장관인 팔레스의 동생으로 로마에서도 막강한 실력자였다. 그는 아그립바 1세의 딸 드루실라와 결혼했는데 이것은 그의 두 번째 결혼이었다. 서기 54년, 네로가 황제직을 계승하게 되는데 이것은 팔레스와 펠릭스에게 치명적인 위기였다. 그러나 황제의 어머니로 인해 명맥은 유지하게 되었다. 그러던 중 한 이집트인이 반란을 일으켜 수천 명의 자객을 거느리고 광야로 도망한 사건이 벌어졌다(행 21:28). 펠릭스는 독자적으로는 거의 아무것도 처리할 수 없는 상황에서 바울 사도를 서기 57년부터 거의 2년 동안 억류할 수밖에 없었다. 59년에 네로 황제는 어머니를 살해하고 팔레스와 펠릭스 형제를 파면했다.

서기 59년, 포르시우스 페스투스가 총독으로 취임하여 아그립바 2세와 그의 누이동생 버니게와 함께 바울을 심문했다. 서기 62년, 페스투스가 급사했는데 후임 총독이 취임하기까지 상당한 공백 기간이 생기자

유대인들은 대제사장 아나니아 2세를 중심으로 독자적인 세력을 구축하여 비애국적인 사람들을 박해했다. 그 와중에 주의 형제 야고보가 처형당했다.

서기 65년, 플로루스가 총독으로 취임했는데 그는 치부에 주력했다. 그의 치부욕이 성전고에 손을 댄 결과 열심당원들이 주동이 된 폭동이 서기 66년에 일어났다. 처음에 이 폭동은 새로운 사회를 건설하는 듯 보였으나 곧 유대 사회의 멸망으로 연결되었다. 서기 67년, 네로 황제는 베스파시아누스를 대장으로 대군을 파견하지만 전쟁은 쉽게 끝나지 않았다.

서기 68년, 네로가 자살하고 황제권을 놓고 권력 투쟁이 일어나자 베스파시아누스는 전쟁을 중단하고 로마로 회군했다. 갈바, 오토, 비텔리우스가 차례로 황좌를 차지하지만 단명으로 끝나고 결국 베스파시아누스가 69년 말 황제가 되었다. 그는 황제로 즉위하는 즉시 그의 아들 티투스를 파견하여 예루살렘을 공격함으로써 유대 반란을 종식시켰다.

티투스는 예루살렘 성곽과 성전을 파괴하고, 성전을 구성하던 바위들을 분해하여 곳곳으로 갖다 버리고, 유대인들을 타 지역으로 이주시켰다. 교회는 이 전쟁이 일어나기 훨씬 이전에 소아시아, 그리스, 로마 등지로 전도하며 흩어지고 새로운 교회를 세우면서 예루살렘을 떠났기 때문에 거의 피해를 입지 않았다.

네로 박해 이전까지 기독교와 유대교는 외형상으로 크게 구분되지 않았다. 교회는 아우구스투스 황제 때부터 유대인들에게 주어진 특혜를 누리면서 자유롭게 퍼져 나갔다. 네로의 박해가 끝난 후부터 교회는 유대교와 다르다고 인식되고 다르게 취급받기 시작했다.

성전의 파괴와 함께 유대 사회에는 일대 변혁이 발생했다. 성전 제사가 중지되고 (대)제사장 계급이 사라졌다. 산헤드린도 더 이상 존재하지 않았다. 이후로 유대인들은 회당을 중심으로 모이며 율법을 가르치는 형태로 발전했다. 율법을 교육하는 랍비들이 흩어진 유대인들의 구심점이 되었다.

생각해볼 문제

1. 북방 사마리아는 언제부터 이방인의 거주지가 되었습니까?
2. 남방 유대의 멸망으로 야기된 새로운 운동들을 열거하십시오.
3. 그리심 산에 언제 사마리아 성전이 세워졌으며 언제 파괴되었습니까?
4. 구약성경은 언제 어디에서 헬라어로 번역되기 시작하였으며 이 번역 성경의 이름은 무엇입니까?
5. 유대인들의 헬라화는 언제 시작되었으며 결과는 어떠했습니까?
6. 유대인들은 바벨론 포로기 이후 언제부터 정치적인 자유국으로 인정받았으며 이러한 상태는 언제까지 이어졌습니까?
7. 헤롯 대왕의 출신성분과 그의 특징을 말해보십시오.
8. 유대와 사마리아 지방이 로마의 총독구로 편입된 것은 언제였으며 제1차 총독통치 기간 중 유명한 총독들은 어떤 사람들이었습니까?
9. 예수님께서 활동하시던 때의 정치 구도는 어떠했습니까?
10. 초대교회가 받았던 박해는 유대 사회, 로마 지배권과 어떤 역학 관계에 있습니까?

3. 신약 시대의 사회상

일반적 서술

예수님께서 활동하셨던 시기는 유대 사회가 멸망하기 직전의 극도로 혼란한 시기였다. 고대 사회로서는 드물게 국론이 분산되어 있었고 온갖 집단이 난무하였다.

이스라엘의 회복을 기대하고 기도하던 유대인들에게 마카비의 승리와 하스몬 왕가의 탄생은 일말의 희망을 주는 것 같았다. 그러나 그것은 잠시의 불완전한 영광으로 끝나고 말았다. 사람들은 얼마 전의 영광을 되살리기 위해 노력했다. 곳곳에서 수시로 폭력과 살인이 자행되었다.

로마 제국은 유대인들에게 많은 특권을 주었지만 유대인들은 만족할 수 없었다. 이방인들이 감히 선민 위에 군림한다는 것부터 유대인에게는 불만이었다. 로마 군인, 세관원, 세리 등 이방인들이 복작거리며 거룩한 성에 이교 문화를 이식하고 있었기 때문이다.

이방인인 헤롯 왕가가 직접적인 왕권을 행사하는 것은 더없는 수치심을 불러일으켰다. 헤롯 왕으로 인해 유대인들의 지위가 향상되었지만 유대인들에게 헤롯 왕가의 존재는 눈엣가시와 같았다.

유대 민족의 현실적 구심점이었던 대제사장들과 고위 제사장들 및 그들의 가문은, 지배자들과 유대 민족 사이에서 한편으로는 압제자들에게 민족의 실질적인 주도권을 빼앗기지 않으려고 노력하면서 다른 한편으로는 백성들에게 그들의 독특한 지위를 인정받고 계속 유지하기 위하여 발버둥 쳤다.

사독 가문은 실제적인 영향력은 없었지만 백성들의 의식 속에 대제사장보다 정신적 우위를 점하고 있었다. 그러나 법적인 정통 대제사장 가문은 더 이상 가능하지 않았다. 그들은 이방 나라에서 비합법적인 성전을 세우고 그곳을 중심으로 살아감으로써 자격을 상실했던 것이다. 게다가 대부분의 사독 후손이 은둔 생활을 통하여 이미 유대 사회를 향한 미련을 버렸다. 백성들은 거룩한 성에서 모두에게 버림받은 채 향수를 달래며 무기력하게 현실에 굴복할 수밖에 없었다.

새로운 정신적 지주로 등장한 바리새파 운동은 평민과 경건한 백성들의 존경을 받아 이들을 중심으로 영적이면서 종교적인 그리고 동시에 사회적인 삶을 재건하려는 움직임이 있었으나 이들에게는 아무런 권력도, 경제력도 없었다. 근본주의자들과 현세 도피주의자 등은 비록 유대 사회에 직접 관여하지는 않았지만 유대인들의 정신적 향수의 대상이었다.

인구

예수님 당시에 로마 제국 안에 흩어져 있던 유대인들의 전체 숫자는 약 450만 명 정도로 추산된다. 그중 70만 명 정도가 팔레스틴 지역에 살고 있었다.

많은 유대인들이 본토보다 디아스포라로 더 많이 살았는데, 이들은 전통적인 삶을 그대로 유지하고 있었던 것으로 보인다. 이들은 대제사장과 산헤드린의 명령권에 속해 있었으며 수시로 예루살렘을 방문했다. 후에 복음의 확산에 매개체 역할을 한다.

사도행전 2장에 예루살렘에 모였던 사람들의 출신 지역이 언급되어 있다. 이 기록은 유대인들이 이미 로마 제국의 구석구석에 광범위하게 흩어져 살았다는 것과 그들이 조직한 회당을 통하여 복음이 쉽게 확산될 수 있었음을 알려준다.

사회 기구

유대 사회를 유지하는 최소 단위는 회당을 중심으로 하는 한 지역, 또는 시골일 경우 한 마을이다. 회당에는 그 마을(또는 지역)의 문제를 심리할 수 있는 최소한의 권한이 주어져 있었으며 대개 종교적, 율법상의 문제를 처리했다.

회당을 중심으로 지방 재판소가 조직되었는데 제사장 및 장로들 7명으로 구성되었다. 그 위에 23명으로 구성되는 지역 재판소가 조직되었다. 학자들은 마태복음 5장 21절의 "살인하면 심판을 받게 되리라", 22절의 "형제에게 노하는 자마다 심판을 받게 되고"에 사용된 '심판' 이라는 용어가 이 지방 재판소를 지시하는 것이라고 설명한다.

산헤드린은 71명의 회원으로 구성된 유대인의 최고 행정, 재판 기구로 현직 대제사장이 의장이었다. 예루살렘에 있었고, 정치적인 경계에 따라 영향권이 제한되지 않았다. 즉 유대인이라면 사는 곳 어디에나 영향력이 미쳤다. 다메섹으로 가던 사울이 대제사장의 공문을 가지고 갔다는 사실에서 한 예를 볼 수 있다.

산헤드린이 유대의 특색 있는 기구로 활동하기 시작한 것은 서기 6년 유대 지역이 총독제로 변하면서부터였다. 그전에는 종교적인 영역이 정치력과 연합하거나(하스몬 왕가) 정치력에 굴복했으나(헤롯 치하), 이때부터 정치 권력은 총독이 소유하고 대제사장에게 유대 고유의 종교적 문제를 처리할 수 있는 권한을 넘겨주었다.

대제사장 및 제사 제도

포로기 이후 정치적 자주권이 제한된 사회에서 가장 중요한 직책은 대제사장직이었다. 지중해 주변의 정세에 따라 유대인들은 정치적 독립을 얻지 못하기도 하고 어느 정도 소유하기도 했지만, 대제사장직과 함께 종교적 자유는 짧은 기간을 제외하고는 항상 소유하고 있었다.

대제사장직은 항존직으로 세습에 의해 전달되는 것이지만, 이 이상은 때로는 외세에 의해 파괴되기도 했다. 대제사장이 살아서 퇴임하는 경우, 그는 이 직함을 그냥 가지고 있었으며 명예도 잃어버리지 않았다. 백성들은 끝까지 그를 대제사장이라고 부르며 존경했다. 대제사장 유고시 잠깐 직무를 대행한 사람도 마찬가지의 존경을 받았다. 그러나 하스몬 왕가의 등장으로 대제사장직의 존엄성은 크게 약화되었다. 정치권이나 군사력과의 결합 때문이었다.

제사장들은 혈통과 가문에 따라 24조로 나누어 1주일씩 봉사했는데, 누가 어떤 역할을 할 것인지는 제비로 결정했다. 예수님 당시에는 약 7천 명의 제사장과 1만 1,000여 명의 레위인들이 있었다고 한다.

일시적으로 중단되었던 경우를 제외하면 예루살렘 성전에서는 매일 끊이지 않고 희생제사가 드려졌다. 새벽과 오후 9시에 드리는 번제에는 보통 양 한 마리씩이 바쳐졌다. 안식일에는 각각 두 마리씩의 양을 드렸다. 월삭과 명절에는 크게 증가했는데 그 정확한 양을 산출하는 것은 불가능하다. 늘 자유로운 희생제가 드려졌다.

1년에 한 번씩 대화해일 또는 대속죄일에 속죄제사가 드려졌지만 완전한 것은 못 되었다. 법궤가 없었기 때문이다. 또 대제사장 가문의 불법성 때문이었다. 그러나 이러한 상황에도 불구하고 유대 사회에서 끝까지 대제사장의 위치와 권한을 유지해준 것은 바로 속죄제였다. 그것은 오직 대제사장만이 수행할 수 있었기 때문이다.

언어

유대인들이 사용하던 히브리어는 구약 시대 말기에 '유대 방언'이라고 불리며 사용이 점차 제한되었다.

아람어는 앗수르 제국 통치기에 국제어로서의 자리를 완전히 굳혔다

(스 4:7). 북방 사마리아를 멸망시킨 후에 아람어를 사용하는 사람들을 강제로 이주시킴으로써 이 지역은 혼혈족이 거주하는 것과 함께 아람어권이 되었다.

바벨론 등지에서 아람어를 사용하던 유대인들이 귀환한 이후에는 예루살렘을 중심으로 하는 순수 유대인 거주 지역도 아람어권이 되었다. 예수님의 모국어도 아람어였으며, 이 아람어가 유대에서 가장 광범위하게 사용되었다. 히브리어는 율법학자들이나 사용하는 죽은 언어였다.

헬라 지배 시대를 거치면서는 헬라어가 지중해 연안의 통용어가 되었다. 헬라어는 지식층이나 귀족 계급만이 아니라 평민 및 노예 계층에 이르기까지, 정복자들만이 아니라 모든 민족들 심지어 유대인 디아스포라에게까지 폭 넓게 사용되었다.

신약성경이 헬라어로 기록된 것은 이상한 현상이 아니다. 사도들은 교회를 세우고 성경을 기록하면서 예수님께서 사용하셨던 원래 언어를 고집하지 않았다. 그들은 예수님의 말씀과 사역을 자유롭게 전하고 다니며 사람들이 사용하는 언어로 번역하여 전달했다. 당시 코이네는 가장 많은 사람에게 가장 손쉽게 전할 수 있는 언어였다.

결혼

남자는 18~24세, 여자는 13~14세가 결혼 적령기였다.

유대인의 결혼은 한 남자와 그가 결혼할 여자의 아버지(장인)와의 계약 또는 약속으로 성립된다. 엄밀한 의미로 약혼이라고 부를 수도 있으나 남아 있는 절차는 날짜를 정하고 결혼 잔치를 하고 함께 산다는 것뿐이기 때문에 결혼과 다름없이 취급하는 것이 일반적이었다.

따라서 여성 편에서 보면 결혼은 한 여자가 아버지의 지배를 떠나서 남편의 지배를 받게 되는 것이었다. 예수님 당시의 유대 사회는 전적으로 남성 위주의 사회로, 여성은 남편의 소유물 정도로 여겨졌다.

평민의 결혼 잔치는 대개 저녁에 마련되었는데, 정해진 날짜에 신랑집에서 잔치를 준비했고 신부집에서는 신부가 치장을 하고 등잔을 준비한 친구들과 함께 신랑을 기다렸다. 신랑이 도착하면 신랑과 신부가 들러리들의 춤과 노래에 어울려 신랑의 집으로 행진했고 신랑집에서는 성대한 잔치가 벌어졌다.

경제 상황

유대 지역은 대부분 광야로, 비옥한 지역이라 해도 가축업이나 목장 정도만이 가능했다. 그래서 이곳에 양과 염소가 방목되었다. 건조한 기후 때문에 예루살렘 주변에는 올리브가 많이 자랐고 자연히 기름이 많이 생산되었다.

요단강 주변의 골짜기에는 포도나무와 무화과나무가 자랐다. 갈릴리는 팔레스틴에서 가장 비옥한 곳으로 넓은 토지가 있었고 갈릴리 호수에서는 어업이 성행했다. 그래서 아리스토불루스 1세는 이방인의 땅인 갈릴리 지역에 정책적으로 순수 유대인을 이주시켰다. 나사렛은 이때 건설된 도시로 추정된다. 요셉과 마리아는 이곳에 이주해온 이주민의 후예로 보인다.

도시에서는 주로 수공업이 발달했으며 직물, 피혁 등이 성행했다. 당시에 수공업은 좋은 직업으로 평가되어 많은 율법학자들이 바울처럼 이것을 직업으로 택했다. 가장 인기 있는 직업은 상인이었다. 더러운 것을 만지거나 여인이 하는 것, 사기나 범죄의 여지를 제공하는 것 등은 천한 직업으로 간주되었다.

몇몇 대지주나 귀족 계급을 제외하고는 대부분 빈한한 생활을 하고 있었다. 따라서 강도와 거지가 흔한 세상이었다. 예수님의 비유에 이들이 간혹 등장하는 것도 그 한 예증이라 할 수 있다. 당시에 예루살렘은 순례자들을 표적으로 삼아 많은 강도와 걸인이 들끓었고 예루살렘은 걸식의 중심지로도 불렸다.

유대·사마리아가 로마의 총독 관할구로 바뀌면서 새로운 부자 계급으로 등장한 것이 '세리' 였다. 그러나 세리는 천한 직업으로 비난받았을 뿐만 아니라 죄인의 대명사로 사용되었다.

예루살렘의 역할에 따라 경제 상황이 크게 달라지는데, 순례객의 숫자에 따라 드려지는 동물의 수와 그들이 뿌리고 가는 여비가 팔레스틴의 경제를 좌우할 정도였기 때문이다.

예루살렘

약 2만 5천 ~ 3만 명의 주민이 예루살렘에 살고 있었다(성 안에 약 2만, 성 밖에 약 5천). 유월절 순례객은 약 12만 5천 ~ 15만 명으로 추산하는 것이 일반적인데, 어떤 문서에는 순례객의 수가 약 200만 명 정도로 과장되어 있다.

예루살렘의 지리적인 여건은 매우 열악했다. 물이 부족했고, 수공업의 원료가 모자랐으며, 교통망도 발달할 수 없는 산악도시였다. 그러나 예루살렘은 오랜 역사와 유대교에서 차지하는 위치와 역할로 인하여 그 당시 경제, 정치, 사회, 종교 등 모든 면의 중심지였다.

예루살렘이 종교적 중심지로 중요시되었던 것은 하나님께 드리는 제사 의식이 이곳의 성전에서만 드려질 수 있기 때문이었다. 모든 새로운 종교적인 움직임, 즉 메시아 운동이 이곳을 중심지로 삼았다. 예루살렘은 언제나 메시아의 활동 무대로, 부활과 최후 심판의 장소로 지시되었기 때문이다.

예루살렘의 역할은 중심부에 세워진 성전으로 인해 가장 확실하게 보장받았다. 따라서 예루살렘을 유대 사회의 중심지라고 하는 것은 당연히 성전을 중심으로 한 계급 제도와 제사 제도를 포함하는 말이다. 성전에서 행해지는 제사와, 제사를 수행하는 대제사장이 존재하는 한 예루살렘은 그 가치를 상실하지 않았다.

솔로몬 왕의 성전은 기원전 587년에 파괴되었다. 70년 후에 스룹바벨의 주도로 다시 건축되었는데, 안티오커스 4세의 박해로 일시적으로 기능이 정지된 것을 제외하면 그 기능은 계속되었다. 기원전 20년에 헤롯에 의해 증축이 시작되고 서기 63년에 완공된 헤롯 성전은 서기 70년에 티투스에 의해 파괴되었다.

예루살렘의 경제적 가치는 성전에서 드려지는 제사 및 제물과 비례했다. 유대인의 수효가 증가하면서 엄청난 양의 희생제물이 드려졌는데, 이것은 곧 예루살렘의 부와 연결되었다. 예루살렘은 항상 어느 도시보다 부유했다.

제사를 원활하게 하기 위하여 성전의 광장은 돌로 포장되어 한쪽 방향으로 기울어져 있었다. 제물의 피가 흘러내려가게 하기 위해서였다.

예루살렘은 유대교 신학과 법학의 중심지이기도 했다. 사방에서 율법학자나 율법학자가 되려는 사람들이 몰려와 예루살렘은 랍비 문화의 중심지가 되었다.

유월절과 무교절, 오순절, 초막절, 이 세 절기에 유대인의 모든 남자는 원칙적으로 예루살렘에 와 성전에서 제사를 드려야 했다. 그러나 사회적, 지리적 여건의 변화로 인해 디아스포라로 살고 있는 유대인들이 이 규칙을 지킬 수 없게 되자, "모든 남자는 가능하다면 세 번 또는 많이 참배해야 한다"는 편법(장로들의 구전, 전통)이 생겼다.

순례에 적합한 기간은 3~9월이었으며 유월절에 순례객의 수는 최대에 달했다. 유월절에 맞춰 와서 50일을 지낸 후 오순절까지 지내고 가는 사람들도 많았다. 이렇게 하면 한 번 여행에 두 번 참배하는 효과가 있기 때문이었다. 후에 이 규칙은 누구나 최소한 1년에 한 번은 예루살렘에 와야 한다는 것으로 수정되었다. 순례 규례의 완화 조치는 팔레스틴 본토보다는 디아스포라 유대인을 위한 것이었다.

예루살렘에 이르는 길은 험하고 늘 강도의 위험이 따랐기 때문에 순례단 또는 대상을 조직했다(참조, 눅 2:44). 순례객들을 위한 여관업이 발달했는데, 순례객들은 여관이나 예루살렘 성전 뜰에서 유숙하거나 민박을 하거나 예루살렘 주변의 마을에서 지냈다. 때로는 회당이 여관의 목적으로 사용되기도 했다. 베들레헴에 여관이 있었다면 이러한 예루살렘 순례객들을 위해 세워진 것이다.

회당

회당의 기원은 대개 바벨론 포로기로 추정한다. 기록상 가장 오래된 증거는 기원전 3세기에 이집트, 2세기에 안디옥에 있었다는 기록이다. 예수님 당시에 로마에 열한 개의 유대인 회당이 있었다는 기록도 발견되었다.

고레스 시대부터 예루살렘에서의 희생제사와 성전의 기능이 되살아나지만 디아스포라에서는 회당이 계속 그 역할을 유지했다. 더 많은 유대인들이 고국에 돌아오지 않고 그들이 마련한 새로운 삶의 터전에서 유대인으로 살아갔기 때문이다.

세월이 지나면서 회당은 디아스포라만이 아니라 유대 본토에까지 확산되었다. 예수님 당시 팔레스틴에 적어도 약 480개의 회당이 있었다는 기록이 있다. 예루살렘에도 회당이 세워졌다. 회당은 소아시아 등 지중해 전역으로 확대되었다.

회당의 주요 기능은 예배(기도)와 율법 교육이었다. 특히 후세에 대한 교육은 랍비 문화의 출현과 함께 매우 중요한 기능이 되었다. 예루살렘과 근처의 회당은 순례객에게 숙소를 제공하는 또 하나의 목적이 추가되었다.

회당장이 모든 것을 관리했고 회당지기와 '하잔' 이라 불리는 사찰이 따로 있었다(눅 4:20). 회당장은 심지어 치리권도 행사했다. 그는 회당이 조직되어 있는 지역의 실질적인 지도자였던 것이다.

예배를 드리기 위한 최소한의 인원은 10명, 회당을 조직하기 위한 최소한의 인원은 120명이었다.

회당에서의 예배 형식은 처음에는 아주 단순했으나 점점 발달하여 대개 다음과 같은 형식을 따랐다.

– 쉐마(“이스라엘아 들으라”로 시작되는 신 6:4~9, 11:13~21, 민 15:37~ 41)
  낭송 기도 (열여덟 가지 기도문 낭송)
– 율법서 낭독
– 선지서 낭독
– 감사 기도
– 통역 및 설교(낭독한 율법과 선지서의 설명)
– 축복(제사장이 없는 경우는 기도로 대치함)

사람들은 주로 안식일, 월요일, 목요일에 모였고, 축제일에는 예루살렘을 찾지 못하고 남아 있던 사람들이 회당에 모였다.

서기 70년, 예루살렘 성전이 파괴되자 회당은 유대교의 마지막 남은 한 가지 요소, 즉 율법을 보존하고 유지하며 전달하고 발전시키는 역할을 수행하는 장소가 되었다.

회당은 기독교가 전파되는 데 중요한 매개체의 역할을 했다. 교회가 유대 사회에서 완전히 분리하기까지는 회당이 기독교 선교의 중심지였다.

성경

여기서 말하는 성경이란 신약성경에서 성경이라고 불린 것, 즉 예수님 당시에 사용되던 구약성경을 의미한다. 신약성경이 탄생하기 전에는 구약성경뿐이었다. 39권의 책들을 지시하는 전체적 용어는 아직 만들어지지 않았는데, 대개 ‘율법과 선지자들’ 또는 ‘율법과 선지자들과 성서들’로 불렸다.

예수님 당시에 유대인들의 모든 생활은 구약성경과 전통에 의해서 통제되었다. 특히 구약성경은 모든 면에서 절대적인 권위를 가지고 있었다. 예수님께서 모든 논쟁을 구약성경에 근거하여 결론을 내리셨다는 점을 보아서도 알 수 있다.

모세오경은 남방 유대와 북방 이스라엘이 갈라지기 전에 이미 권위서로서 인정되었고 책으로서의 편집도 기원전 약 5세기경에 끝났다. 예언서의 편집은 기원전 2세기경에 이루어졌다. 성문서의 편집은 더 오래 걸렸다. 이 책들의 정경화 작업은 (대부분의 신약 신학자들의 주장에 의하면) 서기 2세기경에야 끝났다. 이 책들이 예수님의 활동 시기에 거룩한 책으로 인정되었고 사용되었다는 것은 말할 필요도 없다.

예수님 당시에 대부분의 유대인은 히브리어를 읽지 못했다. 이런 이유로 주전 2세기경 구약성경이 알렉산드리아에서 그리스어로 번역되었고, 이 번역이 팔레스틴을 비롯한 지중해 해변 전역에 보급되었다. 우리는 이 헬라어 구약성경을 칠십인경이라고 부른다. 처음에는 모세오경만 번역되었으나 다른 부분도 차차 번역되어 첨가되었다. 그 과정을 추적하는 것은 불가능하지만 최소한 예수님의 활동 시기에는 구약성경 모두가 헬라어로 번역되어 있었던 것으로 추정된다.

헬라어와 히브리어를 모두 알지 못하는 팔레스틴에 거주하는 유대인들을 위하여 구약성경이 당시의 상용어인 아람어로도 번역되었다. 이것을 탈굼(역)이라고 부른다. 처음에는 히브리어로 읽은 부분을 아람어로 통역하는 것이 상례였으나, 같은 일이 자주 반복되면서 일정한 통역이 고정되어 말로 전수되다가 서기 5세기경에야 비로소 책으로 만들어졌다.

생각해볼 문제

1. 예수님 당시에 팔레스틴의 시대적 분위기는 어떠했습니까?
2. 예수님 당시에 팔레스틴에는 어느 정도의 인구가 살고 있었습니까?
3. 유대 사회를 유지하던 세 단계의 유대 사회 기구는 어떤 것이 있었습니까?
4. 대제사장직에 대해 설명하십시오.
5. 예수님 당시에 팔레스틴에서 사용하던 언어는 무엇이었습니까?

6. 예수님 당시의 결혼에 대하여 기록하십시오.
7. 예수님 당시에 농사짓는 광경은 주로 어디에서 볼 수 있었습니까?
8. 지형적으로 가장 열악한 예루살렘이 이스라엘 국가와 사회의 중심이 될 수 있었던 이유는 어디에 있습니까?
9. 회당에서의 예배 순서는 어떠했습니까?
10. 예수님 당시에 구약성경을 지칭하던 이름은 무엇입니까?

4. 신약 시대의 종교 단체

종교 상황

포로기 이후 유대인들이 종교가 다른 사람들 틈에 섞여 소수 민족으로 살아간 상황은 유대교가 이방 종교와 타협하고 혼합될 수도 있는 상황이었다. 물론 이교를 받아들이거나 이교와 유대교의 혼합을 시도하는 사람들도 있었다. 그러나 그런 사람은 소수였고 유대 사회에서 곧 제거되었다. 대부분의 유대인들은 타종교와의 타협을 거부하고 어떤 상황에서도 유대교의 순수성을 고수하려고 했다. 하나님을 믿는 유일신 신앙을 확고하게 붙든 사람들만이 유대 사회에 결집되었고 유대교라는 이름으로 살아남았다고 말하는 것이 더 정확한 표현이다. 유대인들은 민족적 비극을 하나님의 심판으로 이해하면서 모든 우상숭배를 이전보다 더 철저히 배격하게 되었다. 이교 문화와의 접촉이 오히려 신앙을 더 철저하게 지키는 계기로 작용했던 것이다.

다른 종교는 유대교에 하등 영향을 주지 않았다고 보는 것이 정설이다. 따라서 유대교에서 예수 그리스도를 통하여 기독교로 변천하는 과정을 이해하기 위해 다른 종교들을 깊이 서술하는 것은 이 개론서에서는 불필요한 작업이다. 이 책에서는 구약성경 또는 구약 시대에 자연스럽게 자라난 유대교 안의 여러 분파만을 취급할 것이다.

예수님께서 사역할 당시의 유대교는 구약성경에 기초하고 있기는 했지만 사상적으로 완벽하게 통일되어 있지는 않았다. 당시의 세계가 정치, 사회 상황에서 다원화되어 있었던 것처럼 종교 생활에도 다원화 양상이 뚜렷했다. 다르게 말하고 다르게 행동하는 많은 단체들이 유형 무형으로 존재했다. 심지어 오실 메시아를 기대하는 생각들도 조금씩 달랐다. 이렇게 요약하는 것이 좋을 것이다. 신학 사상이나 삶의 방식, 즉 하나님의 율법을 어떻게 이해하고 적용했는가에 관하여는 각 계파 간에 많은 상이점이 발견된다. 역사가 흘러가며 유대인들이 온갖 어려움을 경험하는 동안 같은 믿음을 가진 사람들 가운데서 다른 강조점을 중요시하는 사람들이 자라났고 이것이 결국 계파로 형성된 것이다.

회개 운동

바벨론으로 잡혀간 이후 유대인 속에 일기 시작한 새로운 움직임 중의 하나는 하나님께 죄를 고백하고 용서와 은총을 구하는 일이었다. 북방 이스라엘 및 남방 유대의 멸망과, 이 참혹한 결과로 시작된 하나님의 백성 이스라엘의 비참한 현실은 결코 우연히 일어난 일이 아니요, 성실하지 못한 자기 백성에 대한 전능하신 하나님의 징계였다고 믿었기 때문이다.

회개 운동의 근원을 거슬러 올라가면 에스겔과 예레미야 등 선지자들에게까지 도달한다. 이들은 민족의 비극을 경험하며 이스라엘의 역사를 신앙적인 면에서 새롭게 해석했다. 그리고 점점 어려워지는 현실에 대한 신앙적 타결책을 제시했다. 바벨로 포로기 이후 살아남은 유대인들은 이 마지막에 도달해서야 선지자들의 충고를 기억했다. 그들은 거룩한 땅으로의 귀환을 고대하며 죄를 회개하고 하나님의 은총을 빌 수밖에 없었다. 회개 운동은 회당을 중심으로 새로운 신앙 형태로 자리 잡았다.

하나님의 은혜로 귀환이 허락되자 예루살렘에 돌아온 유대인들은 한편으로는 새로운 출발을 감사하면서 다른 한편으로는 다시는 같은 운명에 빠지지 않기 위하여 하나님의 율법 준수에 집중하였다. 에스라, 느헤미야의 계명 복구 작업을 통해 계명들이 생활의 모든 면에서 중심 위치를 차지하고 유대 사회를 결속하는 구심점으로 부상했다. 거룩한 책들을 모으고 가르치고 후대에 전수하며 유대교는 남은 그루터기에서 다시 부활했다. 회개 운동이 그 원동력이었다.

그러나 유대인의 험한 길은 끝나지 않았다. 더 험난한 길이 앞에 놓여 있었다. 그들은 계속하여 점점 거대해지고 더 강해지는 이교도 제국과 부딪혀야 했다. 역사의 고비를 넘길 때마다 유대인들은 이미 경험한 현실의 타개책인 회개 운동으로 돌아왔다. 그리고 하나님의 율법 준수와 하나님의 은총에 매달렸다. 신구약 중간기 400여 년은 유대인에게 험난한 길이었던 만큼 줄곧 새로운 회개 운동이 끊임없이 이어져온 역사였다.

회개를 촉구하고 이 설교를 받아들이는 것은 예수님 당시의 유대인들에게 완전히 낯선 일은 아니었다. 이교도들이 권력을 잡고 그들을 지배하며 고통스러운 현실을 만들어가는 동안 회개할 일도 많았다. 세례 요한이 나타나 막 시작될 하나님의 통치를 예고하며 사람들에게 회개를 촉구했을 때, 적지 않은 사람들이 순순히 이 설교를 받아들였다는 것에서 회개 운동이 완전히 새로운 일이 아니었다는 것을 짐작할 수 있다. 세례 요한이 촉구한 회개 운동의 유별난 점은 회개와 율법 준수가 아니라 메시아의 오심에 직면하여 회개를 촉구했다는 점이다. 오실 분, 오는 하나님의 나라가 이 새로운 회개 운동의 핵심이었다.

예언 운동

당시에 팽배했던 또 하나의 운동으로 예언 운동을 들 수 있다. 지금까지 남아 있는 많은 유대 묵시 문학서에서 이것을 찾아볼 수 있는데, 그것은 한마디로 수백 년 동안 계속되어온 유대인들의 참혹한 민족적 운명에서 자라난 미래 예견 운동이었다. 고통과 비애, 전쟁과 재난, 혼란으로 가득한 현재에 미련을 두지 않고 모든 것이 새롭게 변화될 미래를 예언하고 찬양하고 기대함으로써 현재를 살아갈 힘을 공급받으려는 움직임이었다.

이런 독특한 운동이 일어날 수 있었던 것은 유대인들이 그들의 역사와 구약을 주의 깊게 연구했고, 특수한 방법으로 이스라엘의 역사에 개입하신 하나님을 향한 신앙을 끝까지 잃지 않았기 때문이다. 즉 모든 묵시 문학은 약속을 지키시는 하나님의 신실하심에 뿌리를 두고 있다. 현실은 돌이킬 수 없는 막다른 골목에 와 있었다. 다윗 가문의 회복, 사독 가문의 대제사장직 회복, 세계를 장악하고 있는 대제국의 멸망 등 어느 것 하나 쉽지 않았다. 어느 것 하나 인간의 힘으로는 회복될 수 없는 것으로 보였다. 이러한 절망적인 상태에서 현재는 포기되거나 비관적으로 평가되고 하나님의 개입에 의하여 개선되는 완전한 미래를 예견했던 것이다.

예언 운동 또는 묵시 문학은 하나같이 현재의 점진적인 발전이나 개선보다 현재의 급작스러운 종말, 이전 역사와의 단절과 하나님의 돌발적인 개입을 통한 새로운 세계, 새로운 시대의 출현을 기다렸다. 내용을 살펴보면 대부분의 묵시 문학서들이 일치점보다는 차이점을 더 많이 보인다. 어떤 개념이나 어떤 국면을 강조하느냐에 따라 서로 달라진다. 시간에 강조점을 둘 때 두 세대 사상이 등장한다. 이 세대와 저 세대가 대조되고, 이 세대는 종국을 향해 줄달음치는 순전히 부정적인 시대로 묘사되며, 오는 세대는 축복과 은총의 시대로 찬양된다. 장소에 강조점을 둘 때 이 세상은 어두움이 세력을 잡고 주관하는 곳이요, 저 세상은 의와 평화의 나라이다.

바벨론 포로 이전에 하나님의 나라 또는 하나님의 날은 멸망과 심판보다는 옛 세계의 회복을 주로 의미했다. 포로기 이후 몇 세기를 지나면서 회복이라는 개념 이전에 멸망, 파괴, 심판의 요소가 우선 강조되었다. 하나님의 날, 하나님의 나라는 그를 섬기지 않는 나라와 민족이나 하나님의 백성의 적대자들에게는 심판의 날이 되고, 경건한 자들에게는 축복의 날이 될 것이다. 이를 위해 옛 세상은 파괴되고 새 세계가 건설된다.

묵시 문학과 성경(특히 성경 묵시서)의 뚜렷한 차이는 묵시 문학의 이원론에 있다. 성경은 모든 세계를 하나님께서 지으시고 하나님께서 다스리신다고 하는데 비해 묵시 문학은 선한 세계와 악한 세계를 날카롭게 구별해놓았다. 이 세상은 악한 신과 선한 하나님의 싸움터이다. 하나님의 날에는 악이 정복될 것이다. 아담의 범죄와 타락으로 사탄과 그를 추종하는 마귀들은 이 세상을 지배하는 권세를 얻게 되었다. 이들에게서 현재의 모든 악과 비참, 타락, 불신, 불순종 등이 만들어졌다. 따라서 이 세상은 하나님과 도저히 화해할 수 없는 세상이요, 오직 멸망으로만 제거될 수 있는 세상이다. 바로 이런 근본적인 차이 때문에 교회는 처음부터 묵시 문학서들을 거룩한 책으로 받아들이지 않았다.

바리새인

바리새인은 '구별된 사람들'을 의미하는 것으로, 모든 불결한 것과의 접촉을 거부하고 하나님 앞에 절대적 순결을 추구했던 사람들에게 붙여진 이름이었다.

바리새인들이 최초로 언급된 것은 마카베오상 2장 42절이다. 따라서 그 근원을 기원전 164년으로 잡는 것이 보통이다. 마카비 반란군이 셀류커스 왕조의 군대를 격파하고 실질적인 유대 통치권을 획득했을 때, 그들을 지지했던 많은 경건한 유대인들(하시딤)은 더 이상 마카비 가문을 따르지 않았다. 마카비 가문의 지도자들은 종교적인 관심보다는 정치적인 야망을 더 크게 가지고 있었기 때문이다. 그러나 그들을 도왔던 많은 경건한 유대인들은 성전이 회복되자 목표가 달성되었다고 믿었다. 그들은 그 이상을 원하지 않았던 것이다. 이 경건한 비정치적인 유대인들로부터 서서히 바리새파라는 하나의 폐쇄된 단체가 형성되었다.

바리새인들은 어떤 상황에서나 구별된 삶을 살기를 원했지만 사회를 떠나지는 않았다. 처음에 그들은 이스라엘 역사에 새롭게 등장한 회개 운동과 같이 부정과 불결한 생활에 대한 회개 운동으로 시작했으나, 점차 그들의 이상을 하나님의 계명에 대한 무조건적인 신뢰와 순종에 두었다.

그들은 다가오는 메시아의 시대에 즈음하여 율법 준수 생활이 가장 중요하다고 믿었다.

그 결과 부정한 음식과 정결한 음식 등을 손쉽게 가려낼 수 있도록 작은 단체를 형성하기 시작했으며 서로 형제 관계를 맺기에 이르렀다. 더러운 것으로부터 자신을 깨끗하게 지키려는 목표가 이교적 사회나 비유대적 관습을 멀리하는 것만이 아니라 율법을 따르지 않는 같은 유대인을 멀리하는 데까지 이른 것이다. 예수님 당시에 바리새인은 약 6천 명이 있었는데 공동 식사를 좋아했고, 세리와 죄인들을 멀리했으며, 물건도 그들의 형제에게서만 샀다.

그들은 늘 소수였으나 사람들에게 강한 영향력을 행사했다. 높은 도덕 이상, 그 이상을 실현하는 추진력과 실천력 때문이었다. 즉 그들은 막연한 이상주의자들이 아니었다. 이상주의자인 동시에 현실주의자였다.

실행을 위한 그들의 열심은 구전이라는 새로운 멍에를 탄생시켰다. 계명을 글자 그대로 매일의 생활에 적용할 수 있는 구체적인 방법들을 세밀하게 규정한 것이다. 율법 중 어떤 계명들은 사회와 문화, 정치 판도의 변화 때문에 더 이상 문자적으로 지킬 수 없었는데 이러한 것까지도 실천 가능한 범위로 현실화하려고 했다.

한 예로 유대인 모든 남자는 1년에 세 번씩 성전에서 여호와 앞에 서야 한다는 계명은 로마에서 사는 사람은 도저히 지킬 수 없는 것이었다. 그렇다고 계명을 통째로 버릴 수는 없었다. 그들은 이 계명의 '세 번씩'을 '가능하면 세 번씩', '가능하면 자주', '적어도 한 번은'으로 해석하여 누구나 예루살렘을 멀리하지 못하도록 했다. 율법에 대한 이런 상황적 해석을 구전, (장로들의) 유전 또는 전통이라고 불렀다. 모세를 통해 하나님께서 주신 율법의 창조적이며 실제적인 해석이므로 그 권위는 기록된 율법과 같은 것으로 취급되었다.

서기 1세기 초엽에 바리새파 안에는 두 개의 유명한 학파가 있었다. 힐렐 파와 샤마이 파였다. 힐렐 파는 아주 자유롭고 급진적으로 율법을 변하는 사회에 적용하려고 했다. 계명의 폭넓은 해석이 특징이었다. 샤마이 파는 보수적이고 엄격하게 율법을 해석했다. 율법의 문자적 해석이 특징이었다.

근본주의자

오늘날 근본주의자(에센 파)와 쿰란 공동체는 거의 같은 사람들로 취급된다. 쿰란 공동체는 1947년 쿰란이라 불리는 장소에서 수십 개의 동굴이 발견되면서 알려지기 시작했다. 이들은 독신 생활을 강조했고, 결혼은 종족 보존의 수단으로만 허용했으며, 기존 사회를 떠나 광야에서 공동 사회를 건설하고 살아갔다.

발생 시기는 안티오커스 4세 때(기원전 171년)로 추정된다. 대제사장 가문에 속하지 않은 메넬라우스가 최초로 대제사장에 임명되고 정통 대제사장이 이집트로 도망한 것을 계기로, 경건한 사람들은 더 이상 기존 사회에 미련을 두지 않고 하나 둘 이스라엘 사회를 떠나 광야로 들어가기 시작했다. 마카비 반란이 일어나 성전이 회복되고 대제사장직 탈환에 성공했으나 대제사장직은 끝내 사독 가문으로 돌아오지 않았다. 기원전 152년, 맛다디아의 막내아들 요나단이 대제사장 자리를 계승하자 더 많은 사람들이 부정한 사회를 떠났다. 바리새인들은 사회에 남아 있으면서 정결과 거룩을 원했지만 이들은 도피의 길을 택한 것이다. 그리고 바리새인들은 평범한 사람들이었는데 비해 이들은 대부분 제사장 가문, 특히 사독 가문의 후예들이었다.

이들은 마치 수도원 생활과 같이 엄격한 규칙을 준수했다. 공동체의 한 사람으로 받아들여지기까지 1년간의 엄격한 시험 기간을 거쳐야 했고, 사유 재산이 인정되지 않았으며, 명상의 시간을 제외하고는 공동 예배, 공동작업 등 주로 공동 생활에 참여해야 했다. 이들은 예루살렘과는 일정한 거리를 두면서 스스로를 거룩한 집단, 빛의 아들들, 깨끗하고 흠없는 영적 성전이라고 불렀다.

이들은 제사를 드릴 수는 없었다. 다만 도래할 구원의 시기에 합법적 제사를 드릴 수 있기를 갈망할 뿐이었다. 즉 깨끗한 제사, 합법적 제사장, 바른 제사 등을 고대했다. 이들은 스스로를 이 새로운 세대를 준비하는 임시적 공동체로 생각했다. 이에 반해 다른 사람들은 어둠의 아들들이라고 불렀다. 이 세상에서의 삶은 이 두 무리 사이의 전쟁으로 설명된다. 이것은 빛과 어둠의, 하나님과 사탄의 대립으로 확대되며 영원의 세계로 이어진다. 신론을 제외한 대부분이 이원론으로 설명된다.

사두개인

사두개인의 근원도 사독 가문의 후예에서 찾는 것이 일반적이다. 사독 대제사장 가문의 사람들 중 한 부류는 사회를 떠났지만 다른 일부는 사회에 남아 명맥을 유지했다는 것이다. 하스몬 왕가가 대제사장으로 등장했을 때 이들을 부정하는 대신 유대 관계를 맺고 귀족 계급으로 남아 있는 것을 선택한 사람들이었다.

그들이 그렇게 할 수 있었던 것은 헬라화 정책에 긍정적이었고 신앙과 삶의 영역을 날카롭게 분리했기 때문이다. 그들은 신앙 생활을 개인적 삶에 국한시키고 신앙 생활과 사회생활은 아무 상관없는 것으로 이해했다. 그러나 사두개인은 하스몬 시대에는 정권을 장악할 수 있었으나 바리새인의 득세로 약화일로에 있었다. 예수님 당시에 바리새인과 사두개인의 세력은 반반이었다.

사두개인은 모세오경만을 인정하며 바리새인들이 주장하는 구전과 그 권위를 철저하게 부정했다. 율법을 변화 없이 문자적으로 엄격하게 지켰는데, 특히 제사와 의식적인 면에서 더욱 철저했다. 따라서 보편적으로 이들이 더 보수적이라고 알려져 있다. 이들은 모세오경과 일치하지 않는 것은 무엇이나 거부했기 때문에 부활이나 천사나 영적인 존재, 메시아 등에 대해서는 전혀 믿지 않았다. 서기 70년, 성전이 파괴된 후 이들의 존재는 사라져버렸다.

열심당원

열심당원의 근원은 서기 6년에 있었던 과세를 위한 인구 조사로 꼽고 있으나 정신적인 근원은 마카비 가문의 반란에서 찾을 수 있다. 열심당원은 바리새인의 한 분파로 정치, 사회적 국면에까지 무력을 사용해서라도 유대주의적 이상을 실현하려고 했다. 이들은 황제의 권위를 인정하지 않고 세금을 거부했다. 개인적인 정결만이 아니라 전 사회의 정결과 거룩을 추구한 것이다.

바리새인들과는 달리 이들은 기다릴 준비가 되어 있지 않았다. 이들의 이상은 하스몬 왕가와 같이 무력으로 유대 사회를 건설하는 것이었다. 그런 의미에서 열심당원이라고 불렀다. 그들은 민수기 25장 6~13절, 열왕기상 19장 10절을 모델로 꼽았다. 즉 부정한 이방인이나 이방 군대를 약속의 땅에서 몰아내고 거룩한 땅을 정결케 하며 오는 하나님의 나라를 위해 준비하는 것이 그들의 목표였다. 이 이상대로 서기 66년에 칼을 들고 무력으로 항거하여 예루살렘에서 새로운 왕국의 시작을 선포하지만 결국 실패로 끝나고 만다.

생각해볼 문제

1. 신약 시대에 팔레스틴에 있었던 종교 단체 및 종교적 움직임들에 대해 기록하십시오.
2. 바벨론 포로기 이후 유대인들은 주변의 많은 종교와 접촉할 기회가 있었습니다. 이를 통하여 이 종교들이 유대교에 어떤 영향을 미쳤습니까?
3. 회개 운동의 근원은 어디이며 그 신학적 근거는 무엇입니까?
4. 예언 운동이란 무엇이었습니까?
5. 이 예언 운동과 신약성경의 요한계시록과의 차이는 무엇입니까?

6. 바리새인들은 언제부터 비정치적, 비군사적인 색채를 띠기 시작했습니까?
7. 바리새인들이 목표로 삼은 것은 무엇이었습니까?
8. 왜 바리새인들의 삶이 잘못되었습니까?
9. 사두개인의 특징을 열거하십시오.

5. 예수님의 생애

서론

예수님의 생애를 재구성할 수 있는 자료는 복음서뿐이다. 신약의 다른 책 몇 군데에 예수님에 관한 기록이 있기는 하지만 이것은 복음서의 내용을 요약하는 정도이다. 외경이나 다른 몇몇 문서의 기록은 매우 짧거나, 예수님의 말씀이나 사역을 변질시키는 것이어서 고려할 가치가 없다.

예수님의 생애가 한창 진행 중일 때 이를 눈여겨보고 그때그때 기록한 사람은 아무도 없었다. 사람들이 예수님의 생애를 역사적으로 재구성하려고 했을 때는 사건이 일어난 지 수십 년에서 수백 년이 지난 후여서 누구도 정확한 연대와 날짜를 장담할 수 없었다.

예수님의 사역을 보고 듣고 기록한 복음서 기자들은 특수한 목적을 가지고 작업했기 때문에 예수님의 사역을 시간적인 순차에 따라 배열하지 않았다. 따라서 네 복음서를 가지고 예수님의 생애를 정확하게 연대순으로 정리하는 것도 불가능하다.

한 가지 더 지적해야 할 것은 우리가 사용하는 연대기 표기 방법이 복음서가 기록된 후 상당한 기간이 경과한 다음에 고안되었다는 사실이다.

서기 525년, 황제의 명령으로 엑시구스는 모든 역사를 조직적이고 통일된 관점에서 기술할 수 있는 기준을 찾아야 했다. 그는 당시 기독교가 넓게 퍼져 있었던 사실을 감안하여 예수님의 출생 연도가 이 기능에 적합하다고 생각하고 예수님의 출생 연도를 연구하였다. 그의 연구에 따르면 예수님은 로마 제국이 건립된 지 754년에 탄생하셨다. 새로운 연대기법은 로마 제국 건립 754년을 주후(AD) 1년으로 잡는 것이었다. 이 새로운 기준은 별 이의 없이 채택되었다.

그러나 현대로 넘어오면서 엑시구스의 계산에 착오가 있음이 발견되었다. 더욱 정밀한 연구와 계산을 해보니 예수님의 탄생 연대는 로마 건립 750년이었던 것이다. 이러한 사실을 알아내었을 때 세상의 모든 역사를 다시 뜯어고칠 수는 없었다. 손쉬운 방법은 이 기준을 그대로 사용하면서 그 의미를 바꾸는 것이었다. 즉 1년을 예수님의 탄생 연도라고 부르지 않고 서력 기원(서기)이라고 이해하는 것이다.

이렇게 볼 때 예수님의 탄생일은 주전 4년이 아니라 서력 기원전 4년의 어느 날이 된다. 헤롯 대왕이 기원전 4년 4월 1일에 죽었으므로 예수님의 탄생은 이 이후로 잡혀질 수 없는 것이다. 뿐만 아니라 복음서를 아무리 정밀하게 연구해도 예수님의 탄생 연도를 확정 짓기 어렵다는 사실이 추가로 발견되었다.

이상의 이유로 예수님의 생애를 정확하게 연도와 날짜별로 재구성하는 것은 불가능하다. 신학자들이 찾아낸 예수님의 생애에 대한 최단기 가능성과 최장기 가능성을 표로 나타내보았다. 연도와 날짜는 대략적인 의미밖에 없다는 점을 기억하기 바란다.

• 최단기 가능성

연 대		생 애
기원전	6년 10월 중순	세례 요한 출생 예고
	5년 4월 중순	예수님 출생 예고, 마리아의 엘리사벳 방문
	5년 7월 말	세례 요한의 탄생(마리아가 고향으로 돌아옴)
	10월	요셉에게 천사가 나타남
	4년 1월 말	예수님 탄생, 목동들의 방문
	3월 초	동방 박사의 방문과 귀환
		예루살렘에서 정결 예식(40일째)
		이집트로 피난
	3월 중순	헤롯의 유아 살해
	(9월)	귀환, 나사렛에 정주
서기	9년 봄	12세, 성전 방문
	25년	세례 요한의 출현
	26년 1월	예수님의 수세, 시험 받으심(40일)
	3월 말	공생애 시작, 세례 요한 투옥
	28년	세례 요한 처형
	29년 3월 중순	예루살렘으로
	4월 초	십자가에서 죽으심과 부활
	5월 중	승천
	5월 말	성령 강림

● 최장기 가능성

연 대		생 애
기원전	9년 10월 중순	세례 요한 출생 예고
	8년 4월 중순	예수님 출생 예고, 마리아의 엘리사벳 방문
	7월 말	세례 요한 탄생(마리아 돌아옴)
	(10월)	요셉에게 천사 나타남
	7년 1월 말	예수님의 탄생, 목동들의 방문
	3월 초	동방 박사의 방문과 귀환
		예루살렘에서 정결 예식(40일째)
		이집트로 피난
	3월 중순	유아 살해
	(9월)	귀환, 나사렛에 정주
서기	6년 봄	12세, 성전 방문
	28년	세례 요한의 출현
	30년 1월	예수님 수세, 시험(40일)
	3월 말	공생애 시작, 세례 요한 투옥
	32년	세례 요한 처형
	33년 3월 중순	예루살렘으로
	4월 초	십자가에서 죽으심과 부활
	5월 중	승천
	5월 말	성령 강림

생각해볼 문제

1. 예수님의 생애나 연대표는 왜 규명되지 않고 있습니까?
2. 예수님의 출생일을 신학자나 역사가들은 어떻게 잡고 있습니까?

6. 신약성경의 형성 과정

다른 시대, 다른 장소에서 기록된 27권의 각기 다른 책들이 한 권의 책인 것처럼 전해져 내려온 것은 신약성경의 특수한 형성 과정이 있었음을 암시해준다. 물론 이 과정을 자세하게 보여주는 자료는 어디에도 없다. 꼭 있었을 법한 과정을 이론적으로 추적해볼 수 있을 뿐이다.

기독교의 본질은 과거의 사건에 대한 지식이 아니라 이 지식을 만들어낸 사건이라는 사실을 앞에서 지적한 바 있다. 계시보다는 계시하신 하나님을 강조하는 것이다. 신약성경의 형성 과정에 관심을 가질 때 우리는 신약성경을 가능하게 한 이 사건들의 발생에서 시작해야 한다.

초대 교회는 기록된 순서대로 책들을 배열하지 않고 복음서를 맨 앞에 두었다. 기록된 순서로 따지면 바울 서신이 복음서보다 앞선다. 그러나 먼저 기록되었다는 것이 꼭 먼저 존재했다는 의미는 아니다. 내용을 따르면 복음서가 서신들보다 더 오래된 것이다. 서신은 저자가 그 편지를 쓸 때 내용과 형식이 함께 탄생했다. 그러나 복음서는 기자들이 기록할 때 고안된 것이 아니라 전해들은 내용을 책에 옮겨 적으며 복음서라는 형식을 부여한 것에 불과하다. 복음서가 지시하는 그 내용, 그 사건은 서신서보다 훨씬 오래된 것이다.

복음 사건의 발생

탄생으로 시작되는 예수님의 생애가 신약성경의 출발점이다. 복음서는 이 생애를 알려주기 위한 책일 뿐이다. 예수님의 생애와 사역은 죄인을 구하시는 하나님의 구속 사역이었다. 하나님의 영원하신 뜻이 예수님의 설교를 통하여 계시되었다. 복음서가 보여주는 사건들이 실제로 발생했음을, 그리고 이것이 기독교의 핵심임을 기억해야 한다. 사실이 없는 소식은 무의미하다. 실제가 없는 소식은 허구일 뿐이다.

제자들의 경험

예수님은 자신의 일과 교훈, 그 의미들을 직접 적어놓지 않으셨다. 복음서는 목격자들에 의해 관찰되고 기록으로 남게 되었다. 예수님께서는 하나님의 구속 사역이 예수 그리스도를 통하여 지구상에 진행되기 전에 미리 증인들을 불러 모으셨기 때문에 기록에 별 어려움은 없었다. 복음서에 기록된 모든 사건들은 목격자와 증인의 입을 통하여 기록으로 살아남을 수 있었다.

목격자의 역할이란 사건이 진행 중일 때 예수님의 말씀을 듣고 예수님의 사역을 보는 것이었다. 사람을 낚는 어부란 사람들을 불러 모으는 기술을 습득한 사람들이 아니라 무엇보다도 이 구속 사역의 증인이 되는 것이었다. 증인의 역할은 예수님의 사역과 말씀을 목격하고 보존하는 것이다. 필요할 때마다 기억하고 설교하며 전달하는 것이다. 하나님의 위대한 사역은 이렇게 목격자들을 통하여 그 시대에 그곳에 살지 않던 사람들에게도 전달될 수 있었다.

목격자들의 인식 능력이 신약성경이 탄생할 수 있는 도구로 사용되었다. 사건 자체나 말씀 자체를 있었던 그대로 보관한 것은 아니다. 사건과 육성은 한 번 역사상에 나타났다가 사라지는 것이며 재현되지 않는 단회성 사역이다. 이 사건에 대한 상(像)이 그들의 뇌리에 새겨지며 소리가 그들의 기억에 남는다. 목격자들의 감각 기능과 지성, 감정, 의지 등 목격자의 인식 능력이 복음을 우리에게 중매하는 도구가 되었다.

복음을 이해하기 위하여 감각 기능과 인식 능력 전 분야를 일일이 연구할 필요는 없다. 복음의 전달을 위하여 사용된 기능은 주로 '듣고' '보는' 기능이기 때문이다. '우리가 보았다', '우리가 들었다'는 것은 요한일서에서 복음의 확실성의 근거로 제시되었다.

이 두 가지 기능에 초점을 맞출 때 인식의 결과는 사건을 100퍼센트 그대로 반영할 수 없다는 점을 인정하여야 한다. 목격자들이 사건을 본 방향과 사건에 개입한 역할에 따라 한 사건의 부분적인 면이 얼마든지 부각될 수 있다. 한 사건에 대한 복음서의 보도가 다르다는 것은 복음의 신실성에 의문을 던지는 것이 아니라 그 전체 상(像)을 보충하는 역할을 하기도 한다.

목격자들이 있을 수 없거나 직접 경험할 수 없는 사실들은 어떻게 복음서에 들어올 수 있었는가? 이 질문에는 여러 가지 방향에서 필요한 답을 찾을 수 있다. 예를 들어 당사자가 자신의 얘기를 알려주었을 수 있다. 또 복음서를 예수님에 관한 증거 문서로 받아들일 때, 지상 생애의 예수님을 목격자들이 눈과 귀를 통하여 경험했다는 사실만이 아니라 그의 부활과 승천 후에 성령의 임재를 통한 영적 경험, 구약성경을 통한 지식적 체험 등도 인정하는 것을 의미한다. 신약성경의 기자들은 눈과 귀를 통하여 지상 생활의 예수님을 인식했을 뿐만 아니라 그들의 지적, 감정적, 영적 능력을 통하여 구약의 예언과 예수님의 선재, 미래의 예수님을 인식하였다. 어떤 경우든 성령의 감화만이 아니라 하나님의 사역에 동원된 목격자들의 인식을 통하여 복음이 발생했으며 이 모든 것은 예수님의 생애, 사역, 말씀, 존재 자체에서부터 퍼져 나온 것임을 인정해야 한다.

지적 보존

인간은 보고 들은 것을 오래 간직할 수 있다. 지식의 보고 속에 말씀의 목격자들은 그들이 본 것을 상(像)의 형태로 간직했고, 그들이 들은 소리를 언어의 형태로 간직했다. 지식의 창고에서 움직이는 사진과 같은 형태로 과거에 있었던 일들이 보관되었다. 언어는 예수님의 음색과 강약과 고저까지 완벽하게 보관했다. 우리는 이것을 보통 지식이라고 부른다. 인식 능력을 통하여 외부로부터 받아들인 '사실에 대한 경험적 지식'이라고 부른다. 그것은 사건 자체는 아니지만 사건 자체에서 만들어진 것이며 그 사건을 생생하게 지시하는 것이다.

기억

우리는 예수님에 관한 지식을 언제든지 되살릴 수 있다. 무의식적으로든, 의식적으로든 과거의 일들을 기억의 창고 속에서 꺼내어 반추하는 것은 인간에게 주어진 능력의 일부이다. 살아 있는 복음서였던 예수님의 제자들이 그들의 추억 속에 보관되어 있는 사실에 관한 상(像)을 재생시키지 않으면 무엇이든지 제3자에게 결코 전달될 수 없었을 것이다. 이러한 관점에서 목격자들의 추억과 기억은 복음이 전달되는 가장 직접적인 도구라고 할 수 있다. 사건은 사라졌다. 설교는 갈릴리의 공기를 휘젓고 사라져 갔다. 그러나 목격자들의 기억은 그들이 살아 있는 한 결코 사라지지 않는다. 따라서 전파되는 복음은 때마다 사실에서 만들어지는 것이 아니라 목격자들의 기억을 통하여 재생되는 것이다.

이 회상의 과정에서 사실들은 목격자가 원하는 방향으로 조합될 수도 있고, 종합될 수도 있으며, 새로운 문맥에 편입될 수도 있다. 목격자의 필요와 목적이 중요한 역할을 한다.

전달의 방편인 복음 : 언어화

회상의 과정은 목격자의 개인적인 작업으로 남는다. 그가 보고 들은 것을 예수님의 명령대로 다른 사람에게 전달하려면 언어나 그림이나 조각 등을 사용해야 한다. 초대 교회는 언어만을 사용하여 복음을 전했다. 예수님께서 제자들을 사람을 낚는 어부로 부르시고 그들이 보고 들은 것과 그

의미를 복음이라는 이름으로 다른 사람들에게 전하도록 당부하셨다는 것은, 그들이 알고 있는 것들을 언어의 형태로 바꾸어 전하도록 하셨다는 것을 의미한다. 언어는 실제 사건에 대한 지식을 전달하는 가장 간편하고 편리한 수단이었다.

목격자들이 기억의 창고에서 회상한 것을 다른 사람들에게 전달한다는 것은 다음과 같은 과정이 포함한다.

- 소리의 반복(및 통역)
- 사건의 언어화와 설명(및 통역)
- 느낌과 감정의 언어화와 설명(및 통역)

이 과정에서 목격자의 설명이 첨가될 수 있다. 첨가는 언어로 전달하기 어려운 요소들을 부가하는 기능이 있다. 언어화의 과정에서 오해가 일어날 소지가 있는 것을 제거하고 제한하는 데 사용되기도 한다. 우리는 목격자들의 인식과 기억, 회상, 그들의 언어로 재생되는 '사건과 말씀에 대한 지식' 을 통해 복음을 듣기 때문에 목격자들이 첨부한 설명구와 사건부 또는 언어부를 구별하는 것은 불필요한 일이다.

목격자들은 복음을 보충하고 설명하기 위하여 구약성경에서 여러 가지 자료들을 동원하기도 했다. 구약성경을 가지고 예수님을 그리스도로 증명하는 것은 당시에 흔한 방법이었다. 복음을 전할 때 개입한 하나님의 영적 감화와 새로운 계시가 설명의 도구로 사용되었다. 이런 다양한 자료들은 목격자들의 지식이란 차원에서 같은 가치를 지니기 때문에 다른 사람들이 경험할 수 없었던 성령의 감화와 지시, 구약을 통한 재해석, 예수님에 대한 영적 교훈, 미래의 계시 등이 첨가되었다 하더라도 이것을 거부할 어떤 논리적 근거도 주어지지 않는다.

목격자들이 그들의 언어로 복음을 표현한 다음부터는 언어로 전하고 언어로 듣는 소위 '복음의 구전 단계' 에 들어간다. 목격자들은 그들의 기억에서부터 필요에 따라 다양한 형태의 설명을 만들어낼 수 있지만 구전 단계에 이르면서 변화의 가능성은 희박해진다.

복음 전파와 수집

예수님의 제자들은 오순절에 성령이 오시면서 복음 전파 생활로 돌입했다. 복음이란 하나님의 구속 사역이 하나님의 아들 예수 그리스도를 통하여 역사계에 집행되었다는 구원의 소식이다. 복음 전파와 함께 한편으로는 새로운 믿는 자들이 성령의 역사로 탄생했으며 교회가 세워졌고, 다른 한편으로는 다양한 목격자들의 증언이 수집되었다.

사도들은 세례 요한의 때부터 부활, 승천, 성령의 오심에 이르는 대부분의 일들과 말씀에 대한 목격자들이었다. 그러나 그들이 목격자가 될 수 없는 사건들도 있었다. 사도들 모두가 모든 일의 증인은 아니었다. 복음을 전하는 과정은 한 목격자가 목격하지 못했던 일들을 다른 목격자의 증언을 통하여 배우고 믿고 이 내용을 그의 복음에 첨가하는 과정을 필수적으로 동반한다. 구약의 연구와 인용 등도 이런 과정의 한 부분으로 이해할 수 있다. 하지만 다양한 목격자들의 증언이 첨가되는 과정이 계속 반복될 수는 없었다. 예수님께서 승천하심으로 지상의 생애는 이미 종결되었기 때문이다. 따라서 수집의 단계는 복음 전파의 초기에 국한되었다고 보는 것이 좋을 것이다.

복음이 전파되는 구전의 단계는 적어도 30여 년 동안 계속되었다. 구전의 단계를 복음의 변화와 발전의 기간으로 보는 것은 옳지 않다. 복음의 원형은 목격자들의 기억에 고스란히 보관되어 있기 때문이다. 복음 사건으로부터 복음서의 탄생까지 짧게는 20여 년, 길게는 30~40년의 간격이 놓여 있다고 해서 복음서가 역사적 예수님의 모습을 제대로 보여주지 못한다는 것은 일부 신학자들의 상상일 뿐이다. 실제 사건을 경험한 목격자들이 복음서가 기록될 때까지 살아 있었다. 이것은 복음의 원형인 목격자들의 기억에 따라 복음이 언제나 마치 어제 본 것처럼 재생될 수 있었다는 것을 의미한다(복음서들이 언제 어디서 기록되었는지는 확실하지 않다. 서신들과의 선후 관계도 결정하기 어렵다. 이 문제는 신약성경의 각론에서 다룰 것이다).

서신서들의 탄생

사도들이 복음을 전파하는 곳에 교회가 세워졌다. 교회가 세워졌다는 것은 복음을 믿음으로 받아들이고 살아 계신 예수님을 의존하는 사람들이 곳곳에 계속 증가했다는 말이다. 복음서는, 기록되지는 않았지만 이제 목격자가 아닌 사람들의 기억 속에도 살아남게 되었다.

갈라디아서 또는 데살로니가전서가 바울 사도에 의하여 서기 50년경에 최초로 기록되었을 때, 이 편지는 이미 복음을 받아들이고 기억하고 있는 사람들에게 일어나는 현실적인 문제들을 해결하기 위한 것이었다. 책으로서의 기능은 이 서신이 최초의 것이라 하더라도 기록되어 있는 것과 같은 형태의 복음을 예상해야 이 편지를 바로 이해할 수 있다.

바울 사도는 그가 설립한 각 지역의 교회에 필요한 사도적 충고와 경고를 계속 기록했다. 처음에 각 서신은 수신자로 언급된 그 교회에만 있었다. 바울 서신이 완결되기까지는 적어도 15여 년이 경과한다. 정확한 연대를 확정할 수는 없지만 신약성경의 다른 서신들도 다른 곳에서 다른 저자에 의해 계속 기록되었다.

복음의 문자화

복음의 목격자들이 거의 다 세상을 떠날 때쯤인 서기 60년경 복음이 문서화된다. 이때까지 복음서가 문서화되지 않은 이유에 대하여 그럴듯한 설명이 있다.

- 우선 목격자들이 살아서 복음을 전하고 있었다. 복음의 원형을 그들이 가지고 있었고 실제로 있었던 일들을 더 자세히 알고 있었기 때문

에 목격자들에게서 복음을 듣는 것이 더 생생하고 더 효과적인 방법이었다.

- 어쩌면 복음 전도자들은 그들이 살아 있을 때 예수님께서 재림하실 것으로 믿었는지도 모른다. '여기 서 있는 사람들 중에 인자가 그의 영광으로 오시는 것을 죽지 않고 볼 사람도 있다' 는 말씀은 당시에 사도들의 생존시로 이해되었을 가능성이 있다.
- 당시의 지식 전달 매체는 문서가 아니라 기억력과 구전에 의존하는 전승의 방법이었다. 사람들이 값비싼 파피루스와 필기도구를 소유하는 것도 쉽지 않았다.
- 사도들은 복음을 기록하기보다는 복음을 전파하여 새로운 개심자들을 만들고 새로운 교회를 세우는 데 더 치중하였다.
- 초대 교회 시절에는 지역 교회가 그렇게 많지 않았다. 목격자들이 충분히 개 교회의 필요를 감당할 수 있는 상황이었다.

복음서들이 갑자기 그것도 거의 동시대에 기록되기 시작한 이유는 다음과 같이 설명할 수 있다.

- 목격자들이 거의 세상을 떠나고 마지막 몇 명밖에 남지 않은 상황에서 사도들은 시급히 복음서를 기록하여 살아 있는 동안 그들의 기억 속에 보관되어 있는 복음의 원형을 고정시키려 했다.
- 예수님의 재림이 어쩌면 그들이 살아 있을 때 이루어지지 않고, 앞에 인용한 것과 같은 예수님의 말씀은 재림이 아닌 다른 사건을 지시할 수도 있다는 점을 생각하기 시작했는지도 모른다. 복음이 더 긴 시간 다른 곳으로 계속 전파되어 나가야 하는데 목격자들의 생명은 끝나 가고 있었다. 그들은 복음을 문서화하는 것을 복음 전파를 수행하는 마지막 작업으로 이해하였을 수도 있다.
- 구전을 통해 복음이 최초의 목격자에게서 그들의 제자에게로 제 3,

4대로 계속 전파되어가면서 복음의 변화는 피할 수 없는 결과였다. 목격자들이 살아 있는 동안 그 원형을 기록으로 남기고 싶어 했을 것이다.

- 교회가 점점 증가하면서 목격자들이 복음 전파자의 수요를 직접 다 감당하기는 불가능했다. 사도들이 없는 곳에서도 목격자들의 설교를 듣는 것과 같은 효과를 낼 수 있는 복음서가 시급히 요구되었다.
- 복음서가 복음 전파의 더 강력하고 효과적인 수단임을 인지했을 것이다. 선교나 교육 활동에 복음서가 획기적인 도움이 된다는 것을 알게 되었다. 교회는 개인 전도의 단계에서 조금씩 집단체적 특성을 띠기 시작했고 그 필요를 책이 채워줄 수 있었다.
- 늘어나는 이단과 적대자들을 대항할 효과적인 변증 자료들이 필요했다. 이와 관계하여 복음의 순수성을 지킬 수 있는 기준이 필요했다.

각 책의 수집

서기 1세기의 쉽지 않은 역사 현장을 걸었던 그리스도인들의 삶을 상상할 때 이런 저런 서신들이 함께 모일 수 있었다는 점을 어렵지 않게 이해할 수 있다. 한 책은 그것을 직접 받은 개인이나 교회의 보배로 소중히 간직되었을 것이다. 그리스도인들이 바울 사도의 편지를 받았다고 생각해보자. 어쩌면 그들은 직면했던 어려운 문제를 사도의 편지를 통해 해결했을지도 모른다. 아니면 여전히 풀리지 않는 어려운 점들이 계속 비등해갔을 수도 있다. 그들은 바울 사도의 편지를 한 번 읽고 버렸을까? 만약 이 편지가 교회에 발생한 문제를 해결하고 그들이 새로운 힘을 얻어 그리스도의 진정한 교회로 힘 있게 살아가도록 자극했다면, 바울 사도의 편지를 한 번 읽어보고 버렸을 것이라고는 아무도 상상할 수 없을 것이다.

사람들은 예배 시간에 그것을 여러 번 읽었을 수 있다. 개인적으로 돌려가며 읽기도 했을 것이다. 만약 이웃 교회에도 비슷한 문제가 발생했다면, 그리고 이 편지가 마찬가지의 해결책이 될 수 있다면 편지를 빌려주거나 복사해주었을 것을, 또는 직접 방문하여 베껴갔을 것을 능히 짐작할 수 있다. 원본이 이 교회 저 교회로 회람되었다는 흔적도 남아 있다. 정경화 과정은 특정한 서신들, 복음서들이 점점 넓게 퍼져 나갔고 한 교회가 여러 개의 책을 소유하기 시작했으며 그 마지막 과정에서 신약성경 27권이 모일 수 있었다는 것을 알려준다. 이것을 우리는 같은 책의 사본이 늘어나는 것으로 이해할 수 있다. 사본의 증가와 함께 신약성경은 점점 두꺼운 수집본으로 자라났다.

마지막으로 기록된 것은 요한계시록으로 서기 95년경의 일이었다. 늦어도 2세기 초에는 27권 대부분의 책들이 한 권의 신약성경으로 모일 수 있었다. 27권의 책들은 처음부터 대부분 권위 있는 책으로 받아들여졌다. 그중 한두 권은 지역에 따라 공예배시에 사용이 의문시되기도 하고, 27권에 속하지 않은 다른 책들이 정경적인 책들과 함께 사용되기도 하였다. 물론 구약성경은 교회의 설립 시부터 정경으로 사용되었다. 정확하게 언제 지금의 27권이 모두, 그리고 27권만이 교회의 권위 있는 책으로 사용되었는지는 단정하기 어렵다. 남아 있는 역사적 증거들이 많지 않을 뿐만 아니라 이 증거만으로는 역사를 재구성하기 어렵기 때문이다. 이 문제는 신약성경 정경론의 이름으로 다룰 것이다.

생각해볼 문제

1. 초대 교회는 신약성경의 각 책들을 어떤 원리에 따라 배열해놓았습니까?
2. 신약성경을 읽을 때 가장 중요시해야 할 사항은 무엇입니까?
3. 하나님의 구속 사역이 기록되어 우리 시대까지 전달되는 과정에서 중요한 역할을 하는 것은 무엇입니까?
4. 목격자들의 주된 기능 두 가지는 무엇이었습니까?

5. '살아 있는 복음서'는 무엇을 의미합니까?
6. 목격자들이 복음을 전했다는 것은 구체적으로 어떤 일을 했다는 의미입니까?
7. 말로 복음이 전파되던 구전의 단계는 얼마나 계속되었습니까?
8. 신약성경에 포함된 서신서들은 언제부터 기록되었으며 왜 기록되었습니까?
9. 복음이 오랫동안 기록되지 않았던 이유는 무엇이었습니까?
10. 서기 60년경부터 복음서가 한꺼번에 기록된 이유는 무엇입니까?
11. 각기 다른 곳에서 기록된 신약성경의 각 책들이 한 권의 책으로 모인 이유는 무엇입니까?

7. 정경론

권위의 문제

기독교는 성경을 사용하고 중요시하지만 책(들)을 믿는 종교는 아니다. 기독교는 지금 살아 계신 하나님을 믿는다. 성령님의 역사로 우리는 보지 못한 하나님을 믿게 되었다. 부활하시고 살아 계신 예수님께서 자신을 의지하는 신자들을 지금 이곳에서 다스리신다. 정확하게 말한다면 우리는 성경 때문에 하나님을 믿는 것이 아니라 하나님 때문에 성경을 갖게 되었다. 성경이 살아 계신 하나님의 사심을 보장하는 것이 아니라 살아 계신 하나님께서 성경의 권위를 보장해주신다. 그 하나님에 관하여, 그의 사역에 관하여 우리는 성경에서 배운다. 그리고 살아 계신 예수님을 믿고 하나님의 백성이 된다. 바로 이 현실이 기독교인에게 가장 중요한 신앙의 현장이다.

그런데도 기독교가 일반 사람들뿐 아니라 기독교인들 스스로에게도 책의 종교로 불리거나 그렇게 인정받는 것은, 보이지 않는 살아 계신 하나님보다는, 이 하나님을 믿는 신앙보다는 기독교인들이 들고 다니는 성경책이 가장 먼저 사람들의 눈에 띄기 때문이다. 그리고 기독교인의 삶에서 성경을 귀중히 여기는 것보다 더 확실하게 드러나는 것은 없기 때문이다.

성경이 하나님의 말씀이요 따라서 세상의 어떤 다른 책들과도 구별된다는 생각을 한 것은 구약 시대에 하나님의 음성을 듣고 하나님의 명령과 약속들을 적어 사용했던 유대인들이었다. 책들이 있기 전에 하나님의 나타나심이 있었다. 하나님의 권위로 구약성경이 기록되었다. 하나님께서 하신 일과 하나님의 말씀을 기록하게 하신 것은 하나님 자신이었다. 하나님을 만나지 못한 사람들을 위하여 하나님의 일을 배우고 하나님을 믿고 의지하여 하나님의 말씀을 익혀 지키게 하려는 것이었다. 하나님의 약속을 직접 듣지 못한 사람들에게 하나님의 약속을 알리고 그것을 기대하게 하려고 성경을 기록하게 하신 것이다. 이런 이유로 유대인들은 현재에 역사하시는 하나님을 믿고 하나님께만 희망을 두면서도 성경을 거룩한 책으로 사용하고 보존하고 사랑했다. 그것은 유대교의 오랜 전통이기도 하다. 따라서 신약 정경론은 구약 정경론에 뿌리를 두고 있다.

구약성경은 기원전 4세기경에 이미 기록이 끝났고 거룩한 책으로 인정받고 있었다. 예수님 당시에 이 책들은 '율법과 선지자들', '율법과 선지자들과 시편', '율법과 선지자들과 책들' 또는 전체적으로 '책(들)' 으로 불렸고 신앙과 삶에 대해 최종적인 권위를 갖고 있었다. 예수님께서 자신의 사역과 말씀의 권위와 정당성을 증명하기 위하여 또한 유대 지도자들의 가르침과 삶, 기대가 잘못되었다는 것을 지적하기 위하여 자주 구약성경을 인용하신 것은 이것 때문이다.

예수님을 믿는 우리에게는 예수님께서 구약성경을 사용하고 인용하고 설명하셨다는 사실, 즉 구약성경에 관한 예수님의 태도가 중요하다. 이것은 예수님께서 구약성경을 전체적으로 하나님의 말씀으로 인정하셨음을 알려준다. 예수님을 따르는 사람들은 예수님의 이러한 태도를 이어갈 수밖에 없다. 사도들도 같은 전통 위에 서 있었다. 그들에 따르면 복음은 구약성경을 수정하거나 부정하는 것이 아니라 구약성경이 예언하고 기대하던 바로 그것이었다.

예수님의 제자들은 살아 역사하시는 예수님을 만나 믿음을 얻었을 뿐 아니라 구약성경을 통하여 예수님의 진실성을 확신했고 확증해주었다. 신약성경은 이런 관점에서 구약성경과 하나의 통일체를 이룬다. 하나님의 구원의 약속이 예수 그리스도를 통하여 성취되었다는 것이 그들의 확신이었고 신약성경을 기록하게 된 원인이었다. 하나님의 권위와 구약성경의 권위, 예수님의 권위는 같은 것이며 신약 정경론의 근거가 된다.

요한복음 1장에 따르면 예수님은 처음부터 하나님과 함께 계시던 '그 말씀' 이시다. 그는 육신이 되어 우리 가운데 거하셨다. 그는 구약성경에 예언되어 있는 "세상 죄를 지고 가는 하나님의 어린양"이요 메시아이시다. 빌립은 나다나엘에게 그가 만난 예수님을 이렇게 소개했다.

"모세가 율법에 기록하였고 여러 선지자가 기록한 그이를 우리가 만났으니 요셉의 아들 나사렛 예수니라."

예수님의 제자들은 예수님에게서 같은 권위를 발견했다. 하나님께서 예수 그리스도 안에 분명하게 나타나셨다는 사실이 제자들을 굴복하게 했다. 그의 말씀은 권위가 있었다(마 7:28~29). 예수님께서 행하신 표적들은 그가 하나님 아버지께로 오셨다는 사실을 증거해주었다.

예수님께서 승천하신 후 제자들은 그들이 예수 그리스도께서 하신 일과 하신 말씀을 증거하기 위하여 세움을 입었다는 사실을 깨달았다. 예수님께서는 그들에게 특별한 사명을 주시며 동시에 특별한 권위를 덧입혀 주셨다. 예수님과의 교제에 기초한 그들의 가르침의 권위는 모든 교회에 대한 구속력이 있었다(마 16:19, 18:18).

사도들과 장로들은 예수님 자신에 의해 특별한 자격을 부여받았다. 그들은 바로 그 예수님께서 주신 권위로 예수님을 증거하는 자들로 살았다. 그들의 설교가 권위 있는 예수님을 소개하는 한 같은 권위가 있었다. 그들의 사역이 예수님께서 시작하신 하나님의 구속 사역을 이어가는 한 그들의 사역에도 보내신 분과 같은 권위가 있었다. 신약성경은 예수님에 대한 권위 있는 증언이 기록된 것일 뿐이다.

정경

권위 있는 책들을 지시하는 통일된 용어는 비교적 늦게 나타난다. 우리가 사용하는 용어는 '성경' 인데 원래 이 용어는 '책들' 에 해당하는 '비블리아' 의 번역이다. 신약성경이 탄생할 때 책을 만드는 것은 아주 값비싼 작업이었다. 일단 책에 기록되었다는 것부터가 그 내용의 중요성을 함축하고 있었다. 돌을 깎아 글을 새기는 것이 책을 만드는 것보다 더 쉽고 값싼 시대였으므로, '책(들)' 이란 용어 자체가 곧 귀중하고 권위 있는 내용이 수록되어 있음을 충분히 표현하고 있다고 보았기 때문에 별도의 이름을 붙이지 않은 것 같다.

책이 흔한 시대가 되면서 이 표현은 평범하고 색깔 없는 단어가 되고 말았다. 아무나 무슨 내용이든지 책으로 출판할 수 있기 때문에 다른 책들과의 구분이 필요했고 그 결과로 한국에서는 '성경' 곧 거룩한 경전, 또는 특별한 책이란 용어가 만들어지게 된 것이다.

이 책들을 지시하는 좀더 기술적인 용어는 '정경' 이다. '정경' 은 원래 길이를 재는 '자' 를 의미하는 헬라어 '카논' 에서 유래한 것으로서 비유적으로 척도, 기준, 표준이라는 의미로 사용되었다. 신약성경을 카논이라고 부르게 된 것은 이 책들만이 기독교 신앙과 행위의 권위 있는 표준서임을 인정했기 때문이다. 이 단어를 '정경' 으로 번역한 것은 정확한 번역은 아니다. '정경' 은 교회가 표준서로 받아들여 사용한 책들을 다른 고대 문서들, 즉 외경, 가경 등과 구별하는 용어이다. 신약성경과 비슷한 시기에 기록되었다 하더라도 신약성경에 수록된 27권의 책들 이외의 모든 책들은 '정경 외 문서' 라 불리며 신앙과 행위의 기준서로 인정받지 못했다는 것을 함축하고 있다.

정경화 과정

신약성경 27권을 정경이라고 부르게 된 것은 신약성경의 탄생보다 훨씬 이후의 일이다. 어떤 책들을 교회의 표준서로 인정할 것인가 하는 기독교

지도자들의 토론도 비교적 늦은 3~4세기에 일어났다. 물론 이 말은 그런 관심이 나타나기 이전에는 아무도 이 책들을 표준서로 사용하거나 인정하지 않았다는 의미는 아니다. 신약성경의 권위와 가치는 교회의 결정을 따른 것이 아니다. 오랫동안 권위 있는 표준서로 사용되던 책들을 교회가 구체적으로 확인하고 공식화한 것이 3~4세기였다는 뜻이다.

초대 교회에는 우리가 가진 것과 같은 신약성경이 없었다. 예수님의 복음 사역이 끝나고 최초로 세워진 예루살렘 교회는 27권 중 단 한 권도 가지고 있지 않았다. 신자들은 구약성경을 사용했고 예수님의 생애, 사역, 교훈에 관한 구전(복음)을 사용하거나, 사도나 기독교 선지자들을 통하여 나타나는 하나님의 계시에 의존하여 살았다.

현실적인 필요에 의하여 한 권, 두 권 신약성경이 기록되면서 동시에 부분적으로나마 신약성경을 소유하는 교회가 생겼다. 최초로 성경을 소유하게 된 교회는 바울 사도가 수신자로 지목하며 편지를 써 보낸 교회들이었다. 바울 서신은 처음부터 권위 있는 책으로 받아들여졌고 읽히며 사용되었다. 신약성경의 책들이 기록되는 즉시 모든 교회에 배포된 것은 아니라는 점을 잊어서는 안 된다. 교회마다 지금의 27권을, 이 27권만을 정경으로 소유하게 되기까지는 오랜 시간이 흘러가야 했다. 기록에서부터 신약성경이 완성되어 '정경' 이란 이름으로 한 권의 책처럼 모이는 전 과정을 우리는 신약성경의 정경화 과정 또는 정경사라고 부른다.

한 지역 교회가 그들이 소유한 책을 다른 교회에 복사해주거나 다른 교회가 소유하고 있는 책을 복사해오는 과정을 거쳐 한 권의 편지를 소유했던 교회가 점점 많은 책들을 소유하게 되었고, 이 책들을 소유하는 교회도 점점 증가하였다. 이 과정은 어떤 책이 한 교회에서 다른 교회로 전해지는 개별적인 면을 보여주는가 하면, 어떤 책이 한 지역의 모든 교회에서 갑자기 다른 지역의 교회로 전해지는 면을 보여주기도 한다. 한 교회에서 다른 교회, 한 지역에서 다른 지역으로 전해지는 이 과정을 거쳐 신약성경은 세월이 흐름에 따라 지금과 같은 27권의 신약성경이 되었다. 이렇게 되기까지 어떤 교회는 한 권도 소유하지 못했거나 몇몇 권의 책으로 만족해야 했던 시대가 있었다.

신약성경의 대부분의 책들은 처음부터 권위 있는 표준서로 읽혔고 예배에 사용되었다. 히브리서, 요한계시록, 야고보서, 베드로후서 등은 일부 지역의 교회에서 사용에 의문이 제기되기도 하고 제한되기도 했다. 물론 한 교회가 이 모두를 동시에 배척했다는 증거는 없다. 히브리서는 저자의 불확실성 때문에 어떤 지역에서는 문제시되었지만 다른 지역에서는 다른 책들과 마찬가지로 권위서로 사용되었다는 방식으로 이해해야 한다. 베드로후서는 헬라어 문체가 베드로전서와는 크게 달랐다는 점, 따라서 베드로 사도의 편지라고 보기 어렵다는 점 때문에 정경성이 의문시되었다. 어떤 책이 특별한 이유로 사용이 제한되었던 시기는 그렇게 오래가지 않았다. 늦어도 3세기 말이나 4세기 초에는 27권의 모든 책들이 정경으로 인정되었다.

정경화 과정에 또 다른 면이 있다. 지금은 정경에 포함되지 않은 책들이 비슷한 시대나 그 이후에 탄생한 것이다. 이 책들의 대부분은 처음부터 정경으로 받아들여지지 않았지만 어떤 책들은 정경의 책들 못지않게 초대교회의 사랑을 받았다. 이런 책들 중에 '열두 사도의 교훈집'(디다케), '헤르마스의 목양자', '바나바 서신', '클레멘트 서신' 등이 있다. 이 책들도 늦어도 4세기 초에는 모든 지역에서 정경 목록에서 제외되었다.

정경성

신약성경의 책들이 기록되어 퍼져 나갔을 때 이 책들이 권위 있는 책임을 교회는 어떻게 인지하였을까? 어떤 책들의 정경성이 지역에 따라 의문시되거나, 정경 외 문서 중 어떤 책들이 지역에 따라 정경과 같은 권위 있는 책으로 읽혀지고 있을 때 이들을 최종적으로 정경문집에 포함시키거나 정경문집에서 제외한 원리는 무엇일까? 즉 어떤 책의 정경성을 판단한 근거는 무엇이었을까?

첫째, 사도성이다. 사도성이란 어떤 책의 저자가 사도나 사도의 동료였는가를 묻는 것이다. 사도들은 복음의 목격자들이요 예수님께 특별한 권한을 위임받은 사람들이었다. 교회를 설립하는 과정에서 이미 그 권위를 인정받고 있었다. 따라서 사도들이 활동하던 시대에 사도가 저작했거나 사도에게서 정보를 제공받은 협력자에 의하여 저작된 것은 모두 권위 있는 것으로 받아들여졌다.

마태, 요한, 베드로는 사도였다. 바울은 자신이 예수님의 사도임을 강변했을 뿐만 아니라 초대 교회에서 사도성을 인정받고 있었다. 마가는 베드로와 바울의 동역자였고, 누가는 바울의 동역자였다. 야고보서를 기록한 야고보와 유다서를 기록한 유다는 예수님의 동생들이었으며 사도들의 동역자였다. 이 첫 번째 원리에 의하여 교회의 정경은 사도 시대에 종결된 것으로 이해되었다.

둘째, 전통성이다. 어떤 책의 내용이 교회가 설립된 당시부터 교회가 사도들에게 전해들은 교리와 일치하는 것인가를 묻는 것이다. 두 번째 원리는 첫 번째 원리만큼 강력하지는 않지만 빼놓을 수 없는 원리이다.

셋째, 도덕성이다. 한 책의 내용이 기독교인의 신앙 생활에 긍정적이고 적극적인 결과를 나타낼 수 있는가를 묻는 것이다. 신약성경의 각 책들이 교회 안에서 교회를 위하여 기록되었기 때문에 그 효용성을 묻는 것도 중요한 원리이다.

생각해볼 문제

1. 왜 사람들이 종종 기독교를 책의 종교라고 부릅니까? 이것은 기독교의 핵심을 제대로 표현한 것일까요?
2. 구약성경이 권위 있는 책이라는 것을 누가 보장합니까?
3. 신약성경이 권위 있는 책이라는 것을 누가 보장합니까?

4. 성경의 책들이 권위 있는 책들임을 알리기 위해 사용되는 용어는 무엇이며 그 의미는 무엇입니까?
5. 이 용어가 성경에는 나타나지 않고 비교적 늦게 등장하는 이유는 무엇입니까?
6. '정경' 이라는 용어는 성경을 어떤 책들과 구별하기 위한 용어였습니까?
7. 초대 교회 시절, 신약성경이 기록되기 이전에도 기독교인들이 있었습니다. 그들은 신약성경을 읽고 신앙 생활을 하는 사람들과 다른 원칙에 의해 기독교인이 되었습니까?
8. 신약성경에 속한 27권의 책들 중에서 처음에 몇몇 교회가 정경성에 의문을 제기했던 책들은 어떤 것이 있습니까?
9. 처음에 교회에서 정경에 속한 책들처럼 사용되었지만 자연스럽게 정경에서 제외된 책들로는 어떤 것이 있습니까?
10. 초대 교회가 정경의 가치가 있다고 인정하게 된 책들을 다른 책들과 구별하게 된 기준, 즉 정경성의 기준은 무엇입니까?

8. 사본

신약성경의 책들이 만들어진 때는 종이가 발명되기 이전이었다. 물론 인쇄술도 발명되지 않았다. 따라서 책을 지금과 같은 방법으로 만들 수는 없었다. 당연히 책에 대한 이해도 달라야 할 것이다.

책

성경이 탄생할 당시 책을 만드는 재료는 나일강변에서 자라는 갈대에서 나왔다. 갈대의 껍질을 가공하여 종이처럼 사용했는데 사람들은 이것을 파피루스라고 불렀다. 파피루스로 만든 책은 11세기까지 사용되었다. 파피루스는 표면이 거칠고 쉽게 부서지며 오래 간직하기 힘든 단점이 있었다. 이 단점을 보완하기 위하여 서기 4세기경에 발명된 것이 양피지였는데, 양이나 염소의 가죽을 잘 손질하여 종이처럼 사용한 것이다. 물론 이전에도 동물의 껍질이 책의 재료로 사용되었으나, 이때를 양피지의 발명 연대로 꼽는 것은 새로운 방법으로 질 좋은 양피지를 생산할 수 있었기 때문이다. 양피지는 책을 만드는 재료로 4세기경부터 사용되면서 파피루스를 몰아내고 책을 만드는 주재료의 위치를 차지했다.

책을 만드는 형태는 두 가지가 있었다. 파피루스나 양피지를 길게 만들어 둘둘 말아서 가지고 다니던 두루마리 형태와 긴 파피루스나 양피지를 30~40센티미터 크기로 지그재그로 접어 사용하던 코덱스 형태이다. 처음에는 두루마리 형태가 주종을 이루었으나 편리성으로 인하여 코덱스 형태로 대체되었다.

글

예수님 당시의 헬라어는 소문자가 없었다. 영어의 대문자와 비슷한 형태의 철자를 가로로 길게 썼고 단어와 단어 사이를 띄어 쓰지 않았다. 그래서 당시의 책은 마치 문자를 길게 나열해놓은 것처럼 보인다. 소문자가 나타나는 것은 약 9세기경이며, 소문자의 출현과 함께 단어와 단어 사이에 여백을 남기기 시작했다.

대문자로 기록된 성경의 복사본을 대문자 사본, 소문자로 기록된 복사본을 소문자 사본이라고 부른다. 한 복사본은 책의 재료, 책의 형태, 글자의 형태에 따라 언제 만들어진 것인지 연대를 대략적으로 추정할 수 있다.

원본

신약성경의 각 책들은 저자가 손으로 일일이 기록하여 만들 수밖에 없었다. 저자가 최초로 기록한 것을 원본이라고 부르는데 저자가 똑같은 책을 두 권 만들지 않은 이상 원본은 하나뿐이다. 수학적으로 계산하면 신약성경 27권의 원본은 모두 27권이어야 한다.

27권 각 책의 원본을 모두 한자리에 모을 때 이것을 신약성경 원본이라고 부를 수 있을 것이다. 하지만 그런 원본 신약성경은 존재하지 않는다. 각 책들이 기록된 장소가 다르고 기록된 시기가 다르며 수신자들이 같지 않기 때문에 모든 원본이 함께 모일 수가 없었다고 보는 것이 정확한 판단일 것이다. 따라서 신약성경의 책들 27권이 한 책처럼 묶이게 되었을 때 원본이 그중에 한둘 끼여 있을 수는 있지만 대부분의 책들이 복사본이었을 것을 어렵지 않게 추측할 수 있다. 현재까지 남아 있는 원본은 단 한 권도 없다.

원본이란 저자가 직접 쓴 책을 말한다. 꺼칠꺼칠한 파피루스에 글을 쓰는 것이 쉽지 않았기 때문에 저자는 불러주고 대서인이 대필하게 하는 경우가 많았다. 바울 사도의 편지가 대서인을 통하여 기록되었다는 증거나 흔적은 여러 곳에 남아 있다(참조, 롬 16:22). 이것은 아마 그의 눈이 썩 좋지 않았기 때문일 것이다. 대서인을 통하여 글을 쓸 경우, 현대에도 종종 그런 것처럼 대서인이 다른 용어를 선택하거나 문장을 수정할 수도 있었다. 같은 저자의 글이라도 대서인이 달라 필체가 다른 글이 탄생하는 것은 고대에 흔히 있는 일이었다.

필사본

인쇄술이나 복사 기술이 발견되기 전에는 같은 책이 필요할 경우 원본을 기록하는 것과 같은 방식으로 원본을 보고 한 자 한 자 베껴쓸 수밖에 없었다. 이렇게 만들어진 책을 필사본 또는 사본이라고 부른다.

신약성경 책들의 사본은 원본과 마찬가지로 현실적인 필요에 의해서 만들어졌다. 신자 개인이나 어떤 교회가 요청할 때, 책을 읽어본 사람이 다른 사람이나 다른 교회에 전해주고 싶을 때 원본을 빌리거나 회람시키기도 하고 사본을 만들기도 하였다.

교회가 증가하고 신자들이 불어나는 것과 동시에 사본들의 수요가 급증했다. 필사 과정은 원본을 베끼는 것으로 그치지 않았다. 사본을 보고 베낄 수도 있었다. 원본을 베낀 것을 1차 사본, 이것을 베낀 것을 2차 사본이라고 부른다. 원본은 하나였지만 사본은 세월이 지나면서 점점 많아졌고 사본이 사본을 낳고 또 다른 사본을 낳았다. 사본들의 정확한 계보를 그리는 것은 전혀 가능하지 않지만, 복음이 전파되고 교회가 확장되는 것에 정비례하여 사본들이 필사자들의 손에서 새끼를 치는 것처럼 계속 이어져갔음을 어렵지 않게 짐작할 수 있다.

사본이 만들어지는 것과 동시에 27권의 책들이 점차 한 권의 책으로 모이고 있었다는 점을 염두에 두어야 한다. 사본을 만드는 작업은 점점 어렵고 고된 작업으로 변해갔다. 그럴수록 사본을 만드는 일은 더 정확하고 세심한 주의를 요했다. 전문 필사자들의 등장은 시대적 요청이었다. 이들의 등장을 재촉한 다른 한 요인이 있었다. 신약성경의 수요가 교회의 증가에 따라 증가해갔다는 사실이다. 사본의 대량 생산이 필요했던 것이다.

사본을 더 빨리 더 많이 생산하는 고대의 수단은 한 사람이 불러주고 다른 사람들이 받아적는 것이다. 전문 필사자들이 이 일에 종사했다. 그들의 손에서 같은 시간에 열 권, 스무 권의 신약성경 사본이 만들어졌다. 받아적기가 끝나면 대조하고 검토하는 작업으로 들어갔다. 이 작업 역시 한 사람이 큰 소리로 읽어주고 새로 탄생한 사본을 확인하는 방식으로 진행되었다. 간간히 발견되는 실수는 즉시 수정되었고, 틀린 것이 많은 사본은 그 자리에서 폐기되었다.

헬라어 사본의 증가와 전수는 헬라어의 사용과 일치한다. 로마를 중심으로 하는 서방교회는 5세기부터 라틴어로 번역된 성경을 사용했는데, 이 지역에서는 헬라어가 더 이상 공용어로 사용되지 않았기 때문이다. 그러나 그리스 지역에서는 계속 헬라어를 사용했고 이 지역에 있던 동방교회는 인쇄술이 발명된 15세기까지 헬라어 신약성경 사본의 제작과 사용을 계속했다(개신교는 로마를 중심으로 한 서방교회, 즉 로마 가톨릭 교회를 뿌리로 하고 있다. 이것은 교회의 역사를 이해하기 위해서만이 아니라 신약성경의 전승을 이해하기 위해서도 중요하다).

인쇄본

인쇄술이 발명된 지 얼마 지나지 않아서 종교개혁이 일어났다. 당시 교회는 라틴어로 번역된 성경을 사용하고 있었는데, 교황 제도 아래에서 잘못된 교리와 예배 의식, 신자들의 삶을 바로잡기 위하여 개혁자들은 원어 성경으로 돌아가야 할 필요성을 강력하게 느꼈다. 번역 성경은 항상 새로운 요소를 부각시키거나 첨가시킬 수 있고 원래 있던 요소를 가리거나 삭제할 수도 있기 때문이었다. '원전으로 돌아가자' 는 종교개혁자들의 외침은 신약성경의 관점에서는 라틴어로 번역되기 이전의 헬라어 신약성경을 되찾는 것을 의미했다.

그러나 헬라어 성경을 찾고 인쇄하여 신자 모두가 읽게 하면서 전혀 예상하지 않았던 새로운 문제가 발생했다.

첫째, 헬라어 성경은 서방교회에서 거의 1천여 년을 사용하지 않았다. 사본을 찾는 것이 쉬운 일이 아니었다.

둘째, 헬라어 성경은 동방교회를 통해 그때까지 전승되어왔고 사용되고 있었는데 동방교회와 서방교회는 오랫동안 결별해 있었다. 개혁자들은 헬라어 성경을 찾기 위해 동방교회의 도움을 받지 않을 수 없었다.

셋째, 헬라어 신약성경 사본을 찾아 출판하려 하자 사본마다 크고 작은 차이점이 발견되었다. 어떤 것을 본문으로 인쇄해야 하느냐를 결정해야 했는데, 이것은 신약성경의 권위와 가치라는 무게 때문에 누구도 감행하기 어려운 과제였다.

헬라어 신약성경을 찾으면 교황 제도가 무너지고 예배 의식을 개혁하며 교회의 방향을 원래대로 돌려놓을 수 있을 것으로 알았으나 오히려 혼란이 일어났다. 이 새로운 상황을 이해하기 위하여 다음의 네 가지 사항을 고려해야 한다.

- 개혁자들은 우선 발견하는 헬라어 성경 사본을 인쇄했다.
- 이 인쇄본에 근거하여 신학 작업을 하고 교황 제도와 교회의 교리, 예식, 신앙생활을 수정해갔다.
- 이 인쇄본 헬라어 성경을 자국어로 번역했다.
- 신약성경 사본의 발굴과 해독, 비교 연구를 통하여 가장 정확한 원본을 재구성하려 했다. 이 작업이 사본학과 원문비평학을 탄생시켰다.

최초로 헬라어 신약성경이 인쇄되어 시장에 나온 것은 1516년이었고 이렇게 인쇄된 헬라어 성경이 '에라스무스판'이다. 이후 발견되는 사본에 따라 본문이 조금씩 다른 인쇄본 헬라어 성경이 계속 출판되었지만 어느 것이나 근본적으로 '에라스무스판'의 한계를 극복하지는 못했다. 그러다가 1633년 이 상황이 일단 종결되었다. 엘제비어(Elzevir) 형제가 헬라어 성경을 출판하면서 서문에 "모두가 받아들인 본문"이라는 자신만만한 자찬적 문구를 넣은 것이 원인이 되어, 이 인쇄본이 이후 250여 년간 마치 교회가 받아들이기로 결정한 '공인본문(Textus Receptus)' 처럼 통용되었던 것이다.

물론 교회가 그런 일을 결정한 일은 없었다. 또 개혁자들이 이 인쇄본들이 원문을 가장 잘 반영한 것이라고 판단할 근거나 여유도 없었다. 그들에게 헬라어 본문이 필요했을 때 우선 발견되는 사본들을 사용하였을 뿐이고, 급한 대로 이 사본들을 조합하여 인쇄본을 출판했고 이에 근거하여 번역본들을 만들었을 뿐이다. 그럼에도 불구하고 종교개혁 당시의 번역 성경들, 특히 1611년에 영국에서 출판된 흠정역(King James Version)이 이 인쇄본들을 번역했다는 것 때문에 신성시되기까지 했다.

교회개혁 당시 발견되어 사용이 가능했던 사본들은 몇 가지 공통점이 있다.

첫째, 대부분의 사본들이 9~13세기에 필사된 비교적 늦은 시기의 사본들이었다.

둘째, 대부분의 사본들이 동방교회가 존속하던 지역에서 사용되던 사본들이었다. 이 지역의 이름을 따라 학자들은 이 사본들을 '비잔틴 계열'이라고 불렀다.

셋째, 어느 사본이나 신약성경의 모든 부분을 다 가지고 있지 않았다.

이 사본들을 근거로 하여 교회개혁 시기에 출판한 인쇄본 헬라어 신약성경은 (따라서 당시의 번역 성경들도) 다음과 같은 특징이 있다.

첫째, 출판업자들이 인쇄를 위하여 헬라어 성경 사본을 구했으나 당시

(서방)교회에서 사용하던 라틴어 신약성경과 비교해볼 때 빠진 구절들이 있었다. 출판을 위하여 급한 대로 라틴어에서 헬라어로 재번역하여 출판할 수밖에 없었다.

둘째, 한 사본을 그대로 복사하듯이 출판하지 않고 여기저기 손질을 가하고 수정을 했다. 수정할 때 참고한 것은 라틴어 성경으로 추정된다.

셋째, 여러 사본을 비교하여 학자들이 최상의 본문이라고 판단되는 것을 만들어 출판하였다. 이 과정에서 각 사본에 대한 비평적인 시각이 작용하였기 때문에, 신학자들은 이러한 본문을 여러 사본에서 짜깁기한 '비평본문' 이라고 부른다.

소위 '공인본문' 이 교회에서 널리 사용되던 기간에 오랫동안 묻혀 있던 사본들이 속속 발굴되고 해독되었다. 현재까지 발견된 사본들은 등록되어 있는 것만을 계산해도 파피루스 사본이 100개, 대문자 사본이 300여 개 등 5,000여 개에 이른다. 시기적으로 가장 이른 시기에 만들어진 것은 비록 작은 조각이기는 하지만 서기 125년경의 것으로 요한복음의 한 부분을 담고 있는 파피루스 52번이다. 3~5세기의 파피루스 사본이나 대문자 사본들 중 신약성경의 본문을 모두 담고 있는 사본들도 적지 않다.

계속되는 사본의 발견과 해독, 다른 사본들과의 비교연구, 원본의 본문을 재구성하려는 노력의 결과, 19세기 말에 소위 '공인본문' 이 완전하지 못하다는 결론에 도달했고 교회는 새로운 인쇄본을 만들어내었다. 가장 널리 사용된 인쇄본 헬라어 신약성경은 1898년에 출판된 '네슬판' 이며, 이후 발견되는 사본들에 따라 다소 수정이 가해진 채 1960년 '네슬-알란트판' 이라는 이름으로 제24판이, 1979년 제26판이 출판되었다. 1993년 본문은 그대로 둔 채 사본들에 관한 정보만 수정하고 증보한 제27판이 출판되었다.

한국 교회에서 사용하고 있는 개역 한글 성경은 소위 '공인본문' 이 아니라 '네슬판' 을 번역한 것이다. 따라서 흠정역 또는 소위 '공인본문' 과는 다소 차이가 있지만 '네슬-알란트' 제27판과는 거의 차이가 없다.

현재 유통되고 있는 헬라어 신약성경 인쇄본은 크게 세 종류이다. '네슬-알란트' 제26판 또는 제27판, 흠정역의 기초가 된 '공인본문' 또는 '다수본문', 영국성서협회에서 발행한 'UBS' 제4판이다. 'UBS' 판은 본문은 '네슬-알란트' 판과 거의 같다. 이 세 인쇄본은 한 사본을 그대로 복사한 것이 아니라 수많은 사본들을 비교 검토하여 최상의 본문을 재구성하려 한 소위 '비평본문' 이라는 면에서 공통점이 있다. 다만 어떤 사본군을 근간으로 하고 있느냐에서 차이가 날 뿐이다. '공인본문' 은 동방 교회가 중세까지 사용하던 소문자 사본들을 근간으로 하는 반면에 '네슬-알란트판' 은 지역성이 적다는 소위 '중립사본' 들을 근간으로 하고 있다.

원문의 추정

신약성경의 원본은 남아 있지 않다. 우리가 가진 것은 사본들뿐이다. 이 사본들이 완전히 똑같다면 사본들 중 하나를 가지는 것이 원본을 가진 것과 같을 것이다. 그런데 사본들은 여기저기 차이들을 보이고 있다.

대부분의 차이들이 토씨와 전치사, 대명사 등 본문의 내용에 영향을 미치는 것이 아니지만, 신약성경이 하나님의 말씀이요 교회의 신앙과 삶의 표준이라는 권위를 인정하는 사람들은 작은 글자 하나, 점 하나의 차이도 결코 사소하게 보아 넘길 수 없다. 누구나 원문에 관심을 가지고 원문을 찾고자 하는 열망을 가지게 된다. 종교개혁 당시 개혁자들이 외쳤던 '원문으로 돌아가자' 는 외침은 그러니까 아직 끝난 것이 아니다. 우선 사본상의 차이는 기독교의 교리를 흔들어놓을 수 있는 성질의 것은 결코 아니라는 점을 염두에 두어야 한다. 그리고 이 문제를 살펴보자.

어떻게 글자 하나, 점 하나 틀리지 않는 원문을 재구성할 것인가? 27권의 책들에 관한 원본을 다 찾아내기만 하면 이 질문은 종결된다. 하지만 원본을 찾을 가능성은 거의 없다. 2천여 년이란 세월은 원본을 보존하기에는 너무나 긴 세월이었다. 원본들이 탄생했을 때 2천여 년 후에 그 원본을 그리워하는 기독교인들이 있을 것이라고는 아무도 생각하지 않았다.

그들은 그 내용에 심취하여 주님을 섬기고 신앙과 생활을 다지며 이 귀중한 책들을 베껴주고 베껴가는 데 몰두했을 뿐 원본을 별도로 보관하려고 하지는 않았던 것 같다. 보관을 하려 했던들 보관이 가능했을까? 몇 년을 보관하고 있어야 할지 계산할 수 있었을까? 그러나 그 내용은 사본을 통하여 그대로 살아남았고 후대에 전해졌으며 다른 지역으로 복음을 날라다 줄 수 있었다. 교회는 원본을 그리워하기보다는 사본을 통하여 기독교인이 되었고, 십자가를 지신 예수님을 발견했으며, 그렇게 나타나신 하나님의 사랑과 은총에 감격했다. 그 감격과 감사는 오늘 한국에까지 이어졌다. 원본을 기록한 저자들의 거룩한 목적은 사본을 통하여 목표에 훌륭히 도달한 것이다.

하지만 원문을 찾고자 하는 기독교인들의 열망은 아직도 계속되고 있다. 원문을 찾자면 방법은 한 가지뿐이다. 현존하는 사본들을 비교 검토하는 일이다. 이 일은 오늘날 컴퓨터를 도구로 하여 거의 완벽하게 수행할 수 있다. 각 사본의 내용을 정확히 입력하고 그 내용을 비교하면 된다.

차이점들을 찾아낸 다음에는 어떻게 할 것인가? 그 우열을 가릴 수 있는 방법은 무엇인가? 이 문제에 골몰한 사람들은 일반적인 원칙을 규정하려고 하였다.

'오래된 사본이 원본에 더 가까울 것이다. 세밀하게 복사한 사본일수록 신빙성이 더 높다고 할 수 있다. 시대와 장소가 멀어질수록 더 많은 설명이 있어야 원 의미를 더 잘 살릴 수 있을 것이기 때문에, 설명어들이 첨가되는 것이 후대의 것이요 설명어가 없는 사본이 원문에 더 가까울 것이다. 실수나 고의로 인한 차이점이 아니라면 이해하기 어려운 문장을 쉽게 설명하려고 하는 것이 후대의 본문이고 이해하기 어려운 본문이 원문에 더 가까울 것이다. 성경을 복사하며 어렵게 만들려고 하는 필사자는 없을 것이기 때문이다. 언어가 변화해가기 때문에 후대로 올수록 고대어를 새로운 언어와 새로운 문법으로 설명하거나 보완 또는 수정하려고 할 것이다. 성경은 그 시대를 살아가는 기독교인들에게 설득력 있고 이해할 수 있는 것으로 사용되어야 하기 때문이다. 그렇다면 문법적인 수정이나 설명을 하려는 경향이 있는 본문이 후대의 것이요 그렇지 않은 본문이 원문에 가깝다.'

하지만 토론의 와중에도 잊어서는 안 될 것은 어떤 사본도 가볍게 취급해서는 안 된다는 것이다. 그 사본을 읽으며 일생을 주님의 종으로 매여 살았던 우리와 같은 신앙인이나 교회가 있었기 때문이다. 앞에 소개한 인쇄본들은 이러한 자세로 원문을 찾아 여행을 했던 사람들의 기도와 노력과 헌신의 열매들이다.

1980년경부터 '말씀보존학회' 란 단체에서 흠정역을 번역하여 소개하면서 신앙의 선배들이 물려주었고 우리가 사용하고 있는 개역성경을 '사탄이 독약을 탄 성경', '사탄의 앞잡이들이 변개시킨 성경' 이라고 주장했다. 이는 한국 교회와 우리 신앙의 선배들을 모독하는 말일 뿐만 아니라, 신약성경을 하나님의 말씀으로 받아 하나님의 사랑에 감격하여 하나님의 자녀로 살았던 모든 기독교인들을 모독하는 말이다. 뿐만 아니라 신약성경이 전수된 과정을 오해하고 곡해하는 처사이다. 신약성경은 그런 역사를 가지고 있지 않다. 사탄의 하수인들이 그렇게 성경을 매장하려 했지만 하나님의 특별하신 배려와 보호로 성경은 오늘날까지 살아남았다. 심지어 번역 성경이나 종교개혁이 발생했던 당시의 로마 가톨릭 교회가 사용하던 라틴어 번역본도 이런 식으로 비난해서는 안 된다.

사본상의 차이

신약성경 사본들의 차이는 어디에서 온 것일까? 이 과정과 원인을 추적해보면 하나님께서 성경의 내용을 보존하게 하신 방법은 역시 사람들을 통해서라는 사실을 새삼 깨닫게 된다. 보고 베끼거나 듣고 베낄 때 개입할 수 있는 사소한 인간의 실수나 착각들이 사본상의 차이의 원인이었음이 밝혀졌기 때문이다. 그 몇 가지를 소개해본다.

- 보고 베낄 때 비슷한 글자나 단어들이 혼동된 경우
- 자주 나오는 단어들은 약어를 쓰기도 했는데 이 약어들이 자주 혼동을 불러일으켰다.
- 같은 단어로 두 줄이 끝날 때 한 줄을 빠뜨린 경우
- 같은 단어나 한 줄을 중복하여 베낀 경우
- 받아 적는 과정에서 발음은 같으나 철자가 다른 단어 사이에 혼동이 자주 나타난다. 특히 장모음과 단모음, 중모음 등을 잘못 듣거나 착각함으로써 다른 사본이 만들어졌다.
- 이런 혼동은 받아 적는 사람에게서만이 아니라 불러주는 사람의 발음에 원인이 있을 수도 있다. 이 경우 한 장소에서 여러 명이 받아 적은 모든 사본이 동일한 차이를 가질 수 있다.
- 필사자의 마음에 혼동이 일어날 수 있다. 그 결과 단어들의 순서가 바뀐 경우, 한 단어 안의 철자가 뒤바뀐 경우, 동의어로 대치된 경우 등이 발견되었다.
- 단어와 단어 사이에 여백이 남아 있지 않던 초기의 글 형태에서 어디를 띄어 쓰느냐에 따라 의미가 달라질 수 있다. 소문자 사본으로 넘어가면서 사본에 따라 다른 문장으로 띄어쓰기를 한 경우가 발견된다.
- 한 번 베낀 것을 수정할 때 수정 문구는 본문 곁에 쓸 수밖에 없었다. 인쇄본에서는 수정한 것과 본문이 명확히 다르게 보이지만 필사본에서는 필체가 같기 때문에 그 수정이 원래 본문을 뜻하는 것인지 후대의 수정인지를 확인하기가 어렵다. 수정부는 모든 사본에서 발견되는데, 수정 부분이 들어 있는 사본을 복사할 경우 이 수정부를 어떻게 보느냐에 따라 이것을 보고 베끼는 사본이 달라질 수밖에 없다.
- 사람들이 사용하는 언어가 달라짐에 따라 고대의 표현과 후대의 표현이 서로 다를 수 있다. 오해를 막기 위하여 서기관들은 그 의미를 본문 밖에 적어놓는 경우가 있었다. 이 사본을 베낄 때 후대의 사람들은 난 외의 단어나 표현이 원문인지 아닌지를 명확하게 판단하기

어렵다. 필사자의 판단에 따라 다른 사본이 만들어진다.

- 문법도 시대에 따라 달라진다. 고대에는 쉽게 이해할 수 있는 문장이라 하더라도 몇백 년이 지나면 난해한 표현이 된다. 장기간 사용되던 사본에 그 의미를 설명하거나 당시의 문법으로 설명하는 부분이 첨가되곤 했는데 필사본에서는 정확하게 분간되지 않는다. 베끼는 사람의 판단에 따라 그 설명이 본문으로 들어오기도 한다.

앞에서 여덟째까지는 실수로 만들어진 차이라고 볼 수 있는 반면에 뒤의 세 개는 고의적인 수정이라고 볼 수 있을 것이다.

사본학과 원문비평학

종교개혁 당시 '원전으로 돌아가자' 던 개혁자들의 외침은 한편으로는 헬라어 성경을 찾는 것으로 나타났지만, 다른 한편으로는 당시까지는 잘 알려지지 않았던 신약성경의 사본상의 차이들을 부각시키는 결과를 초래했다. 이 문제를 풀기 위하여 사본을 찾아 해독하고 특징을 규명하는 사본학과, 이 사본들을 비교하여 원문을 추정하는 원문비평학이 발달했다.

원문을 추정하는 자료는 다음과 같다.

- 신약성경 헬라어 사본들. 즉 파피루스 사본, 대문자 사본, 소문자 사본
- 고대 번역본들. 초기의 원문에서 번역된 것이므로 원문을 더 잘 반영할 수도 있다.
- 속사도 시대 교부들의 설교집, 변증서 등에 인용된 성경구절

사본상의 차이란 사본들의 비교를 통하여 어렵지 않게 원문을 구성할 수 있는 사소한 것이었다. 선배들의 열정과 헌신적인 노력으로 오늘날 과거 어느 시대보다 원문에 더 가깝게 접근할 수 있게 되었음은 정말 감사

할 일이다. 물론 이것은 우리가 앞 시대의 사람들보다 더 정확하게 더 잘 믿게 되었음을 의미하지는 않는다. 글자 한 자도 다르지 않은 원문을 재구성하려는 기독교인의 열망에 더 잘 부응하는 시대에 살고 있다는 말일 뿐이다.

또한 사본들의 차이를 통하여 원문을 재구성하려는 노력이 완결되었다는 의미도 아니다. 아직 여기저기 풀어야 할 과제가 수없이 남아 있다. 그러나 사본학과 원문비평학은 성경이 무엇을 가르치고 있느냐에 관하여 기독교의 방향을 근본적으로 바꾸어놓을 만큼 심각한 사본상의 차이는 존재하지 않는다는 확신을 부각시켰다. 내용에 관한 한, 신약성경은 2천여 년 동안 잘 보존되었고, 그 시대 시대에 하나님의 백성을 불러내어 하나님의 교회로 살아가게 하기에 충분한 기능과 가치를 발휘했던 것이다.

생각해볼 문제

1. 고대의 책은 어떻게 만들어졌습니까?
2. 원본이란 무엇을 의미하며 모두 몇 권이었습니까?
3. 원본을 기록했을 때의 헬라어의 특징을 말해보십시오.
4. 신약성경 각 책의 원본이 함께 모여 원본 신약성경을 구성하지 못한 이유는 무엇이었습니까?
5. 사본을 만들던 두 가지 방법을 말해보십시오.
6. 최초로 인쇄된 헬라어 성경은 언제 만들어졌습니까?
7. 종교개혁 당시 인쇄된 헬라어 성경들의 특징을 요약해보십시오.
8. 말씀보전학회가 주장하는 킹제임스(흠정)역 성경만이 정확한 성경입니까? 그들의 주장을 비평하고 흠정역의 특징을 말해보십시오.
9. 어떻게 원문을 추정할 수 있습니까?
10. 사본 사이의 차이는 어떻게 생겨난 것입니까?

제 2 부

복음서와 사도행전

1. 사복음서

신약성경에는 모두 네 개의 복음서가 수록되어 있다. 마태복음, 마가복음, 누가복음, 요한복음이다. 정확하게 이 이름들을 설명해보면 '……가 전한 복음' 또는 '……를 따른 복음'을 뜻한다. 이 이름들이 정확하게 글을 쓴 사람을 의미하는 것인지 아니면 글을 쓴 사람에게 그 내용을 들려준 사람을 의미하는 것인지를 확답하기는 어렵다. 그러나 직접 글을 쓴 사람이 아니라 하더라도 '저자'라고 부르는 데는 아무런 어려움이 없다.

하나의 복음

복음서란 복음이 기록되어 있는 책이다. 복음은 좁은 의미의 '하나님의 구원에 관한 소식'에서 넓은 의미의 '하나님의 구속 사역을 성취하신 예수님에 관한 소식'으로 개념이 발전했고, 이것이 책에 기록되어 복음서가 되었다.

복음은 하나뿐이다. 바울 사도가 강조했다. 다른 복음은 없다. 천하에 구원을 얻을 만한 다른 이름을 우리에게 주신 바가 없다. 사도행전의 한 구절이다. 비단 이런 고백이 아니더라도 복음은 하나뿐이라는 것은 명백하다. 예수 그리스도는 한 분이시며 한 번 세상에 오셔서 한 번 십자가를 지셨기 때문이다. 하나님의 구속 사역을 이행하신 예수님의 생애는 단 한 번뿐이었다. 사람들을 구원하시는 하나님의 다른 방법은 없다.

네 복음서만이 아니라 신약성경에 포함된 27권의 책들은 모두 제각기 독특한 방법으로 예수 그리스도를 소개하고 복음을 전파하는 데 봉사하고 있다. 헤롯 왕 때에 탄생하여 어린 시절을 보내고 티베리우스 황제 때에 사역을 시작하셨으며, 본디오 빌라도에게 재판을 받아 십자가를 지고 인류의 죄를 대속하신 후 부활, 승천하신 예수 그리스도의 사역, 생애, 말씀 그리고 이와 관련된 하나님의 일들이 하나의 복음이다.

그 나사렛 예수님이 하나님의 보좌 우편에서 2천여 년을 하늘과 땅의 권세를 잡고 이 세상을 다스리시며, 그의 교회를 일으키고 키우시며, 보살피고 계신다. 우리 시대에 이 모든 것을 주관하시는 분은 다름 아닌 예수 그리스도이시다. 주님은 이렇게 자신의 구속 사역을 계속하다가 언젠가 정해진 때가 되면 모든 사람의 심판주로 다시 오실 것이다. 그때까지 복음은 하나뿐이다. 마태복음부터 요한계시록까지 모든 책이 이 하나의 복음에 연결되어 있다. 네 복음서가 전하는 복음도 하나뿐이다.

네 권의 복음서

복음서는 네 권이다. 이 네 권은 같은 예수님을 보여주지만 똑같지는 않다. 같았더라면 네 개의 복음서가 있을 필요가 없을 것이다. 하나의 복음서로 충분하다. 이 복음서들을 비교해보면 크고 작은 차이점들이 드러난다. 한 복음이 어떻게 네 개의 복음서를 탄생시킬 수 있는가? 복음서들이 전혀 다르다면 이런 질문은 등장하지 않았을 것이다.

특히 복음서 가운데 첫 세 복음서는 거의 같은 어조로 일관성 있게 예수님의 사역과 교훈을 보도한다. 물론 문체, 구조, 내용상의 각기 다른 특징이 있지만 요한복음과 비교할 때 마태, 마가, 누가복음은 서로 공통된 관점을 가졌다고 할 수 있다. 그래서 사람들은 이 세 복음서를 '공관복음'

즉 같은 시각의 복음서라 부르며 요한복음과 구별해왔다. 그러나 공관복음도 완전히 같은 책이 아니다. 세 복음서를 비교하며 주의 깊게 연구하면, 서로 같은 내용을 같은 시각으로 조명하고 보도하면서도 복음을 각기 특징 있게 소개하고 있음을 어렵지 않게 알 수 있다.

다른 사람들이 기록한 책들이라는 관점에서는 다른 것이 당연한 일일 것이다. 그런데 왜 비슷한가? 심지어 어떻게 용어와 순서까지 서로 일치하는가? 같은 복음에 대한 기록이라면 같은 것이 당연한 일이다. 그런데 왜 다른가? 복음서를 몇 번 읽어보기만 하면 자연스럽게 떠오르는 질문들이다. 좁게는 공관복음서 사이, 넓게는 사복음서 사이에 존재하는 이 일치점과 차이점의 문제를 놓고 복음서가 탄생한 비밀을 밝혀보려는 작업을 신학자들은 '공관복음서 문제' 라고 불러왔다.

공관복음서 문제

복음서 저자들은 그들 나름대로 필요에 따라 복음서를 기록했으며 교회는 이 네 복음서를 처음부터 받아들여 사용했다. 공관복음서 문제를 교회가 깨닫기 시작했을 때, 네 복음서 모두가 모든 교회에서 권위 있는 복음서로 사용되고 있었다. 이렇게 말해도 된다. 교회가 권위 있는 것으로 받아들여 사용하던 네 복음서가 한자리에 모이고 나니까 공관복음서 문제가 발견되었다.

공관복음서 문제의 핵심은 예수님의 생애는 역사상 한 번 일어난, 반복될 수 없는 일회적 사건이었으며 이 생애로 성취된 하나님의 구원 사역, 즉 진정한 복음도 하나뿐이라는 데 있다. 복음 또는 구속 역사가 하나라면 하나의 복음서로 충분하지 않을까? 왜 하나의 복음이 네 복음서에 수록되어 있고, 왜 종종 서로 간에 일치하지 않는가?

예수님께서 행하신 사역은 단회성의 역사적 사건이다. 그것은 돌이키거나 수정하거나 반복될 수 없는 과거의 일이다. 이 역사성 때문에 복음서 사이의 상이점이 심각한 문제를 야기한다. 즉 복음서가 다르게 보도하는 부분에서 우리는 이 모든 기록을 역사적으로 정확한 기술로 믿어왔기 때문에 어느 것이 바른 기록인가를, 진실은 어떻게 진행되었는가를 질문할 수밖에 없다.

예수님의 설교나 교훈, 예수님 주변의 인물들이 했던 말들은 처음부터 언어를 수단으로 나타났기 때문에 언어라는 매개체를 통하여 발음되었던 그대로를 전해주는 것이 가능하다. 따라서 예수님의 교훈이나 어떤 사람의 말이 복음서에 각기 다르게 기록되어 있는 경우, 역시 그 말씀의 역사성과 진실성에 관한 질문이 제기된다. 물론 예수님께서 가르침을 반복하셨거나 다른 뉘앙스를 가지고 말씀하셨는데 복음서 기자들이 서로 다른 기회에 말씀하신 것을 기록했을 수 있다. 저자들이 의논하고 서로 보며 복음서를 저작한 것이 아니기 때문에 비슷하지만 다른 말씀이 기록될 수밖에 없었다는 것이다.

그러나 명백하게 반복이 불가능하다고 단언할 수 있는 경우도 있다. 예를 들면 수세시에 하늘에서 들려온 음성이나 겟세마네에서 예수님께서 기도하신 것 등은 사건 자체가 단회적인 것이므로 그 사건에 포함되는 하늘의 소리, 예수님의 기도는 반복될 수 없는 성질의 것이다. 따라서 복음서 기자들이 동일한 사건에 나타나는 동일한 소리를 소개하는 것은 당연히 서로 달라서는 안 되는 것이다. 그런데도 불구하고 약간씩 다르게 기록되어 있는 현상을 어떻게 이해해야 하는가?

일치점이 주목을 받을 수도 있다. 예수님의 사역, 행적, 생애 등 복음서가 보도하는 역사적 사건을 그대로 담아 후대에 그대로 보여줄 수 있는, 예를 들어 사진이나 비디오와 같은 시각적 매개 수단은 그 시대에 아직 없었다. 초대 교회에 사용된 지식 전달 수단은 언어뿐이다. 사건에 대한 보도는 사실 그대로를 보여주는 것이 아니라 사건을 본 사람들이 본 광경을 언어로 변환한 것, 즉 시각 자료가 아니라 언어화한 정보이다.

누가 이 변환 작업을 했는가? 우리는 저자들이 목격자요, 이 목격자들이 기록한 복음서이기 때문에 복음서는 믿을 수 있다고 생각한다. 즉 목격자요 사도로 선택된 사람들에 의해 예수님의 사역, 행적, 생애 등 모든 사건이 그들의 두뇌에 인각되었다가 언어로 바뀌었다. 복음서의 전기적 부분은 저자들이나 이 저자들에게 예수님의 생애를 전달해준 사람들의 관찰과 언어로의 변환 작업을 거치기 때문에 사용한 용어, 문장, 표현 양식, 구성 등에서 결코 일치할 수 없을 것이다.

그러나 공관복음서는 여러 사건의 기술, 상황이나 동작 묘사에 종종 문자적 일치를 보이고 있다. 따라서 공관복음서 문제는 생각보다는 의외로 심각한 것이다. 자기 나름대로의 개성을 가진, 자란 환경과 배운 언어, 구사하는 표현법이 다른 복음서 기자들이 어떻게 예수님의 사역, 생애를 자구적으로 같은 용어, 같은 어순, 같은 표현으로 변환, 재생할 수 있었겠는가?

조화와 종합

교회는 오랫동안 이 문제를 조화와 종합이라는 방법으로 해결해보려고 했다. 각 복음서는 한 사건 또는 '하나의 복음' 의 일부를 묘사하고 있으며, 넷을 종합할 때 그 '하나의 복음' 을 찾아 전체 구도를 그릴 수 있을 것이라는 추측에서였다. 종합하기 어려운 서로 상충되는 부분이 있다고 생각되면 각 복음서의 상충 부분을 적절하게 해석 또는 조화시킴으로써 결국은 '하나의 복음' 일 수밖에 없다는 점을 부각시키려 한 것이다. 종합이란 부분을 합치는 것을, 조화란 두 부분을 하나라고 설명할 묘안을 찾는 것을 말한다.

전체 사건을 부분적으로 설명하고 있는 것이 명백할 경우, 그 모두를 종합하면 그 사건의 더 큰 윤곽을 얻게 되는 것은 어려운 작업이 아니다. 그러나 2천여 년의 복음서 해석사는 종합만으로는 공관복음서 문제가 잘 설명되지 않는다는 것을 보여주었다. 조화라는 방법은 상충되는 것으로 보이는 부분을 적당하게 설명한다는 미명하에 복음서의 한 부분을 희생시키거나 약화시키거나 다른 한 부분을 과도하게 강화시키는 경향으로 기울어지게 마련이었다. 이 과정에서 인간의 생각이 신학이나 철학 또는 원리, 윤리 등의 이름으로 개입하게 마련이다. 결과적으로 복음서를 하나님의 말씀이라고 믿으면서도 인간의 생각으로 그 부분을 조절하거나 곡해할 수밖에 없었다. 그래서 시대마다 복음서를 하나님의 말씀이요 교회의 규범서라고 인정하면서도 다른 신학, 다른 교리, 다른 원리들이 새롭게 등장하곤 했다.

복음서 중 어느 하나도 경시할 수 없고 어느 한 부분도 인간의 마음이나 경향대로 끌고 갈 수 없음을 인정하는 사람들은, 종합이나 조화가 하나님의 말씀을 밝히기보다는 심각하게 침해한다고 판단하며 늘 새롭게 공관복음서 문제에 도전장을 내밀었다. 특히 지난 2세기는 이런 노력이 만연했던 시대라고 보아도 좋다.

제안된 학설들이 부각시킨 요소들

지난 세기에 복음서의 탄생에 대한 비밀을 풀기 위하여 교회 지도자들이 제시한 다양한 학설들 중에는 기독교 신앙을 파괴하거나 저해하는 것도 있었다. 교회는 전통적인 신앙과 교리들을 지키기 위하여 이런 학설들에 배타적인 태도를 취했다. 하지만 전혀 아무런 근거없이 단순히 이론만 제시한 사람들은 그렇게 많지 않다. 교회와 신앙을 공격하는 사람들은 교회 밖에 있고 성경을 목표로 삼지 않는다는 점에서, 이 사람들의 이론과 활동을 근본적으로 성경을 대적하는 사람들과는 구별해야 할 것이다.

여기서는 복음서에 관한 전통을 고수하려고 노력한 사람들만이 아니라 그 전통을 수정하려고 한 사람들의 근거 있는 공헌들도 언급할 것이다. 물론 이들의 주장을 모두 수긍해야 한다는 의미는 결코 아니다. 그들로 말미암아 의도적으로 또는 비의도적으로 드러나게 된 복음서의 잊혀진 특징들을 지적하려는 것일 뿐이다. 동시에 전통을 고수하려고 한 사람들이 무리하게 간과했던 점들도 함께 지적할 것이다.

- 복음서 배후에 더 크고 완전한 형태의 복음이 있다. 복음서 네 권으로도 모든 것을 다 알릴 수는 없다. 요한 사도의 고백대로 예수님에 관한 복음을 다 기록하자면 이 세상이라도 그 책들을 보관하기에 부족할 것이다. 그렇다면 네 복음서는 그 최소한의 부분들을 보여주는 것이다. 네 복음서를 다 종합해도 전체적인 그림은 그려지지 않는다.
- 복음 사건의 목격자가 중요한 역할을 한다. 그들이 본 것을 최초로 언어로 표현해야 다른 사람들에게 이 사건이 알려지기 때문이다. 사건에 대한 보도, 즉 복음은 이것을 알려주는 증인에게 절대적으로 의존한다. 그가 한 사건을 본 시각, 그 사건을 경험하게 된 위치나 역할, 그 사건에서 받은 인상이나 느낌, 그의 반응이 이 사건에 대한 설명이 된다. 그가 어떤 언어, 용어, 표현법을 사용하여 본 것을 언어화하느냐는 것도 중요하다.
- 목격자가 여러 명이라면 그 사건에 대한 설명은 위에서 지적한 요소로 인하여 달라질 수 있다. 이 경우 사건 자체가 달라지는 것은 아니다. 목격자들이 한 사건의 전체를 완벽하게 경험할 수는 없었다. 사건에 직접 개입된 사람은 하늘 위에서 내려다보는 조감도처럼 그 사건을 볼 수는 없다. 따라서 많은 목격자들의 증언을 종합할 때 사건의 더 큰 개요를 얻게 된다.
- 같은 목격자의 증언도 달라질 수 있다. 그가 경험한 사건을 회상하며 다른 부분을 설명하거나 다른 부분을 강조하는 것, 다른 용어나 다른 표현을 선택하는 것은 증인이 얼마든지 할 수 있는 일이다. 따라서 목격자가 한 명뿐인 사건이라 하더라도 다른 설명은 얼마든지 가능하다. 이런 차이는 사건 자체를 바꾸어놓는 것이 아니다.
- 목격자가 사건을 언어화한 다음에는 정확하게 전하고 듣기만 한다면 같은 얘기가 조금도 변하지 않고 여러 명에게 그대로 전달될 수 있다. 사건을 전하는 것이 아니라 '사건을 알려주는 말' 을 전하기 때문이다. 이 경우 목격자가 아니더라도 증인의 말을 그대로 옮긴다는

의미에서 증인의 역할을 할 수 있다.

- 처음부터 언어의 형태로 나타난 것, 즉 예수님의 설교나 한 사건에 개입된 사람들이 한 말은 그대로 전달하는 것이 별로 어렵지 않다. 자신의 목소리로 예수님의 말씀을 반복하는 것이다. 글로도 그대로 적을 수 있다.
- 언어의 형태로 나타난 것이라 하더라도 목격자가 달라짐에 따라 다르게 이해될 수 있고 다르게 설명될 수 있다. 말은 어감과 장단과 고저가 있고 그 말이 주어지는 상황에 의존하기 때문이다. 복음 사건에 대한 증언은 증언자의 감정과 지성과 의지에 의존할 수밖에 없다. 즉 목격자의 이해력이 예수님의 말씀을 보존하고 전달하는 도구인 것이다.
- 예수님께서 하신 일들 중에는 비슷한 유형의 일들도 있었다. 비슷한 내용의 설교를 다른 기회에 여러 번 하셨을 수도 있다. 같은 말씀을 다른 설교에서 반복하셨을 수도 있다. 네 복음서에 기록된 사건들 중에 어떤 것이 같은 사건, 같은 말씀이며 어떤 것이 비슷한 사건, 비슷한 말씀이지만 다른 사건, 다른 말씀인지를 확정하기란 쉽지 않다. 비슷한 유형의 사건 기록을 같은 사건에 대한 다양한 설명으로 취급하거나, 같은 사건에 대한 다양한 기록을 다른 사건으로 이해한다면 말할 것도 없이 오해이다.
- 언어권이 복음을 전하는 과정에서 아람어권에서 헬라어권으로 바뀌었다는 것은 중요하다. 사람들은 아람어로 생각하며 아람어로 말하다가 이것을 헬라어로 바꾸게 되었다. 가장 단순한 도식은 예수님께서 아람어로 말씀하신 것을 헬라어로 바꾸어 전할 수밖에 없었다는 식으로 말할 수 있다. 아람어에 상응하는 헬라어를 찾으면서 다른 용어들이 채택될 수 있다. 이때 헬라어가 아람어를 제대로 살리지 못한다면 설명구가 첨가되는 것은 피할 수 없는 길이다. 예를 들어 동전이나 기물, 집의 형태, 무덤의 모양, 관습이나 전통, 습관 등을 헬라

어로 옮기는 것은 때로는 불가능할 때도 있다. 글자나 단어만 맞추어 놓으면 의미 전달이 불가능할 때가 많다. 아람어권에서 유대인으로 살면서 보고 직접 경험한 사건을 헬라어로 전달하는 것은 더 복잡한 도식을 동원해야 한다. 이 과정에서 복음이 형태를 달리할 수 있다.

- 복음을 전하는 과정에서 비슷한 유형의 이적 기사들, 예수님의 말씀들이 수집될 수도 있었을 것이다. 그러나 이 과정을 근본적인 변화와 과정으로 이해하는 것은 옳지 않다. 복음서가 기록될 당시에 목격자들이 살아 있었다는 것은, 그 기간이 비록 30여 년이 경과했다 하더라도 실제 사건에서 멀어졌을 뿐 이 사건이 잊혀졌다거나 희미하게 기억되었음을 의미하는 것은 아니다. 사건은 한 번으로 끝났다. 그러나 그 광경과 그때 있었던 말들은 목격자들의 뇌 속에 보관되어 있었다. 목격자의 역할이란 보고 듣고 하나님의 구속 사역을 경험하는 것, 즉 그들의 감각 기능을 증언의 도구로 빌려드리는 것일 뿐만 아니라 그것을 보존하고 기억하고 회상하는 것, 즉 그들의 모든 기관을 복음의 도구로 빌려드리는 것이었다. 따라서 목격자들이 30년 후에까지 살아 있었다는 것, 이들이 복음서를 기록했거나 기록하도록 전해주었다는 것은 사건에 접촉하며 얻었던 최초의 영상, 인상, 느낌, 감정 등이 잘 보존되어 있었다는 것을 의미한다. 이 기억이 생생하게 남아 있는 한 복음서가 서기 60년에 기록되었다 하더라도 서기 30년에 기록된 것이나 크게 다를 바가 없다.
- 복음서의 내용상 자료의 수집은 필연적인 단계였다. 이 수집 과정을 의도적인 것으로 이해할 수도 있고 비의도적인 과정으로 이해할 수도 있다. 예를 들면 마태 사도는 자신이 보도하는 모든 내용의 목격자일 수는 없다. 마태복음 1장에 나오는 수십 개의 이름들, 그는 이 이름들을 어디에선가 듣고 알게 되었을 것이다. 예수님의 탄생에 즈음하여 마리아와 요셉에게 나타난 천사의 말들과 그때 있었던 일들을 그는 당사자들이나 당사자들의 증언을 들은 다른 사람들에게서

들었을 것이다. 이것을 우리는 자료의 수집 과정이라고 부른다. 사도들은 예수님의 사역이 시작될 때 '세례 요한의 때부터 예수님의 죽음과 부활, 승천까지의 모든 일을 직접 목격한 사람들'(참조, 행 1:21~22)이었다. 그들의 기억 속에 보관되어 있던 과거에 대한 회상과 이와 관련된 여러 가지 정보 자료, 구약성경의 말씀 등이 복음서 저작에 사용되었다.

• 복음서 저자들의 언어, 용어와 표현력에 따라 같은 사건이 달리 설명될 수 있다. 복음서를 쓰게 된 동기, 목적, 의도 등에 따라 다르게 표현될 수 있다. 복음 사건으로부터 30년이 경과한 후의 언어는 30여 년 전의 언어와는 달랐을 것이다. 복음서 기자들은 다른 장소에서 복음서를 기록했다. 같은 헬라어이기는 하지만 장소에 따라 언어의 차이가 있었을 것을 예상해야 한다. 2천여 년 전의 언어 장벽과 여러 방언 간의 차이는 20세기 말인 오늘날의 언어 장벽보다 훨씬 더 높았다는 것을 잊어서는 안 된다.

• 복음서 저자들이 복음서를 읽는 사람들에게 초점을 맞추고 그들이 잘 읽을 수 있도록 배려했다는 점이 복음서가 다른 이유 중 상당 부분을 잘 설명해준다. 마태복음은 초대 교회 시절부터 유대인들을 위하여 기록된 복음서로 알려져 있다. 마태 사도는 유대인들에게 예수님을 그리스도로 소개하기 위하여 마가복음이나 누가복음과는 다른 여러 자료들을 수록했다는 것이다. 이러한 내용은 이방인들에게는 부적절한 것이요 불필요한 것이었다고 말할 수 있을 것이다. 당시 독자들의 언어, 이해력, 역사적 상황, 관심에 따라 다른 형태의 복음서, 다른 강조점을 지닌 복음서가 탄생한 것이다.

• 문서의존설이라고 불리는 것은 18세기에 처음 등장한 이론은 아니었다. 예를 들면 성경을 주해하고 기독교 신학을 정리하는 데 잊혀지지 않을 공헌을 남긴 어거스틴은 마가복음을 '마태복음의 요약'이라고 소개했다. 그러나 그는 이것을 토대로 하여 마가복음이 마태복음

보다 내용이나 가치 면에서 덜 권위가 있다거나 부차적인 복음서로 취급하지는 않았다. 18세기 이후에 등장한 신학자들이 문서의존설과 복음서의 가치를 결부시켰고 이런 신학적 태도가 문제가 되는 것이다. 밝혀지지 않은 가설을 근거로 존재하는 복음서를 자의적으로 평가했기 때문이다.

- 예수님의 말씀과 행적을 복음서 기자들이 모아 복음서를 기록했다고 해서 복음서의 내용을 인위적이라거나 역사적 예수님을 보여주지 못한다고 생각해서는 안 된다. 앞에서 주로 인간적인 요소들과 인간의 작업들을 주로 살펴보았지만, 교회는 초대 교회 시절부터 이 복음서들을 거룩하신 하나님께서 성령을 통하여 저자들을 자극하고 인도하고 보호하신 '성령으로 영감된 거룩한 하나님의 말씀들' 로 받아 사용하였다. 그 하나님의 사역을 우리의 눈으로 관찰하거나 인간의 글로 기록할 수는 없지만 우리가 살핀 인간 저자들의 일들이 모두 하나님의 손에 붙들려 있었음을 믿고 고백할 수는 있다.

하나님께서는 성령을 통하여 복음서 저자들의 작업을 인도하셨다. 보호하셨다. 그리고 그것이 오늘날까지 살아남게 하셨다. 네 권의 복음서는 모두 하나님의 말씀이다. 하나의 복음 예수 그리스도로 성취된 하나님의 구속 사역을 알려준다. 그 다양성과 통일성, 차이점과 일치점을 정확하게 이해하는 일은, 이 모두가 성령님의 사역으로 만들어진 것이므로 기록된 그대로 믿으며 남아 있는 그대로 말하는 것뿐이다. 인간의 머리로는 잘 결합되기 어려운 것이라 하더라도 틀림없이 우리가 알지 못하는, 앞에 지적하였거나 앞으로 더 지적될 비밀이 결부되어 있을 것이다.

생각해볼 문제

1. '복음은 하나뿐' 이라는 말은 어떤 의미입니까?
2. 공관복음이란 무엇을 말합니까? 왜 이런 이름이 붙었습니까?
3. '공관복음서 문제' 란 무엇입니까?
4. 공관복음서 문제는 사람들이 언제부터 인지하게 되었습니까?
5. 복음서가 보도하는 내용이 문자적으로 일치한다는 것이 왜 문제가 됩니까?
6. 복음서 사이의 차이점이 왜 관심거리가 됩니까?
7. 이 문제를 초대 교회 시절부터 기독교인들은 어떻게 해결하려고 애썼습니까?
8. 한 명의 목격자가 한 사건을 다르게 설명하는 것이 가능합니까? 가능하다면 어떻게 가능합니까?
9. 한 사건이 여러 명의 목격자를 통해 다르게 보도되는 것은 가능한 일입니까?
10. 한 복음서가 목격자나 목격자에게서 들은 사람에 의해서 기록되었다고 할 때 구체적으로 어떤 과정을 인정하는 것입니까?

2. 마태복음

마태복음은 초대 교회 시절부터 교회가 가장 애용하던 복음서이다. 초대 교부들의 설교집이나 변증서들을 보면 다른 어떤 복음서보다 더 많은 구절들이 마태복음에서 인용되었다. 다른 어떤 복음서보다 더 많은 주석집들이 현존하고 있다. 이것은 마태복음의 간결한 형태가 인용하기 쉬웠던 점도 있지만 그 내용이 교회의 정체성을 규명하는 데 아주 적합했기 때문이었다. 교회의 특징, 교회의 모체가 되었던 유대교와의 차이점과 연속성, 구약 시대와 신약 시대의 연결에 마태복음은 더없이 좋은 복음서였다.

저작에 관하여

첫 복음서의 저자는 열두 사도 중의 하나인 마태로 알려져 있다. 그는 세리로 본명이 레위였다(마 9:9~10, 10:3; 막 2:14, 3:18; 눅 5:27~29, 6:15; 행 1:13). 마태복음이 기록된 장소로는 수리아의 안디옥이 거론되고, 기록 연대는 68년경 또는 70년경으로 알려져 있다. 예루살렘이 멸망하기 전에 사도들과 초대 기독교인들은 예루살렘을 떠났고 안디옥이 교회의 새로운 거점으로 부상했다.

마태 사도는 그의 복음서에서 유대인들이 관심을 가지고 있었던 주제들을 많이 취급하고 있다. 유대인들의 최대 관심사였던 '오신다고 한 메시아'로 예수님을 소개한다. 예수님은 다윗의 후예로 오신 '하나님 나라의 왕'이며, 왕으로서 자신의 백성을 모으시고 그들을 위해 십자가를 지신다. 물론 이 주제는 예수님의 사역의 본질이었다. 따라서 이런 주제가 복음서의 최전면에 부각되는 것은 당연한 일이다. 그러나 다른 복음서에서 이런 고유의 주제가 덜 강조되는 것을 감안하면, 마태복음은 유대인들이 쉽게 읽을 수 있을 뿐만 아니라 그들이 예수님의 사역과 생애를 가장 잘 배울 수 있는 복음서라고 말할 수 있다.

주제

마태복음의 주제는 이스라엘의 왕으로 오신 메시아와 그의 백성이라고 할 수 있다. 그러나 이스라엘은 예수님을 왕으로 인정하기를 거부하고 그를 십자가에 못 박았다. 예수님의 생애가 진행되는 동안 예수님께서도 이스라엘을 거부하고 새로운 백성을 끌어 모으신다. 그를 믿고 따르는 제자들을 통하여 한 새로운 나라를 세우신다. 그들은 비록 유대인이었지만 이제 이스라엘이라는 용어는 퇴색하고 예수님을 믿는 사람들을 가리키는 교회가 대용어로 등장한다. 예수님께서는 이스라엘이라는 지상의 한 민족, 한 나라가 아니라 모든 민족에게서 그를 믿는 사람들을 불러 모으시며 영적인 나라 즉 하나님의 나라를 이 땅에 시작하게 하셨다. 따라서 예수님이 왕이시라는 표현은 이 하나님 나라의 왕이심을 알려주는 용어이다.

구조

마태복음은 대체로 예수님의 생애를 연대기순으로 따르고 있다. 마태복음은 예수님의 족보로 시작하여(1:1~17) 부활하신 예수님의 전도 명령으로 끝난다(28:16~20). 족보와 관련하여 예수님의 탄생과 탄생시의 사건들이 덧붙여져 있고(1:18~2:23), 전도 명령은 예수님의 죽음에 얽힌 이야기들(26:47~27:66)과 부활 사건(28:1~15)의 기록에 이어 나온다. 탄생과 죽음, 부활 사이의 기록도 대략 연대기순을 따른다.

마태복음의 구조에는 다른 하나의 흐름이 있다. 주제를 중심으로 조직된 구조이다. 주제를 따르는 마태복음의 구조는 조각난 격언이나 교훈의 형태, 대화체의 말씀 이외에 마태복음에 수록되어 있는 예수님의 긴 설교를 주목할 때 어렵지 않게 파악된다. 13장 안에, 23장과 24장 사이에 잠깐 설교가 중단되는 것을 무시하고 계산하며, 각 설교가 끝난 후에 부가된 문장 '예수께서 이 말씀(비유)들을 (명하시기를) 마치셨을 때…… 일이 있었다' (7:28, 11:1, 13:53, 19:1, 26:1)를 일종의 형식구로 간주한다면 마태복음에 나오는 설교는 모두 다섯이다.

이 설교들은 넓은 의미로 다음의 주제를 따라 조직되었다. '제자의 자격' (5~7장 : 산상설교), '사도의 직무' (10장 : 파송설교), '천국의 비밀' (13장 : 비유설교), '교회의 질서' (18장 : 교회설교), '심판과 종말' (23~25장 : 종말설교). 이 주제들은 뒤이어 나오는 사건 기록 부분에도 대체로 반복된다.

요약하면 천국의 왕이신 예수님의 자기 계시와 사역, 그의 백성인 교회의 확립이 예수님의 생애를 통해 진행되었다고 소개하는 것이 마태복음이다.

내용 분해

1. 그리스도의 출현(1:1~4:25)
    1) 그리스도의 출생(1:1~2:23)
        ① 그리스도의 족보(1:1~17)
        ② 그리스도의 출생(1:18~25)
        ③ 동방 박사들의 방문(2:1~12)
        ④ 헤롯의 유아 살해와 애굽으로의 피난(2:13~18)
        ⑤ 귀향(2:19~21)

2) 사역의 준비(3:1~4:25)

① 세례 요한의 출현(3:1~12)

② 예수님의 수세(3:13~17)

③ 그리스도의 시험(4:1~11)

④ 그리스도의 첫 사역, 네 제자를 부르심(4:12~25)

2. 그리스도의 사역 개시, 활동과 가르침(5:1~9:35)

1) 산상설교(5:1~7:29)

① 천국의 사람들(5:1~10)

② 빛과 소금(5:11~16)

③ 율법의 완성자(5:17~20)

④ 여섯 반제(5:21~48)

a. 살인에 관하여(5:21~26)

b. 간음에 관하여(5:27~30)

c. 이혼에 관하여(5:31~32)

d. 맹세에 관하여(5:33~37)

e. 보복에 관하여(5:38~42)

f. 원수 사랑에 관하여(5:43~48)

⑤ 의의 방법(6:1~18)

a. 구제에 관하여(6:1~4)

b. 기도에 관하여(6:5~8)

c. 기도의 모범 : 주기도문(6:9~15)

d. 금식에 관하여(6:16~18)

⑥ 물질과 염려에 관한 교훈(6:19~34)

⑦ 삶의 원리(7:1~12)

a. 비판에 관하여(7:1~5)

b. 개와 돼지의 비유(7:6)

c. 구하라, 찾으라, 두드리라(7:7~12)

⑧ 생명의 길(7:13~29)

a. 좁은 문, 좁은 길(7:13~14)

b. 나무와 그 열매(7:15~20)

c. 천국에 들어갈 사람(7:21~29)

2) 첫 활동(8:1~9:35)

① 첫 번째 이야기(8:1~17)

a. 한센병자를 낫게 하심(8:1~4)

b. 백부장의 하인을 고치심(8:5~13)

c. 베드로의 장모를 낫게 하심(8:14~17)

② 예수님을 따름에 관하여(8:18~22)

③ 두 번째 이야기(8:23~9:8)

a. 풍랑을 잔잔케 하심(8:23~27)

b. 귀신 들린 사람을 온전케 하심(8:28~34)

c. 한센병자를 낫게 하심(9:1~8)

④ 마태 사도를 부르신 후 세리들, 죄인들과 함께 식사하심(9:9~17)

⑤ 세 번째 이야기(9:18~34)

a. 회당장의 딸을 살리고 혈루증 걸린 여인을 낫게 하심(9:18~25)

b. 두 소경을 보게 하심(9:26~31)

c. 벙어리 귀신 들린 자를 고치심(9:32~34)

⑥ 요약(9:35)

3. 제자들과 함께하는 사역(9:36~12:50)

1) 파송 설교(9:36~11:1)

① 열두 사도의 임명(9:36~10:4)

② 제자들의 의무(10:5~10:15)

③ 사도들의 미래(10:16~23)

④ 제자들이 가져야 할 각오(10:24~33)

⑤ 제자됨에 관하여(10:34~11:1)

2) 적대적인 분위기에서 사역(11:2~30)

① 세례 요한의 질문과 대답(11:2~15)

② 악한 세대에 대한 비유(11:16~19)

③ 회개하지 않는 마을에 대한 심판의 선고(11:20~24)

④ 예수님의 부르심(11:25~30)

3) 고난이 시작됨(12:1~50)

① 안식일 논쟁(12:1~8)

② 한쪽 손 마른 자를 고치심과 그 결과(12:9~21)

③ 바알세불 논쟁(12:22~37)

④ 요나의 표적(12:38~45)

⑤ 예수님의 진정한 가족들(12:46~50)

4. 천국의 비밀(13:1~17:27)

1) 천국 비유(13:1~52)

① 씨 뿌리는 비유(13:1~9, 18~23)

② 비유를 말씀하신 이유(13:10~17, 34~35)

③ 밭의 가라지 비유(13:24~30, 36~43)

④ 겨자씨와 누룩의 비유(13:31~33)

⑤ 밭에 감추인 보화와 진주의 비유(13:44~46)

⑥ 그물 비유(13:47~50)

⑦ 천국의 제자 된 서기관(13:51~52)

2) 공개적인 반대와 천국의 확증(13:53~17:27)

① 고향에서 배척받으심(13:53~58)

② 세례자 요한의 말로(14:1~12)

③ 오병이어의 기적(14:13~21)

④ 물 위로 걸으심(14:22~33)

⑤ 게네사렛에서의 사역(14:34~36)

⑥ 정결 예식에 대한 논쟁(15:1~20)

⑦ 가나안 여인의 딸을 고치심(15:21~28)

⑧ 사람들에게 자비를 베푸심(15:29~31)

⑨ 사천 명을 먹이심(15:29~39)

⑩ 바리새인과 사두개인의 시험(16:1~4)

⑪ 바리새인들과 사두개인들의 누룩에 관한 경고(16:5~12)

⑫ 빌립보 도상에서 질문과 베드로의 신앙고백(16:13~20)

⑬ 고난과 죽음 : 부활에 대한 첫 번째 예고(16:21~28)

⑭ 변화산에서(17:1~8)

⑮ 엘리야에 관하여(17:9~13)

⑯ 귀신 들린 소년을 고치심(17:14~21)

⑰ 고난과 죽음에 대한 두 번째 예고(17:22~23)

⑱ 성전세에 관하여(17:24~27)

5. 왕이신 그리스도와 그의 백성(18:1~22:46)

1) 교회 설교(18:1~35)

① 천국에서 큰 자(18:1~5)

② '실수하게 하면……' (18:6~10)

③ 잃은 양의 비유(18:12~14)

④ 교회의 권한과 교회에 주신 약속(18:15~20)

⑤ 용서에 관한 베드로의 질문과 일만 달란트 빚진 자의 비유(18:21~35)

2) 제자의 생활에 관한 교훈(19:1~20:34)

① 이혼과 결혼에 관하여(19:1~12)

② 아이들을 축복하심(19:13~15)

③ 부자 청년의 질문과 답변, 이로 인한 주님의 교훈(19:16~26)

④ 예수님을 따름과 그 결과에 대하여(19:27~30)

⑤ 포도원 품꾼의 비유(20:1~16)

⑥ 고난, 죽음, 부활에 대한 세 번째 예고(20:17~19)

⑦ 요한과 야고보 어머니의 청원과 대답(20:20~23)

⑧ 섬기는 생활(20:24~28)

⑨ 여리고 부근에서 두 소경을 고치심(20:29~34)

3) 거룩한 성에서(21:1~27)

① 예루살렘 입성(21:1~11)

② 성전 청결(21:12~17)

③ 무화과나무를 저주하심(21:18~22)

④ 예수님의 권위에 대한 질문(21:23~27)

4) 그리스도의 백성에 관한 비유(21:28~22:14)

① 두 아들의 비유(21:28~32)

② 악한 일꾼의 비유(21:33~46)

③ 혼인 잔치의 비유(22:1~14)

5) 적대자들의 공개 질문(22:15~40)

① 세금에 관한 질문(22:15~22)

② 부활에 관한 질문(22:23~33)

③ 가장 큰 계명에 관한 질문(22:34~40)

6) 그리스도와 다윗(22:41~46)

6. 마지막 일들(23:1~27:66)

1) 종말 설교(23:1~25:46)

① 모세의 자리와 섬기는 자에 대한 교훈(23:1~12)

② 서기관들과 바리새인들을 향한 화의 선언(23:13~36)

③ 예루살렘을 향한 애가(23:37~39)

④ 예루살렘의 멸망, 인자의 재림, 종말에 관한 예언(24:1~31)

⑤ 깨어 있으라(24:32~51)

⑥ 열 처녀의 비유(25:1~13)

⑦ 달란트의 비유(25:14~30)

⑧ 양과 염소의 비유(25:31~46)

2) 그리스도의 수난과 죽음(26:1~27:66)

① 예고와 음모(26:1~5)

② 장사의 예비 : 향유를 부음(26:6~13)

③ 가룟 유다의 배신(26:14~16)

④ 최후의 만찬(26:17~30)

⑤ 제자들의 도망과 베드로의 부인을 예언하심(26:31~35)

⑥ 겟세마네 동산에서의 기도(26:36~46)

⑦ 그리스도께서 체포되심(26:47~56)

⑧ 공회의 재판(26:57~68)

⑨ 베드로가 예수님을 부인함(26:69~75)

⑩ 산헤드린의 결정과 가룟 유다의 자살(27:1~10)

⑪ 빌라도의 재판(27:11~26)

⑫ 그리스도의 고난(27:27~31)

⑬ 십자가에 못 박혀 죽으심(27:32~56)

⑭ 장사 지냄(27:57~66)

7. 부활하신 그리스도(28:1~20)

1) 그리스도의 부활(28:1~10)

2) 거짓말의 유포(28:11~15)

3) 그리스도의 선언 : 명령과 약속(28:16~20)

내용 특징

1. 마태복음은 복음의 원 모습을 가장 잘 보여준다. 예수님의 사역이 유대인들을 대상으로 팔레스틴에서 진행되었기 때문에 복음은 여러 면에서 유대적 요소들을 포함하고 있다. 마태가 유대적 색채가 농후한 복음을 동일한 유대인들에게 전하려 했기 때문에 유대인들에게 적합한 이 요소들을 그대로 사용할 수 있었던 것으로 보인다.
2. 마태복음에는 유대인의 풍습과 팔레스틴의 장소적, 시대적 특색이 곳곳에 그대로 남아 있다(23:5, 5:19, 23:15, 23:6~7, 5:33~36, 23:16~22, 25:1~12, 22:24).
3. 마태복음은 어느 복음서보다도 깊이 있게 예수님과 율법의 관계를 취급한다. 그 예로 5~7장(산상설교)을, 특히 5장 17~20절을 꼽을 수 있다. "내가 율법이나 선지자를 폐하러 온 줄로 생각하지 말라 폐하러 온 것이 아니요 완전하게 하려 함이라." 율법과 예수님의 관계는 초대 교회에서 가장 중요한 주제였음에도 불구하고 다른 복음서에는 이에 비교할 만한 구절이 없다.
4. 마태복음은 율법 자체에도 깊은 관심을 보인다. 예수님의 교훈이 마태복음에서는 율법과 대조되며 설명되고 있는 데 반하여 누가복음에서는 절대적인 가치가 있는 것으로 독립적으로 등장한다. 마태복음과 같은 형식의 대조 표현은 율법이 최고의 규범적 가치를 지니고 있던 사회에는 필수적이었다. 그러나 율법에 그러한 가치를 인정하지 않는 사회라면 예수님의 권위와 함께 그의 말씀이 바로 권위적인 것으로 전해져도 아무런 문제가 없다.
5. 예수님의 설교와 사역의 주제인 '하나님의 나라'가 마태복음에서는 주로 '하늘들의 나라'로 나온다. '하늘들의 나라'란 유대인들이 하나님의 이름을 사용하는 것을 두려워하여 대신 사용하던 용어로서 마태복음에 32번 나온다. 반면에 마가복음과 누가복음에는 이 표현이 전혀 나오지 않고 '하나님의 나라'란 용어만 나온다. 마태복음에 '하나님의

나라' 는 12장 28절, 19장 24절, 21장 31절 등 세 번만 사용되었다.

6. 예수님을 이스라엘의 메시아로 강조하며 그 증거를 제시한다.
   1) 족보를 통하여.
   2) 1장 1절, 17절 : 그리스도라는 이름을 통하여.
   3) '다윗의 아들' 이란 칭호를 통하여.
   4) 이스라엘의 역사를 (이름을 몇 개씩 빠뜨리면서까지) 3×14란 도식에 맞추고 예수님을 그 마지막, 즉 이스라엘 역사의 완성자로 소개함으로.
   5) (구약 예언의) 성취에 관한 인용구(이루어지도록 하기 위하여……)와 성취에 관한 진술(……이루어졌다)은 마태복음의 특징 중 하나이다. 마태복음에는 가능한 거의 모든 것을 구약 예언의 성취와 연결하고 있다. 이것은 예수님과 이스라엘의 관계를 규정하기 위한 것이라고 평가된다. 즉 예수님을 이스라엘이 기다리던 메시아로 소개하는 것이 다른 어떤 복음서보다 더 강하게 나타난다.

7. 따라서 예수님과 이스라엘의 관계에 초점이 맞추어져 있다.
   1) 예수님은 이스라엘을 위하여 오셨다['예수는 이스라엘의 잃어버린 양 이외에는 보냄을 받지 않았다' (15:24) '이방인들의 길로 가지 말고 이스라엘 집의 잃어버린 양에게로 가라' (10:5~6)]. 이런 의미에서 다윗의 아들, 유대인의 왕이란 칭호가 다른 복음서들보다 더 자주 사용되었다.
   2) 이스라엘은 예수님을 (그들의 메시아로 인정하기를) 거부했다. 유대인의 왕이란 칭호가 사용되고 왕으로서 예수님의 모습이 소개되지만(특히 2:1~12) 유대인들은 부정적인 반응을 나타낸다. 다윗의 아들이란 칭호도 지도자들에 의하여 거의 부정적 의미로 사용된다.
   3) 예수님도 이스라엘을 거부하신다[유대 도시들의 저주(11:20~24), 유대 지도자들과 성전의 저주 등(23장)].

8. 이스라엘의 실패와 함께 새로운 공동체로서 교회에 초점이 맞추어져 있다. 복음서 중에 오직 마태복음에만 교회라는 단어가 사용되었다["이

반석 위에 내 교회를 세우리니"(16:18), '너희의 말을 듣지 않거든 교회에 알리라' (18:17)]. 공관복음서가 모두 불성실한 청지기의 비유를 보도하고 이 비유 후에 시편 118편 22~23절을 인용했다. "건축자들이 버린 돌이 모퉁이의 머릿돌이 되었나니 이것은 주로 말미암아 된 것이요 우리 눈에 기이하도다." 마태복음은 21장 43절에 "하나님의 나라를 너희는 빼앗기고 그 나라의 열매 맺는 백성이 받으리라"를 더 가지고 있다. 예수님의 제자들은 교회로서 하나님의 백성 이스라엘을 대신하는 이름이 되었다.

9. 이 교회(새로운 백성)는 유대인들만이 아니라 이방인들에게서도 불림을 받는 사람들로 범세계적으로 구성된다. 이 점에서 마태복음은 특히 이방인의 구원에 많은 관심을 보이고 있다. 이것을 마태복음의 선교적 관심이라고도 부를 수 있을 것이다.

10. 예수님의 왕적 권위를 부각시키는 것이 마태복음의 가장 큰 특징이다. 마태복음은 이스라엘의 역사적 족장들과 왕들의 이름을 소개함으로써 처음부터 장엄한 분위기로 시작된다. 그 42개의 이름 끝에 예수님을 소개함으로써 예수님은 이스라엘의 전체 역사를 마감하며 동시에 새로운 시대를 시작하시는 왕으로 소개된다. 그의 탄생에 즈음해서 헤롯 왕궁이 나오며 동방의 지도자들이 경배를 함으로써 예수님은 그야말로 왕 중의 왕이심을 알린다. 적지 않은 비유들이 예수님이 왕이심을 강조하는 것이다. 십자가에 못 박히실 때도 그는 유대인의 왕으로 못 박히셨다. 이 복음서의 마지막에 수록되어 있는 '하늘과 땅의 모든 권세가 다 나에게 주어졌다' 는 예수님의 선언은 자신이 온 우주의 왕이시라는 선언에 해당한다. 왕이신 예수님은 영원히 그를 믿는 사람들, 즉 교회와 함께하실 것이다.

생각해볼 문제

1. 마태복음이 초대 교회 시절부터 가장 인기 있는 복음서라는 사실을 어떻게 확인할 수 있습니까?
2. 마태복음은 누가 언제 어디서 기록했습니까?
3. 마태복음의 이중 구조란 무엇을 말합니까?
4. 마태복음의 주제는 무엇입니까?
5. 마태복음이 유대인들에게 복음을 소개하기 위하여 쓰인 복음서라는 것을 어떻게 알 수 있습니까?
6. 교회라는 단어는 복음서 가운데 마태복음에만 나옵니다. 어디에 들어 있습니까?

3. 마가복음

마태복음이 일찍부터 기독교인들의 사랑을 받아온 것과는 달리 마가복음은 한마디로 인기 없는 복음서였다. 마가복음에 대한 주석도 별로 쓰이지 않았고 고대 설교집이나 서간문, 변증서들은 마가복음을 거의 인용하지도 않았다. 마가복음은 마태복음의 그늘에 가려져 있었다. 그것은 다음과 같은 이유 때문이었을 것이다.

마가복음의 내용 대부분이 마태복음이나 누가복음에도 나온다. 특히 마태복음과 비교할 때 마가복음의 거의 모든 내용이 마태복음에 다 들어 있다. 이런 이유로 초대 교회 시절부터 사람들은 마가복음을 마태복음의 요약판이라고 불러왔는데 이는 근거 없는 일은 아니었다.

그러나 각 사건의 내용을 비교해보면 짧은 마가복음에 수록된 얘기가 다른 복음서의 얘기보다 더 길다. 그래서 신학자들은 마가복음을 더 이상 마태복음의 요약으로 인정하지 않는다.

저작에 관하여

마가복음의 저자는 요한이라고도 불린 마가로 알려져 있다(행 12:12~25, 13:5, 15:37~39; 골 4:10; 딤후 4:11; 몬 24절; 벧전 5:13).

사도행전에 따르면 마가는 처음에 예루살렘에 살고 있었다. 예루살렘 교회는 그의 집을 모임 장소로 사용했다. 그는 바나바의 생질로 후에 안디옥으로 갔으며 이곳에서 바울과 바나바와 함께 제1차 전도여행을 다녔으나 알려지지 않은 이유로 이들과 결별하였다. 이것이 화근이 되어 바울과 바나바가 다투게 되었고 따로 전도여행을 떠났는데 마가는 바나바와 함께 구브로로 갔다. 그러나 바울 사도가 골로새서와 빌레몬서를 기록할 때 마가는 바울 사도와 함께 있었으며, 후에는 베드로 사도와 함께 로마에 있었다.

마가는 복음 사건들을 모두 직접 목격한 사람은 아니다. 그러나 그는 베드로 사도의 통역으로 활동하였다고 한다. 그가 전한 복음은 모두 베드로 사도에게서 나온 것이라는 점에서 그가 기록한 복음서는 처음부터 권위 있는 것으로 받아들여졌다.

마가복음의 기록 연대는 빠르게는 서기 55년경으로, 늦게는 서기 60년 또는 64년경으로 의견이 분분하다. 정확한 연대는 아무도 알지 못한다.

마가복음이 기록된 장소는 로마로 알려져 있다. 로마는 예수님의 사역 당시 지중해 연안을 장악하고 있던 대제국의 이름이면서 그 발생지이며 중심지였던 도시의 이름이었다. "예루살렘과 온 유대와 사마리아와 땅 끝까지 이르러 내 증인이 되리라"고 당부하신 예수님의 말씀에 따라 사도들은 복음을 전하면서 로마 시를 최종적인 목표점으로 보았다. 복음은 예수님의 십자가가 세워진 지 20년이 지나지 않아서 로마 시로 들어갔고 그곳에 교회가 세워졌으며 잠시 후에는 이곳이 기독교의 중심지가 된다. 로마에서 베드로 사도는 서기 64년에 순교자가 되었다.

마가복음에는 이 복음서가 로마에서 기록되었을 뿐만 아니라 로마에 살고 있던 이방인들을 위하여 기록된 것임을 암시하는 많은 흔적들이 남아 있다.

주제

마가복음은 예수님의 설교나 교훈보다는 예수님의 사역을 중점적으로 보도한다. 예수님의 교훈이나 설교가 마가복음에도 들어 있고 이 복음서에서도 중요하지만, 전체 구조에서 볼 때 별도의 위치를 차지하지 않고 예수님의 활동의 일부로 소개된다. 이런 면에서 신학자들은 마가복음을 '활동의 복음서' 라고 부른다.

예수님께서 하신 일들을 주로 보도한다는 점에서 복음을 전하는 것 또는 마가가 베드로 사도에게서 들은 복음을 로마에 살고 있던 사람들을 위하여 정리하는 것이 마가복음을 쓴 목적이라고 할 수 있을 것이다.

물론 이것은 마가복음의 독특한 목적이라고 보기 어렵다. 모든 복음서가 예수님의 사역을 알려주는 것이다. 그러나 마가가 예수님의 사역에 초점을 맞춘 것 때문에 그의 생애의 정점인 고난과 십자가가 마가복음에서는 유난히 부각되어 있다.

마가복음의 주제는 예수님의 고난이다. 인류를 구원하러 오신 메시아는 십자가에서 참혹하게 죽으심으로 이 사역을 수행하셨다는 것이다. 고난을 받고 죽임을 당하신 메시아 예수가 마가복음의 주제이다.

구조

마가복음의 구조는 마태복음에 비해 비교적 단순하다. 예수님의 활동에 초점을 맞추었기 때문이다. 따라서 마가복음은 다른 복음서보다 더 강하게 예수님의 사역을 연대기적으로 따르고 있다.

고난을 당하고 십자가를 지시는 예수님의 메시아적 사역을 부각시키기 위해 마가는 사람들의 반대와 적대적 행위를 일찍부터 소개한다. 예수님의 인간으로서의 모습이 다른 복음서보다 더 많이 기록되어 있다. 그래서 하나님의 아들이신 예수님의 고통이 훨씬 더 강하게 느껴진다. 마가복음의 모든 내용이 예수님의 죽음을 정점으로 정리되어 있다고 할 수 있을 것이다.

마가복음은 아주 간략한 서론으로 시작된다. "하나님의 아들 예수 그리스도의 복음의 시작이라"(1:1). 이 서론이 끝나기가 무섭게 마가는 세례 요한의 사역을 소개하고 예수님의 수세와 시험 기사를 간략하게 실었다(1:2~13). 갈릴리 지역과 그 부근에서의 사역이 1장 14절~9장 50절에 나오고 유대 지역에서의 사역(10:1~13:37)에 이어 예수님의 수난과 죽음, 부활이 기록되어 있다(14:1~16:8).

많은 사본에 16장 9~20절이 없기 때문에 대부분의 신학자들이 마가복음은 부활의 기사로 끝난다고 판단한다. 이 부분이 있는 사본과 없는 사본 외에 두 가지 형태의 사본이 더 존재한다. 소위 짧은 결론부가 16장 8절에 덧붙어 있는 사본들과 이 짧은 결론부와 15장 9~20절이 함께 있는 사본들이다.

내용 분해

1. 서론(1:1~13)
   1) 서론(1:1)
   2) 세례 요한의 사역(1:2~8)
   3) 예수님의 수세(1:9~11)
   4) 시험 받으심(1:12~13)

2. 갈릴리 지방과 그 부근에서의 사역(1:14~9:50)
   1) 첫 사역(1:14~45)
      ① 사역의 개시(1:14~15)
      ② 첫 제자들을 부르심(1:16~20)
      ③ 귀신을 쫓아내심(1:21~28)
      ④ 베드로의 장모를 고치심(1:29~31)
      ⑤ 예수님께 오는 모든 사람들을 낫게 하심(1:32~39)
      ⑥ 한센병자를 고치심(1:40~45)

2) 논쟁 중의 사역과 적대 세력의 등장(2:1~3:35)

① 중풍병자를 고쳐주심(2:1~12)

② 레위(마태)를 부르고 함께 식사하심(2:13~17)

③ 금식에 관한 논쟁(2:18~22)

④ 안식일 논쟁(2:23~27)

⑤ 안식일에 손 마른 사람을 고치심(3:1~6)

⑥ 갈릴리 바닷가에서의 사역(3:7~12)

⑦ 열두 사도 임명(3:13~19)

⑧ 바알세불 논쟁(3:20~30)

⑨ 예수님의 진정한 가족들(3:31~35)

3) 비유로 가르치심(4:1~34)

① 씨 뿌리는 자의 비유(4:1~20)

② 등불의 비유(4:21~25)

③ 몰래 자라나는 씨의 비유(4:26~29)

④ 겨자씨의 비유(4:30~34)

4) 제자들과 함께하시는 사역(4:35~6:56)

① 풍랑을 잠잠케 하심(4:35~41)

② 군대 귀신을 쫓아내심(5:1~20)

③ 야이로의 딸을 살리심(5:21~24, 35~43)

④ 혈루증 걸린 여인을 고쳐주심(5:25~34)

⑤ 세례 요한의 죽음(6:14~29)

⑥ 사도들의 귀환(6:30~31)

⑦ 오천 명을 먹이심(6:32~44)

⑧ 바다 위로 걸으심(6:45~52)

⑨ 게네사렛에서의 사역(6:53~56)

5) 확산되는 논쟁과 깊어지는 신앙(7:1~9:50)

① 결례에 관한 논쟁(7:1~13)

② 사람을 더럽히는 것(7:14~23)

③ 수로보니게 여인의 딸을 고쳐주심(7:24~30)

④ 귀먹고 어눌한 자를 고쳐주심(7:31~37)

⑤ 사천 명을 먹이심(8:1~10)

⑥ 표적 요구에 대한 답변(8:11~13)

⑦ 바리새인과 헤롯의 누룩(8:14~21)

⑧ 소경을 보게 하심(8:22~26)

⑨ 베드로의 신앙고백(8:27~30)

⑩ 고난 : 죽음과 부활에 대한 첫 번째 예고(8:31~33)

⑪ 예수님을 따르는 자들의 각오와 미래(8:34~9:1)

⑫ 변화산 사건(9:2~8)

⑬ 엘리야에 관한 가르침(9:9~13)

⑭ 귀신 들린 소년을 고치심(9:14~29)

⑮ 고난 : 죽음과 부활에 대한 두 번째 예고(9:30~32)

⑯ 큰 자에 대한 토론과 예수님의 충고(9:33~37)

⑰ 그리스도의 사람들(9:38~50)

3. 유대 지역에서의 사역(10:1~13:37)

1) 예루살렘으로 가는 길에서의 사역(10:1~52)

① 이혼에 관하여(10:1~12)

② 어린아이들을 축복하심(10:13~16)

③ 부자 청년과의 대화(10:17~22)

④ 부자와 하나님의 나라 그리고 제자들(10:23~31)

⑤ 고난, 죽음과 부활에 대한 세 번째 예고(10:32~34)

⑥ 야고보와 요한의 부탁에 대한 예수님의 대답(10:35~45)

⑦ 바디매오를 낫게 하심(10:46~52)

2) 예루살렘과 그 주변에서의 사역(11:1~13:37)

① 승리의 입성(11:1~11)

② 무화과나무를 저주하심(11:12~14)

③ 성전 청결 사건(11:15~19)

④ 기도에 관한 교훈(11:20~26)

⑤ 성전에서의 논쟁(11:27~12:44)

a. 권세에 관한 질문과 예수님의 역질문(11:27~33)

b. 포도원의 비유(12:1~12)

c. 세금에 관하여(12:13~17)

d. 부활에 관하여(12:18~27)

e. 가장 큰 계명에 관하여(12:28~34)

f. 그리스도와 다윗(12:35~37)

g. 서기관들에 대한 책망(12:38~40)

h. 과부의 헌금(12:41~44)

⑥ 감람산 설교(13:1~37)

4. 그리스도의 수난 : 죽음과 부활(14:1~16:20)

1) 예수님을 죽이려는 음모(14:1~2)

2) 마리아가 예수님께 향유를 부음(14:3~9)

3) 가룟 유다의 배반 계획(14:10~11)

4) 최후의 만찬(14:12~26)

5) 예수님의 부탁과 베드로의 부인 예언(14:27~31)

6) 겟세마네 동산에서의 기도(14:32~42)

7) 체포(14:43~50)

8) 이불을 두른 청년(14:51~52)

9) 산헤드린의 심문(14:53~65)

10) 베드로가 예수님을 부인함(14:66~72)

11) 빌라도의 심문과 바나바의 석방(15:1~15)

12) 고난 받으심(15:16~20)
13) 십자가에 못 박히심(15:21~41)
14) 장사(15:42~47)
15) 부활(16:1~8)
16) 부활 후의 사건(16:9~20)

내용 특징

1. 베드로 사도가 다른 복음서보다 더 뚜렷하게 부각된다. 굳이 베드로를 별도로 언급할 필요가 없는 곳에서도 마가는 베드로 사도를 별도로 언급함으로써 이 복음서가 베드로 사도와 관련이 있다는 인상을 짙게 남겨놓았다.
2. 마가복음이 다른 복음서보다 더 이른 시기에 기록되었음을 반영하는 자료들이 남아 있다.
   1) 아람어의 흔적이 다른 복음서보다 더 많이 남아 있다(고르반, 달리다굼, 에바다, 엘로이 등).
   2) 예수님의 인성에 대한 표현들이 다른 복음서보다 많이 나온다(8:11~13, 9:30, 14: 65, 8:31 이하, 9:12, 10:32~34, 45절, 6:5~6, 13:32, 15:31). 복음이 후대로 넘어오고 예수님을 향한 존경심이 커질수록 이런 인성적 표현들은 감소하는 것이 일반적이다.
   3) 제자들의 인간적인 모습이 다른 복음서보다 더 잘 기록되어 있다. 후대로 갈수록 제자들에 대한 존경심도 더 커지게 마련이다.
3. 마가복음의 많은 내용이 유대인보다는 이방인들, 특히 로마에 살고 있는 사람들이 읽고 이해하기 쉽도록 되어 있다. 이것은 마가복음이 로마에서 기록되었을 뿐만 아니라 이방인에게 복음을 전하기 위하여 기록된 것임을 시사한다.
4. 고난 받는 인자의 모습에 초점이 맞추어져 있다. 마가복음은 적어도 내용의 3분의 1 이상을 예수님의 마지막 고난을 기술하는 데 사용했다.

고난에 대한 예언은 이미 8장 31절에서 시작되고 있다. 예수님은 생애 초기부터 사람들의 반대와 고난과 함께 걸어가시는 것으로 묘사되었다(2:1~3:6, 특히 2:16, 20절, 3:6, 19:20~35). 어떤 신학자는 그래서 마가복음을 '서론이 붙은 수난 기사집' 이라고 이름 붙였다.

5. 메시아 직과 고난의 필연적 관계가 부각된다(9:12). 즉 마가복음의 기독론은 고난 받는 메시아가 핵심이다. 마가복음에 따르면 예수님은 고난 받는 그리스도로서만 많은 사람을 위한 구속자가 되신다. 그러나 이 고난의 배후에 승리자의 모습이 언제나 역력히 나타난다.

생각해볼 문제

1. 마가복음이 초대 교회 시절부터 인기 없는 복음서로 취급된 이유는 어디에 있습니까?
2. 마가복음은 누가 어디에서 언제 기록했습니까?
3. 마가복음의 특징과 주제는 무엇입니까?
4. 마가복음의 결론부를 다르게 보도하는 사본들의 유형을 기록해보십시오.
5. 마가복음에서 특히 부각되는 사도는 누구입니까?

4. 누가복음

누가는 복음서들 중에서 유일하게 서론을 첨부했다. 서론에서 그는 복음서의 출처와 수신자, 저술 목적 등을 밝히고 있다.

이 서론과 사도행전의 서론을 비교해보면 두 책이 같은 사람에 의해서 쓰였으며 같은 사람에게 보내졌음을 알 수 있다. 신약성경에는 요한복음에 의하여 서로 격리되어 있지만 이 복음서는 사도행전과 함께 읽을 때 그 내용과 특징이 더 분명하게 나타난다.

누가복음은 신약성경의 책들 중에서 가장 긴 책이다. 사도행전과 합친 분량은 신약성경의 4분의 1에 해당한다. 누가의 헬라어 문장력은 다른 어떤 저자들보다 훌륭하고 아름다운 것으로 알려져 있다.

저작에 관하여

세 번째 복음서의 저자는 바울의 동반자요 의사인 누가로 알려져 있다. 그는 유대인은 아니었다. 누가복음에는 이 책의 저자에 관해 별다른 암시가 없지만 사도행전의 저자가 몇 곳에 '우리'라는 복수형 대명사를 사용하여 바울 사도의 전도 사역을 기술한 점으로 미루어보아(행 16:10~17, 20:5~15, 21:1~18, 27:1~28:16) 저자는 바울 사도의 전도여행 동반자였음을 알 수 있고, 바울 서신을 통해 누가일 수밖에 없다는 사실을 알 수 있다(참조, 골 4:14; 몬 24절; 딤후 4:11).

사도행전에 따르면 바울 사도가 환상을 보고 마게도냐로 향할 때 누가는 드로아에서부터 전도 대열에 합류하여 빌립보까지 함께했다. 그는 빌립보에서 바울 사도와 여러 날 함께 있었으나 바울이 체포된 후 헤어졌다. 제3차 전도여행의 끝에 바울 사도가 예루살렘으로 가기 위하여 빌립보에 들렀을 때 누가는 바울과 다시 합류하여 예루살렘까지 갔다. 바울 사도가 감옥 생활을 끝내고 로마로 호송될 때 누가는 바울과 함께 배를 탔고 함께 파선을 겪었고 로마에까지 함께 갔다. 바울 사도는 그를 '사랑을 받는 의사 누가' 라고 불렀다. 누가복음은 서기 65년경 그리스의 한 도시에서 기록된 것으로 보인다.

이 복음서를 쓰게 된 이유는 데오빌로라는 사람에게 보내기 위해서였다. 데오빌로는 '각하' 라고 불린 것으로 보아 로마인으로서 총독 이상의 고위직에 있었던 인물로 추측된다. 데오빌로는 복음을 단편적으로 들었으나 아직 믿음의 길에 들어서지 못했던 것으로 보인다. 그렇지 않으면 믿음의 길에는 들어섰지만 그가 들은 많은 것에 대하여 의심을 가지고 있었다. 누가는 복음을 있었던 사실대로 차례로 그에게 써보냄으로써 그가 들었던 것이 확실함을 알려주려는 목적을 가지고 있었다.

누가는 복음의 목격자는 아니었다. 그는 "처음부터 목격자와 말씀의 일꾼된 자들로부터" 복음을 들은 사람이었다. 그럼에도 불구하고 그가 써 보내는 것을 "우리 중에 이루어진 사실"이라고 했다. 이 표현을 통해 복음서를 쓸 당시 누가는 교회에 속해 있는 사람이었으며, 오래전에 있었던 일들을 목격한 사람들과 한 묶음으로 '우리' 라고 부를 수 있을 정도로 교회의 지도적이요 대변자적인 위치에 있었음을 알 수 있다. 누가가 사도들의 조력자였으며 그가 쓴 복음은 모두 그들에게 직접 들은 것이라는 면에서 누가복음은 그 권위와 가치를 처음부터 인정받았다.

주제

누가복음은 예수님의 사역을 소개하면서 왕으로서의 그리스도나 그리스도의 백성으로서의 교회의 탄생 또는 기독교의 발생과 같은 집단체적 성격에 초점을 맞추지 않고 개인의 죄와 고통, 비참상, 죄인을 사랑하고 부르시며 용서하시는 그리스도의 사역에 초점을 맞추고 있다. 따라서 누가복음의 주제는 죄인을 사랑하고 용서하시는 그리스도라고 말할 수 있을 것이다. 이처럼 개인에게 임하는 그리스도의 은총과 사랑을 강조한 이유는 서문에서 밝힌 것처럼 데오빌로라는 개인에게 복음의 확실성을 알려주어 그를 (확실한) 기독교인으로 불러들이려는 의도와 관련된 것으로 보인다.

구조

누가가 일어난 일들을 차례대로 써보내겠다고 서문에서 밝힌 것은 모든 사건이나 말씀들을 조금도 틀림없이 시간적인 순서대로 써서 보내겠다는 의도로는 볼 수 없다. 다른 복음서와 비교해보면 큰 윤곽에서는 예수님의 생애를 연대기순으로 기술하는 순서를 따르고 있지만, 사건의 개개 기록이나 예수님의 말씀의 보도에서는 다른 복음서와 차이가 있음이 명백하다. 누가도 복음서를 자신의 의도와 목적에 필요한 대로 주제별로 정리한 것으로 보인다.

누가복음의 구조에 중요한 역할을 하는 것은 복음이 어디에서 발생하여 어디까지 어떻게 전해지고 있는가 하는 지역성이다. 사도행전에서 누가는 이러한 암시를 담고 있는 주님의 명령을 수록해두었다. "예루살렘과 온 유대와 사마리아와 땅 끝까지 이르러 내 증인이 되리라"고 하신 주님의 말씀대로, 복음은 예루살렘에서 시작하여 로마로 진군해 갔다는 것이 사도행전의 구조이다.

그 앞부분에 해당하는 누가복음은 구약 시대의 정점을 알리는 예루살렘에서 시작한다. 이 서론부는 예루살렘에서 거행된 예수님의 정결 예식과 12세 때의 성전 방문으로 일단락된다(1:1~2:52). 예수님의 실제 사역은 사역의 준비(3:1~4:13) 후에 갈릴리 지역에서 시작하여 (4:14~9:50) 예루살렘으로 가는 길로 이어지고(9:51~19:27) 예루살렘에서의 사역으로 끝난다(19:28~24:53).

물론 이 지역성은 예수님의 사역이 그렇게 진행되었기 때문에 어느 복음서에서나 확연하다. 하지만 누가복음서에서는 이 지역성이 다른 복음서에 비해 좀더 강조되고 있고 누가복음의 대체적인 구조를 결정하고 있다. 또한 누가복음은 예수님의 승천 기사를 포함하고 있는 유일한 복음서이다.

내용 분해

1. 서론부(1:1~2:52)
   1) 서문(1:1~4)
   2) 세례 요한의 출생 예고와 임신(1:5~25)
   3) 예수님의 탄생 예고(1:26~38)
   4) 마리아의 엘리사벳 방문(1:39~56)
   5) 세례 요한의 출생과 성장(1:57~80)
   6) 그리스도의 탄생(2:1~40)
      ① 역사적 상황(2:1~5)
      ② 탄생(2:6~7)
      ③ 목자들의 방문(2:8~20)
      ④ 할례와 작명(2:21)
      ⑤ 예루살렘에서 정결 예식 : 성장(2:22~40)
   7) 소년 예수의 성전 방문(2:41~52)

2. 사역의 준비(3:1~4:13)
   1) 세례 요한의 사역(3:1~20)

① 배경(3:1~2)

② 세례 사역(3:3~6)

③ 설교 사역(3:7~14)

④ 그리스도의 사역 예고(3:15~17)

⑤ 헤롯을 책망하다 투옥됨(3:18~20)

2) 예수님의 수세(3:21~22)

3) 예수님의 족보(3:23~38)

4) 시험 받으심(4:1~13)

3. 갈릴리 사역(4:14~9:50)

1) 사역 개시(4:14~15)

2) 나사렛에서의 설교와 배척 당하심(4:16~30)

3) 가버나움에서의 사역(4:31~42)

① 귀신을 쫓아내심(4:31~37)

② 베드로의 장모를 고치심(3:38~39)

③ 다른 사역들(4:40~42)

4) 다른 동네에서의 사역(4:43~44)

5) 게네사렛 호수에서 설교 후의 이적과 첫 제자들을 부르심(5:1~11)

6) 한센병자를 고치심(5:12~16)

7) 중풍병자를 고치심(5:17~26)

8) 레위(마태)를 부르고 함께 식사하심(5:27~32)

9) 금식에 관한 토론(5:33~39)

10) 안식일의 사역(6:1~11)

① 제자들이 이삭을 잘라 먹음과 논쟁(6:1~5)

② 한편 손 마른 사람을 고치심(6:6~11)

11) 열두 사도 임명(6:12~16)

12) 평지 설교(6:17~49)

① 배경(6:17~20상)

② 네 가지 복과 네 가지 화(6:20하~26)

③ 사랑과 용서에 대하여(6:27~38)

④ 바른 지도자(6:39~42)

⑤ 나무와 열매의 교훈(6:43~45)

⑥ 집 짓는 자의 비유(6:46~49)

13) 백부장의 하인을 고치심(7:1~10)

14) 나인성 과부의 죽은 아들을 살리심(7:11~17)

15) 세례 요한의 질문과 예수님의 답변(7:18~35)

16) 향유를 부은 여인(7:36~50)

17) 요약(8:1~3)

18) 씨 뿌리는 자의 비유와 해석 : 비유로 가르치시는 이유(8:4~15)

19) 등불의 비유(8:16~18)

20) 예수님의 가족과 영적 가족(8:19~21)

21) 풍랑을 잔잔케 하심(8:22~25)

22) 거라사 광인을 구원하심(8:26~39)

23) 야이로의 딸을 살리시고 혈루증 여인을 고쳐주심(8:40~56)

24) 열두 제자를 전도하도록 보내심(9:1~6)

25) 분봉왕 헤롯에게 예수님이 알려짐(9:7~9)

26) 제자들의 귀환과 오병이어의 기적(9:10~17)

27) 베드로의 신앙 고백 후 자신의 고난 : 죽음과 부활을 예고하심 (9:18~27)

28) 변화산에서(9:28~36)

29) 귀신 들린 소년을 고치신 후 두 번째 예고(9:37~45)

30) 큰 자에 대한 예수님의 교훈(9:46~50)

4. 예루살렘으로의 여행(9:51~19:27)

1) 사마리아를 거쳐가심(9:51~62)

2) 칠십 인을 세우고 파송하심, 귀환(10:1~24)

3) 선한 사마리아인의 비유(10:25~37)

4) 마르다와 마리아(10:38~42)

5) 주기도문을 가르치심(11:1~4)

6) 기도에 관한 비유와 교훈(11:5~13)

7) 바알세불 논쟁(11:14~26)

8) 하나님의 말씀을 듣는 자(11:27~28)

9) 표적에 대하여(11:29~32)

10) 등불의 비유(11:33~36)

11) 바리새인과 율법사에 대한 경고(11:37~54)

12) 진정으로 두려워할 분(12:1~12)

13) 어리석은 부자의 비유(12:13~21)

14) 염려에 대하여(12:22~34)

15) 깨어 있는 종의 비유(12:35~48)

16) 시대를 분별하는 표적(12:49~59)

17) 회개에 대하여(13:1~9)

18) 허리가 구부러진 여인을 고치심(13:10~17)

19) 하나님의 나라에 대한 비유(13:18~21)

20) 좁은 문의 비유(13:22~30)

21) 헤롯의 음모와 예루살렘에 대한 애가(13:31~35)

22) 고창병 든 사람을 고치심(14:1~6)

23) 겸손에 관한 비유(14:7~11)

24) 가난한 자를 초청할 것을 가르치심(14:12~14)

25) 큰 잔치의 비유(14:15~24)

26) 모든 소유를 버리고 따를 것을 가르치심(14:25~35)

27) 죄인의 용서에 대한 비유(15:1~32)

① 잃어버린 양의 비유(15:1~7)

② 잃어버린 드라크마의 비유(15:8~10)

③ 탕자의 비유(15:11~32)

28) 불의한 청지기의 비유(16:1~13)

29) 바리새인들을 책망하심(16:14~18)

30) 부자와 나사로의 비유(16:19~31)

31) 제자들의 책임과 의무를 가르치심(17:1~10)

32) 열 명의 한센병자를 고치심(17:11~19)

33) 하나님 나라가 임함에 관하여(17:20~37)

34) 낙망하지 말고 기도할 것을 가르치심(18:1~8)

35) 의인의 기도와 죄인의 기도(18:9~14)

36) 어린아이들을 영접하심(18:15~17)

37) 부자 청년의 질문과 답변(18:18~30)

38) 고난, 죽음, 부활에 관한 세 번째 예고(18:31~34)

39) 여리고 부근의 소경을 보게 하심(18:35~43)

40) 세리장 삭개오(19:1~10)

41) 열 므나의 비유(19:11~27)

5. 예루살렘에서(19:28~24:53)

1) 예루살렘 입성(19:28~44)

2) 성전 청결 사건(19:45~48)

3) 성전에서의 사역(20:1~21:38)

① 권위에 대한 질문과 역질문(20:1~8)

② 악한 농부들의 비유(20:9~18)

③ 세금에 관한 질문(20:19~26)

④ 부활에 관한 질문(20:27~40)

⑤ 다윗과 그리스도(20:41~44)

⑥ 서기관에 대한 경고(20:45~47)

⑦ 가난한 과부의 헌금(21:1~4)

⑧ 감람산 강화(21:5~38)

4) 예수님을 죽이려는 음모(22:1~6)

5) 최후의 만찬(22:7~23)

6) 마지막 교훈, 베드로의 부인 예고(22:24~38)

7) 겟세마네 동산에서의 기도(22:39~46)

8) 체포(22:47~53)

9) 베드로의 부인(22:54~62)

10) 희롱(22:63~65)

11) 산헤드린의 재판(22:66~71)

12) 빌라도의 첫 번째 심문(23:1~7)

13) 헤롯 안티파스의 심문(23:8~12)

14) 빌라도의 두 번째 심문(23:13~25)

15) 십자가에 못 박히심(23:26~38)

16) 회개한 한 강도(23:39~43)

17) 죽으심(23:44~49)

18) 장사(23:50~56)

19) 부활하심(24:1~12)

20) 엠마오로 가는 두 제자에게 나타나심(24:13~35)

21) 예루살렘에 나타나심(24:36~43)

22) 고난에 대하여 가르치심(24:44~49)

23) 승천(24:50~53)

내용 특징

1. 예수님의 치유 사역을 보도할 때 누가복음은 당시의 의학 용어나 의학적 관심을 다른 복음서들보다 더 많이 사용하였다. 이는 누가복음의 저자가 의사였다는 점을 뒷받침하는 자료로 보인다.
2. 누가복음은 가르치는 사람을 의미하는 '교사' 만이 아니라 선구자라는 의미의 '스승' 이란 용어를 유독 일곱 번 사용하고 있다. 이는 선생의 역할을 말로 가르치는 것보다는 모범을 보이는 선구자로 생각하는 의료계의 관습 때문으로 보인다(5:5, 8:24, 45절, 9:33, 49절, 17:13).
3. 저자와 독자의 로마, 헬라적인 배경이 엿보인다.
4. 많은 찬송들이 누가복음에 포함되어 있다. 이 찬송들은 유대 역사를 잘 알지 못하는 사람들에게 유대 역사와 의식 등을 소개하는 역할을 하는 것으로 보인다. 다음은 몇 가지 예이다.
   1) 마리아의 노래(1:46~55)
   2) 사가랴의 노래(1:68~79)
   3) 대영광송(2:14)
   4) 시몬의 찬송(2:29~32)
5. 하나님의 구속 사역, 즉 예수님의 사역과 생애를 역사적으로 기술하며 연대표상에 고정시키려고 한다. 이 과정에서 그는 역사계 안에 벌어진 하나님의 구원 사역에 초점을 맞추고 당시의 세계사와 비교한다(예, 2:1~2, 3:1~2). 이것을 신학자들은 복음의 역사성에 대한 누가복음의 관심으로 이해한다.
6. 하나님의 구속 계획에 따른 예수님의 사역과 생애의 필연성이 강조되고 있다(24:7, 25~27절, 47~49절). 예수님의 고난과 죽음은 물론 예수님의 죽음과 부활 후에도 이 필연성이 계속된다.
7. 성령의 사역이 강조되고 있다. 누가복음에는 성령이 17회 언급되어 있는데 마태복음의 12회, 마가복음의 6회에 비교해볼 때 성령론이 강조되고 있다는 증거라고 할 수 있다.

8. 기도에 특별한 관심을 보인다. 예수님께서 기도하시는 모습이 모두 아홉 번 기록되어 있는데 이중 일곱 번은 다른 복음서에는 나오지 않는 것이다. 예수님은 수세 시에(3:21), 기적을 행하신 다음에(5:15~16), 사도들을 임명하시기 전에(6:12), 베드로의 고백을 들으시기 전에(9:18), 변화하실 때에(9:29), 칠십 인이 전도여행에서 돌아왔을 때(10:17~21), 기도를 가르치시기 전에(11:1), 잡히시기 전에(22:39~46), 십자가에 못 박히셨을 때 기도하셨다. 기도의 명령도 다른 복음서보다 더 강조되어 있다. 누가복음에 독특하게 수록되어 있는 두 비유가 기도에 관한 것이다(11:5 이하, 18:1~8) 제자들에게 시험에 빠지지 않도록 기도하라는 명령도 특색 있는 것이다.
9. 미천한 자나 가난한 자 등 사회적 소외 그룹에 높은 관심을 보인다.
    1) 가난한 자(1:52~53, 6:20, 12:16~21, 16:1~8, 19~31절)
    2) 목동들(2:8~20)
    3) 죄인들 : 7:36~50(죄인인 한 여자), 19:1~10(삭개오), 22:61(예수님께서 자신을 부인한 베드로를 쳐다보심), 23:24상(십자가에서 죄 용서를 위한 기도), 23:39~43(못 박힌 한 강도)
    4) 사마리아인 : 10:30~35(선한 사마리아인의 비유), 17:11~19(감사하러 돌아온 한 한센병자)
    5) 여인들 : 7:11~17(나인성 과부의 아들), 8:3(요안나와 수산나), 10:38~42(마리아와 마르다), 13:10~17(귀신 들린 한 여인), 15:8~10(열 드라크마를 잃은 여인), 18:1~8(과부의 청원). 여인들은 당시 사회에서 존중을 받지 못했다.
    6) 아이들 : 세례 요한과 예수님의 어린 시절과 함께 아이들이 특별히 언급되어 있다(7: 12, 8:42, 9:38).

    이와 비례하여 부자, 권력자, 재물 등에 관한 경계도 특징이 있다(비교, 6:24~25).
10. 개인적인 신앙 생활과 기독교의 개인성이 강조되어 있다. 구원의 개

인적인 분위기가 전체를 지배한다. 이러한 누가복음의 특징은 누가복음이 기록될 당시에 기독교인들을 박해하던 이유와 관계가 있다. 예를 들어 기독교인들은 아이들을 죽여 피를 마시는 야만인들이요 극히 미신적이라는 이유로 박해를 받았는데, 누가는 기독교가 사실은 개인한 사람 한 사람을 귀히 여기며 특히 소외받는 사람들을 사랑하는 박애정신을 가지고 있다는 것을 보임으로써 데오빌로에게 기독교 신앙을 변증하고 하나님의 자비를 의지하도록 권했던 것 같다.

11. 이방인들의 구원을 특징 있게 묘사한다. 누가복음의 가장 큰 특징 중의 하나는 기독교의 보편성이다. 인종이나 민족, 사회적 계층의 구분 없이 누구에게나 하나님의 은총은 임하며 예수님의 구속 사역은 모든 사람들을 위한 것임이 누가복음 전체에 흐르고 있다(2:14, 2:30~32, 3:4~6, 13:29, 24:47 등). 그러나 이것이 만인구원설을 의미하지는 않는다.

생각해볼 문제

1. 누가복음은 언제 누가 어디에서 기록했습니까?
2. 누가복음의 문학적 구조에서 중요한 역할을 한 요소는 무엇입니까?
3. 누가복음에서는 기도라는 요소가 어떻게 강조되고 있습니까?
4. 누가복음의 주제는 무엇입니까?
5. 누가복음에는 당시 사회적으로 소외당하고 있던 사람들이 긍정적으로 복음에 접촉하는 기사가 많이 수록되어 있습니다. 그 예를 적어보십시오.

5. 요한복음

요한복음은 형식과 내용에서 공관복음서와는 상당히 다르지만, 예수님의 생애를 보여주고 있다는 점에서는 공통점을 보이고 있다. 예를 들면 공관복음서의 중심 주제 중 하나인 '하나님의 나라' 또는 '하늘나라' 란 표현이 요한복음에는 두 번밖에 나오지 않는다. 비유법 중 공관복음서에서 흔히 발견되는 직유법 대신 은유법이 주로 사용되었다.

공관복음서와의 공통점 및 차이점은 대개 다음과 같은 방식으로 설명되곤 한다. 어떤 신학자들은 요한복음의 저자가 공관복음서를 알고 있었으며, 이를 보충할 목적으로 공관복음서가 다루고 있는 내용들을 생략하거나 다른 형식으로 다른 강조점을 가르치려고 했을 것이라고 주장한다. 어떤 신학자들은 요한복음이 공관복음서보다 후대에 기록되었다는 점에 착안하여, 요한복음의 저자는 단순히 예수님의 지상 생애를 전달하는 데 그치지 않고 부활하신 후 살아 계신 예수님의 지상 사역이란 관점에서 예수님의 사역과 말씀을 해석하였을 것이라고 주장한다.

다른 복음서처럼 요한복음의 탄생에 관한 정확한 정보는 알려져 있지 않다. 공관복음서와의 관련성도 신학자들이 나름대로 연구하고 주장하기는 하지만 가설 이상의 확실한 것은 아무도 찾아내지 못했다.

저작에 관하여

요한복음의 저자는 예수님의 열두 사도 중 하나인 사도 요한으로 알려져 있다. 공관복음에 따르면 요한은 최초로 예수님의 부름을 받은 네 제자에 속한다. 베드로와 야고보와 함께 예수님을 항상 따라다닌 세 제자에 속하며(마 17:1, 26:37과 병행구; 갈 2:9), 사도행전에서는 베드로와 함께 예수님의 부활 이후에 교회를 주도했던 사도였다(행 3:1, 4:11, 8:14).

초대 교회에서의 활약 이후 그의 행적은 잘 알려져 있지 않다. 사도 요한의 제자였던 폴리갑의 제자 이레니우스가 사도 요한이 1세기 말엽 에베소에서 요한복음을 기록했다고 전하는 것을 참고하면, 사도 요한은 언제부터인지는 모르지만 아마도 60년경 이후에 에베소 교회에서 사역을 했던 것 같다. 그는 이곳에서 사역하며 박해를 당하다가 밧모 섬으로 쫓겨나서 계시록까지 기록했다.

요한복음의 저자가 사도 요한이라는 사실은 요한복음 자체를 통해서도 증명할 수 있다. 요한복음에는 사도 요한의 이름이 한 번도 나오지 않는다. 대신 '예수님이 사랑하시는 제자' 라는 표현이 여러 번 나온다. 이 '예수님이 사랑하시는 제자' 라고 언급된 문맥을 보면 예수님의 제자들 중 핵심부에 있던 사람으로 요한일 수밖에 없다는 결론이 나온다. 요한복음의 저자가 요한이 아니고 다른 사람이라면 왜 요한의 이름을 사용하지 않았느냐는 풀리지 않는 의문이 발생한다. 반대로 이 복음서의 저자가 요한이라면 요한은 자신의 이름을 가리고 대신 예수님과 자신의 관계를 표현한 것이라고 설명할 수 있다.

사도 요한은 복음서를 기록하는 목적을 20장 31절에서 "너희로 예수께서 하나님의 아들 그리스도이심을 믿게 하려 함이요 또 너희로 믿고 그 이름을 힘입어 생명을 얻게 하려 함이니라" 하고 밝히고 있다. 이 글에서 요한 사도가 복음서를 쓸 때 연상하고 있던 독자인 '너희' 가 누구인지는 분명하지 않다. 요한복음의 내용을 참조하면 예수님에 관하여 전혀 모르는 사람들인 것 같지는 않다. 아마도 예수님에 관하여 불완전한 믿음을 가지고 있었던 사람들이 일차적인 대상이었다고 보는 것이 무난할 것으로 생각된다. 아니면 교회가 외부의 심각한 도전이나 위협을 받고 있었고 신자들의 신앙이 적지 않게 흔들리고 있었는데, 요한이 성도들에게 확신을 심어주고 예수님을 믿음으로 얻게 되는 것이 무엇인지를 알려주기 위하여 복음서를 썼다고 말해도 좋을 것이다. 요한복음도 복음을 전하는 것을 목적으로 기록된 복음서이다.

주제

요한복음은 여러 가지 특징이 있는 내용들과 다양한 주제를 포함하고 있다. 이 주제들은 대부분 예수님 자신의 정체와 연관된 것이다. 예수님이 누구시며 지상 사역 시에 왜 그런 일들을 하셨는지를 밝히고 있다. 이 점에서 요한복음은 다른 어떤 복음서들보다 예수님의 신성을 부각시킨다.

예수님의 신성이 강조되기 때문에 예수님을 믿는 제자들에게 주어지는 하나님의 축복 역시 강조된다. 사도 요한이 저작 목적에서 밝힌 것처럼 하나님의 아들이신 그리스도를 믿는 것이 곧 영생을 가졌음을 의미한다. 그러므로 요한복음의 주제는 영생을 주시는 하나님의 아들이라고 요약할 수 있을 것이다.

구조

요한복음의 문학적 구조에 대한 토론은 요한복음 연구에서 가장 복잡한 한 부분이다. 많은 토론이 있었지만 아직 만족할 만한 구조를 찾아내지 못하고 있다고 보는 것이 보편적인 생각이다.

공관복음서가 대체로 예수님의 생애를 연대기순으로 따르며 저작 목적에 관련된 제목들을 사용하고 있는 반면에 요한복음은 연대기적 순서를 별로 따르지 않는 것처럼 보인다. 그러나 세밀하게 따져보면 반대로 얘기할 수도 있다. 공관복음이 예수님의 공생애 중 단 한 번의 유월절 기사를 담고 있어서 예수님의 고난과 죽음에 초점을 맞추고 있는 데 비해 요한복음에는 세 번의 유월절 기사가 수록되어 있다(2:13, 6:4, 13:1). 유월절만을 고려한다면 요한복음이 다른 복음서보다 예수님의 생애를 더 잘 부각시키고 있다고 말해야 할 것이다.

요한복음은 서론이 독특하다(1:1~18). 사도 요한은 예수님을 '태초부터 하나님과 함께 계신 말씀'으로 소개하며 그가 오신 목적, 결과 등을 수록해놓았다. 세례 요한의 사역이 함께 간략하게 언급되며 예수님의 정체를 부각시켰다. 누가복음의 서론이 저술에 관계된 책의 서론인 데 비해, 요한복음의 서론은 본론에서 소개하고자 하는 예수님을 미리 소개하는 내용상의 서론이다.

결론 부분도 많은 논란이 있다. 예수님의 부활 이후의 사건들을 보도한 20장 끝에 요한 사도는 저작 목적을 밝힘으로써(31절) 복음서를 끝낸 것처럼 보인다. 그러나 21장에 갈릴리 바다에서 있었던 또 하나의 사건이 기록되어 있고(1~23절), 저자에 대한 소개가 나오며(24절), "예수님이 행하신 일이 이 외에도 많으니 만일 낱낱이 기록된다면 이 세상이라도 이 기록된 책을 두기에 부족할 줄 아노라"(25절)하고 결언이 부가되어 있다.

본론 부분은 공관복음과 비슷하게 예수님의 공생애 부분(2:1~12:50)과 예수님의 수난과 죽음, 부활 부분(13:1~20:31)으로 크게 나눌 수 있다. 공생애 부분은 주제에 따라 대략 사건부와 설교부로 구분되는데, 설교부는 사건을 설명하며 예수님께서 자신을 알리시는 내용을 담고 있고, 사건부는 뒤에 나올 예수님의 설교의 주제들을 상징하는 내용을 담고 있다. 설교의 형태는 일정하지 않아서 자주 대화체로 나타나기도 한다.

내용 분해

1. 서론 : 말씀이 사람 되심(1:1~18)
   1) 태초부터 계시는 말씀(1:1~3)
   2) 세상의 빛으로 오신 참 빛 예수(1:4~13)
   3) 말씀이 육신 되심(1:14~18)

2. 사역의 준비(1:19~51)

1) 세례 요한의 증거 사역(1:19~37)

2) 첫 제자들을 부르심(1:38~51)

3. 공생애(2:1~12:50)

1) 첫 번째 표적 : 가나의 혼인잔치(2:1~12)

2) 유월절의 성전 청결 사건과 그 결과(2:13~25)

3) 니고데모와 대화(3:1~15)

4) 믿음과 불신에 대한 설교(3:16~21)

5) 예수님에 대한 세례 요한의 설교(3:22~36)

6) 사마리아 여인과의 대화와 그 결과(4:1~42)

7) 갈릴리에서의 두 번째 표적 : 왕의 신하의 아들을 고치심(4:43~54)

8) 베데스다 연못에서 삼십팔 년 된 병자를 고치심과 그 결과(5:1~18)

9) 적대자들에게 하신 설교(5:19~47)

10) 오천 명을 먹이심(6:1~15)

11) 바다 위로 걸으심(6:16~21)

12) 사람들과의 대화와 그 결과 : 생명을 주는 양식에 대한 설교(6:22~7:1)

13) 예수님에 대한 논쟁, 대화, 그로 인한 예수님의 설교(7:2~52)

14) 간통 중에 잡힌 여인(7:53~8:11) : 대부분의 요한복음 사본에는 이 기사가 수록되어 있지 않다.

15) 예수님의 자기 증거에 대한 비판과 예수님의 대답, 그 결과(8:12~30)

16) 아브라함의 진정한 자손에 대한 논쟁(8:31~59)

17) 소경으로 태어난 사람을 고치심과 그 결과(9:1~41)

18) 선한 목자, 양의 문, 예수님의 양에 대한 비유와 논쟁(10:1~39)

19) 나사로를 살리심(11:1~46)

20) 예수님을 죽이려는 산헤드린의 음모(11:47~57)

21) 마리아가 향유를 예수님께 부음과 나사로까지 죽이려는 음모 (12:1~11)

22) 예루살렘 입성(12:12~19)

23) 헬라인들이 예수님을 찾아옴과 죽음을 예견하신 설교(12:20~50)

4. 예수님의 고난, 죽음, 부활(13:1~20:29)

1) 최후의 만찬(13:1~17:26)

① 제자들의 발을 씻기심과 그 의미(13:1~20)

② 가롯 유다의 배신 예언(13:21~30)

③ 이별을 예고하시며 사랑의 계명을 주심(13:31~35)

④ 베드로의 부인 예언(13:36~38)

⑤ 고별설교(14:1~16:33)

a. 제자들을 위로하심(14:1~4)

b. 길이요 생명이신 예수님(14:5~7)

c. 하나님과 하나이신 예수님(14:8~11)

d. 믿는 자들에게 주신 약속(14:12~21)

e. 믿는 자들과 함께하시는 하나님(14:22~31)

f. 포도나무와 가지 비유(15:1~17)

g. 믿는 자들과 세상의 관계(15:18~27)

h. 성령이 오시면(16:1~15)

i. 떠나심에 대하여(16:16~33)

⑥ 예수님의 기도(17:1~26)

2) 고난 받으심(18:1~19:16)

① 체포(18:1~11)

② 대제사장의 심문(18:12~14, 19~24절)

③ 베드로의 부인(18:15~18, 25~27절)

④ 빌라도의 심문과 재판(18:28~19:16)

3) 십자가에 못 박혀 죽으심(19:17~30)

4) 장사(19:31~42)

5) 부활(20:1~29)

① 빈 무덤(20:1~10)

② 마리아에게 나타나심(20:11~18)

③ 열한 제자에게 나타나심(20:19~29)

5. 후기(20:30~21:25)

1) 복음서의 기록 목적(20:30~31)

2) 디베랴 바닷가에 나타나신 예수님(21:1~14)

3) 베드로와의 대화(21:15~23)

4) 후기(21:24~25)

내용 특징

1. 요한복음의 가장 큰 특징은 예수님을 지상 생애 이전부터 소개하는 것이다.

1) 요한 사도는 예수님의 선재를 소개하기 위하여 '말씀(로고스)' 개념을 사용한다. '말씀' 은 창세 전부터 계셨다(1:1). 예수님의 탄생은 그 '말씀이 육신이 되신 것' 을 의미한다(14절).

2) '생명', '빛' 의 개념도 예수님의 선재 사상과 연결되어 있다. "그 안에 생명이 있었으니 이 생명은 사람들의 빛이라"(4절). 예수님의 탄생은 곧 '참 빛이 세상에 와서 비취는 것' 을 뜻한다(9절).

3) 예수님의 탄생이라는 단어 대신 이 세상에 '오셨다' (9:39)는 표현이 사용되었다. 예수님은 세례 요한보다 먼저 계시던 분이요(1:15, 30절), '하늘에서 내려오신 분' 이다(3:13, 31절).

4) 예수님은 '하늘에서 내려와 세상에 생명을 주는 생명의 떡' 이시다

(6:32~33, 41절, 58절).

5) 예수님은 하나님께서 하시는 일을 모두 보았고, 본 것을 사람들에게 행하시고(5:18~21) 들은 것을 전하셨다(8:38, 40절).

6) 예수님의 사역이 끝나고 십자가를 지는 것과 관련하여 죽음이란 단어보다 오셨던 곳으로 다시 올라가신다(3:13)는 표현이 자주 사용되었다. 그것은 "이전에 있던 곳으로 올라가는 것"을 뜻한다(6:62).

2. 요한복음은 성령에 대하여 다른 어떤 복음서보다 더 분명한 교훈과 약속을 담고 있다.

1) 성령은 사람들을 '거듭나게 하신다' (3:3~8). 예수님을 믿는 사람은 성령으로 충만해진다. 예수님께서 십자가에 못 박히시면(영광을 받으시면) 이런 일이 일어날 것이다(7:39).

2) 성령은 예수님을 대신하는 '보혜사' 로 명명되었다. 성령은 아버지께서 예수님의 이름으로 보내신다(14:26). 또는 예수님을 대신 하실 것이다. 성령은 예수님을 증거하시고(15:26), 믿는 사람들을 진리 가운데로 인도하실 것이다(16:13).

3) 특히 성령이 예수님과 동일시되었다. 예수님께서 여러 번 제자들에게 잠시 후 다시 오신다고 말씀하신 것은 다름 아닌 성령으로 오심을 의미한다(14:3, 18절, 28절, 16:22).

3. 예수님께서 행하신 일들, 특히 이적들이 그 자체로서 설명되거나 소개되지 않고 예수님께서 하나님의 아들이심과 영원한 생명을 주시는 분임을 알려주는 '표적' 으로 소개된다. 사람들은 예수님께서 행하시는 표적들을 보고 예수님을 하나님의 아들로, 그리스도로 믿었다(2:2, 3절, 3:2, 4:48, 6:2, 30절, 7:31). 이적은 예수님을 알려주는 표적이었고 사람들이 예수님을 믿도록 하는 표적이었다. 예수님께서는 사람들이 표적 때문이 아니라 먹고 배부름 때문에 자신을 따르는 것을 한탄하셨다(6:26).

4. 예수님께서 자기 자신에 대하여 분명히 알려주시는 말씀이 공관복음

에는 별로 수록되어 있지 않은 데 비해 요한복음은 예수님의 분명한 자기 소개를 담고 있다. 이때 사용된 표현은 '나는 ……이다' 라는 강조형이다.

5. '믿는다' 는 표현이 자주, 공공연하게 사용되었다. 이 단어는 마태복음에 9회, 마가복음에 14회, 누가복음에 9회 사용되었으나 요한복음에는 무려 85회나 사용되었다. 예수님의 사역이 사람들에게 예수님이 하나님의 아들이며 그리스도이심을 믿게 하는 표적의 기능을 가졌음을 지적한 바 있다. 예수님을 그런 분으로 믿는 사람들은 이미 이 세상에서 영생을 가지고 있다는 사실을 알리려는 것이 요한복음의 저술 목적이라는 점도 지적했다.

생각해볼 문제

1. 요한복음은 누가 언제 어디에서 기록했습니까?
2. 요한복음이 공관복음과 많이 다른 것에 대하여 신학자들은 어떻게 설명하고 있습니까?
3. 요한복음의 주제는 무엇입니까?
4. 요한복음과 공관복음서의 차이점을 몇 가지 지적해보십시오.
5. 요한복음에 성령의 역할로 기록되어 있는 것은 무엇입니까?

6. 사도행전

사도행전은 누가복음과 함께 한 저자에 의하여 기록된 책이다. 파피루스를 사용하던 시대에 누가복음의 내용은 한 권의 책으로는 충분한 크기였다. 당시 분량이 커지는 것 때문에 분책을 해야 할 경우 제1권의 끝 사건을 간략하게 소개하고 제2권의 처음에 이 사건을 길게 설명함으로써 서로 연결된 책임을 표시하곤 했는데, 누가는 누가복음 끝에서 예수님의 승천 기사를 간략하게 보도한 다음에 사도행전에서 비교적 자세하게 설명함으로써 사도행전이 누가복음을 잇는 제2권 또는 속편임을 표시해놓은 것이다.

이것은 사도행전을 누가복음과 하나로 묶어서 공부해야 한다는 사실을 알려준다. 사도행전은 누가복음과는 다른 내용들을 담고 있다. 그러나 저작자와 저작 목적 등 저작 배경이나 책의 전체적 흐름은 누가복음과 동일하다. 이러한 문제에 관해서는 누가복음을 참고하기 바란다.

사도행전은 어떤 책인가?

많은 사람들이 사도행전을 역사서나 교회의 시작을 알려주는 책 정도로 생각한다. 언뜻 보면 사도행전이 교회 초기의 사건들을 시간적 순서에 따라 취급하고 있는 것처럼 보이기 때문일 것이다. 그러나 사도행전은 역사서가 아니다. 최초의 교회인 예루살렘 교회의 형편이나 구조, 생활에 관한 최소한의 정보마저도 담고 있지 않기 때문이다. 사도행전에서 읽을 수 있는 것은 아주 특수한 시각에 의해 취사 선택된 사건들에 관한 기록들뿐이다. 이는 저자가 꼭 필요하다고 생각한 자료를 필요한 만큼만 수록해놓았다는 뜻이다.

여러 사건들 중에서 필요한 내용들을 이렇게 추리게 된 저자의 특수한 시각은 무엇이었을까? 누가복음에서부터 이 문제를 물어보면 우리는 누가를 역사가라고 부르기보다는 오히려 복음 전도자라고 불러야 할 것이다. 즉 사도행전의 저자는 복음을 전하고 이 복음이 흘러가는 경로 또는 세상을 정복해가는 과정을 알려주기 위하여 필요한 자료들을 정리했다는 의미이다. 사도행전이 역사서인 것처럼 보이게 하는 역사는 다름 아닌 복음이 전파되는 역사, 즉 복음사이다.

사도행전은 그 자체가 복음을 전달하는 책이라는 점을 잊어서는 안 된다. 사도행전에 수록되어 있는 많은 설교들은 복음서들과 마찬가지로 '무엇이 복음인가'를 알려주는 역할을 한다. 이 점에서 사도행전은 복음서들, 특히 같은 저자가 이 책의 전편으로 쓴 누가복음과 내용이나 성격에서 같다고 할 수 있다.

사도행전은 지상 생애 이후에도 계속된 예수님의 사역과 복음의 역사, 교회에 필요한 교훈들을 인류에게 미치는 가장 귀중한 소식으로 소개한다. 이런 면에서 사도행전의 내용도 '복음' 또는 '복음의 역사'라고 부를 수 있다.

복음서와 사도행전 사이의 차이점은 내용상, 형식상, 시간상의 인과 관계로 설명될 수 있다. 복음서가 없다면 사도행전은 있을 수 없다. 복음서가 있다면 당연히 사도행전이 있어야 할 것이다. 복음서는 이미 그 안에 복음서에서 일어난 일들의 미래를 위한 문을 열어놓았다. 따라서 복음서의 사건들이 끝난 후에 다른 일들이 연속적으로 일어나야 복음서의 가치가 증명, 보장될 수 있는데, 사도행전은 바로 이 '복음서에서 미래의 것으로 예견된 일들' 을 다루고 있다. 사도행전은 복음서를 토대로 삼고 있는 것이다.

복음서에 사도행전의 근거라고 할 수 있는 예수님의 생애와 그의 사역, 말씀이 수록되어 있다면 사도행전에는 복음서가 보여주는 사건과 내용들의 역사적인 결과를 보여주고 있다. 복음과 교회는 복음서가 담고 있는 예수님의 생애의 결과로 나타난 것이다. 복음의 상황이 달라졌다고 말해도 된다. 예수님으로 시작된 하나님의 구속 사역이 예수님의 승천 후에도 역사를 통해 계속 나타나고 있다. 그 주도권을 쥐고 계신 분은 이전이나 마찬가지로 예수님이다.

저작에 관하여

(사도행전의 저작에 관한 것은 누가복음을 참고하라.)

저작 연대

학자들은 빠를 경우 서기 60~70년을, 늦게 잡을 경우 서기 80~90년을 누가복음과 사도행전이 기록된 연대로 잡는다. 누가복음 1장 1~4절과 사도행전 1장 1~2절을 참고하면 기록자와 독자는 기독교 제3세대, 빨라야 제2세대라고 할 수 있다. 더 정확한 연도는 알려져 있지 않다.

어떤 학자는 바울 사도가 로마에서 재판받은 기록이 없음을 근거로 그가 로마에 연금된 2년 동안에 사도행전을 기록했다는 주장을 지지하며 기록 연대를 서기 62년경으로 추산하기도 한다. 하지만 누가가 목표로 하고 있던 장소인 로마에 복음이 도착한 것을 기록함으로써 그가 사도행전을 구성하던 지역성의 목표, 즉 복음 전파의 발전상이라는 신학적인 의미가 다 충족되었기 때문에, 이 사건으로 사도행전을 끝맺었다면 로마의 도착 연대는 사도행전이 기록된 시기를 결정하는 데 그렇게 중요한 역할을 하는 것은 아니다.

또 어떤 학자들의 말대로 누가가 사도행전을 이런 식으로 끝낸 것은 이후의 얘기를 세 번째 저술로 기록할 계획이 있었기 때문일 수도 있다. 이 경우 사도행전의 끝이 바울이 로마에 도착한 사실이라는 것에서 사도행전의 저작 연대를 추출하는 것은 아무 근거 없는 작업이 되고 만다.

주제

사도행전의 주제는 복음이 어떤 과정을 거쳐서 어떤 지역으로 들어가느냐이다. 이것을 '복음을 따라서' 라고 표현할 수 있을 것이다. 아니면 세상을 정복하는 복음의 힘이라고 불러도 좋다. 물론 이 과정에서 성령과 교회가 함께한다. 교회나 복음의 일꾼들에게 역사하시는 성령님은 예수님의 임재와 동일시된다.

내용 분해

1. 서론(1:1~26)
   1) 서론(1:1~5)
   2) 예수님의 승천(1:6~11)
   3) 약속을 기다리며, 맛디아의 선출(1:12~26)

2. 오순절 사건(2:1~41)
   1) 성령님의 오심과 방언(2:1~13)
   2) 베드로의 설교(2:14~36)
   3) 삼천 명이 회개하고 세례를 받음(2:37~41)

3. 예루살렘 교회(2:42~8:3)
   1) 예루살렘 교회의 초기 공동체 생활(2:42~47)
   2) 앉은뱅이를 고침(3:1~10)
   3) 베드로의 두 번째 설교(3:11~26)

4) 설교의 결과, 오천 명이 믿음, 사도들의 투옥(4:1~4)
5) 산헤드린에서의 변론과 석방(4:5~22)
6) 발전된 예루살렘 교회의 모습(4:23~37)
7) 아나니아와 삽비라(5:1~11)
8) 성전에서 공개 사역(5:12~16)
9) 사도들의 체포와 이적적인 탈출, 재체포와 채찍질(5:17~42)
10) 일곱 집사의 임명(6:1~7)
11) 스데반의 사역(6:8~15)
12) 스데반의 설교(7:1~53)
13) 스데반의 순교(7:54~60)
14) 예루살렘 교회의 핍박(8:1~3)

4. 예루살렘 외부로의 교회 확장(8:4~11:18)
1) 사마리아 전도(8:4~25)
① 빌립의 전도(8:4~13)
② 예루살렘 교회가 베드로와 요한을 파송함(8:14~25)
2) 에디오피아 내시에게 전도함(8:26~40)
3) 사울의 회심과 전도(9:1~30)
① 다메섹으로 가는 길에서 예수님을 만남(9:1~9)
② 아나니아를 만난 사울(9:10~19)
③ 다메섹 전도(9:20~25)
④ 바나바와 함께 예루살렘 방문(9:26~30)
4) 교회의 발전상 요약(9:31)
5) 베드로가 룻다에서 애니아를 고침과 그 결과(9:32~35)
6) 베드로가 욥바에서 다비다를 살림과 그 결과(9:36~43)
7) 고넬료의 회심(10:1~48)
① 고넬료에게 천사가 나타남(10:1~8)

② 베드로가 환상을 봄(10:9~16)

③ 고넬료와 온 식구들이 베드로의 설교를 듣고 세례를 받음 (10:17 ~48)

8) 이방인에 관한 예루살렘 교회 회의(11:1~18)

5. 바울의 사역 개시와 첫 번째 전도여행(11:19~14:28)

1) 안디옥 교회의 탄생(11:19~26)

2) 안디옥 교회가 기근을 당한 유대 지역의 교회를 도움(11:27~30)

3) 헤롯 아그립바 1세와 예루살렘 교회(12:1~13:3)

① 야고보의 순교와 베드로의 투옥(12:1~5)

② 기적적인 베드로의 탈출(12:6~19)

③ 헤롯의 죽음과 그 결과(12:20~24)

④ 안디옥 교회가 바나바와 사울을 전도자로 파송함(12:25~13:3)

4) 바울의 첫 번째 전도여행(13:4~14:28)

① 살라미 전도, 총독의 회심(13:4~12)

② 비시디아 안디옥에서의 전도와 그 결과(13:13~52)

③ 이고니온 전도와 그 결과(14:1~7)

④ 루스드라 전도(14:8~20)

⑤ 귀환(14:21~28)

6. 의식법에 관한 예루살렘 회의(15:1~35)

1) 문제의 발생 : 안디옥 교회가 바나바와 바울을 예루살렘으로 파송함 (15:1~5)

2) 예루살렘 교회의 회의와 그 결정(15:6~21)

3) 예루살렘 교회에서 대표를 안디옥으로 파송함(15:22~35)

7. 바울 사도의 두 번째 전도여행(15:36~18:22)

1) 출발 준비, 바나바와 바울이 갈라짐(15:36~41)

2) 첫 전도 지역을 방문함, 디모데를 만남(16:1~5)

3) 환상을 본 바울(16:6~10)

4) 빌립보 전도(16:11~40)

5) 데살로니가 전도(17:1~9)

6) 베뢰아 전도(17:10~15)

7) 아테네 전도(17:16~34)

8) 고린도 전도(18:1~17)

9) 귀환(18:18~22)

8. 바울의 세 번째 전도여행(18:23~21:26)

1) 출발(18:23)

2) 아볼로의 사역(18:24~28)

3) 에베소에서의 사역(19:1~41)

4) 마게도냐 : 헬라에서의 전도(20:1~6)

5) 드로아에서의 설교(20:7~12)

6) 앗소 : 밀레도에서(20:13~38)

7) 예루살렘으로의 여행(21:1~14)

8) 예루살렘에서의 바울(21:15~26)

9. 죄수가 되어 로마로(21:27~28:29)

1) 바울의 체포(21:27~40)

2) 바울의 설교와 그 결과(22:1~29)

3) 공회에서의 변호와 하나님의 계시(22:30~23:11)

4) 유대인의 음모로 인하여 바울을 가이사랴로 옮김(23:12~35)

5) 로마 총독 앞에서의 변호(24:1~27)

6) 총독 베스도 앞에서의 변호와 황제에게 호소(25:1~12)

7) 베스도가 아그립바 2세에게 도움을 청함(25:13~27)

8) 아그립바 2세와 총독 앞에서 전도하는 바울(26:1~32)

9) 로마로 호송됨(27:1~28:15)

① 그레데까지의 순조로운 항해(27:1~13)

② 파선(27:14~44)

③ 말타에서(28:1~10)

④ 로마로(28:11~15)

10) 로마의 유대인들에게 설교함(28:16~29)

10. 후기(28:30~31)

내용 특징

1. 사도행전의 내용과 제목은 서로 일치하지 않는다. 아마도 제목은 복음서의 경우처럼 본문이 기록된 후 어느 정도의 세월이 지난 다음에 붙여졌을 것이다. 사도행전이라는 제목이 부적합하다고 생각하는 이유는, 사도행전은 모든 사도의 전체 활동을 보여주는 책이 아니기 때문이다. 주로 등장하는 사도는 전반부에서는 베드로뿐이다. 후반부로 가면 바울 사도의 활동이 중심이 되지만 사도행전에서는 사도란 단어가 그에게 사용되지 않았다. 베드로와 바울의 행적도 전체가 아니라 극히 일부분만 수록되어 있다. 저자인 누가는 복음이 어디로 전파되느냐에 따라서 시야를 옮기는 방식으로, 복음에 접촉하는 새로운 지역과 이 지역의 전도에 가담한 사람을 사도가 아니더라도 자세하게 취급한다. 초점은 복음의 전파 경로에 맞추어져 있다. 복음행전이나 아니면 복음 전파의 주체가 성령이란 의미에서 성령행전이 내용에 더 잘 어울리는 이름이다.
2. 기독교 신앙이 구약 신앙의 연장임이 강조된다. 예수 그리스도의 사역

과 말씀, 그 결과는 구약의 열매인 것이다. 복음의 핵심인 그리스도의 부활도 유대 신앙에서 나온 것으로 소개된다(23:6, 24:21, 26:8, 23절). 그리스도인들이 믿는 것은 구약과 다른 무엇이 아니라 선지자들과 모세가 말해왔던 바로 그것이었다 (24:14, 26:22, 28:23, 참조, 2:25~28, 13:30~37, 17:3).

3. 열두 사도의 역할도 사도행전의 한 특징으로 꼽을 수 있다. 누가에 의하면 '사도' 란 예수님께서 요한에게 세례 받으신 때부터 승천하신 날까지 예수님에 관한 모든 것을 보고 들었으며, 이것을 그대로 전파해야 할 사명을 받은 목격자들이다(1:22). 이 조건 아래 가룟 유다는 맛디아로 대체된다(25절). '사도' 란 직함은 교회의 창립과 관계하여 예수님의 1차 증인들로, 성령의 충만을 받아 복음 전파의 도구가 되고 복음을 관리할 수 있는 역할을 맡은 사람들을 의미한다. 바울이나 복음 전파에 앞장선 다른 사람들은 예수님께 임명된 이 목격자들과 같은 방향을 가는 것이기는 하지만, 교회 설립자라는 의미의 사도직과는 다른 넓은 의미의 '사도' 였다.
4. 성령의 사역이 사도행전의 주도적인 흐름이라는 점을 간과할 수 없다. 성령의 사역이 증인들의 입을, 만민에게 이르는 길을, 청중들의 마음을 열어주셨다. 사도행전에 등장하는 복음에 긍정적인 모든 사람들이 성령으로 충만해졌다. 사도들, 예루살렘 교회, 사마리아와 그 부근의 신자들, 고넬료와 그의 식구들, 이방인 신자들이 그러했다. 요엘 2장의 인용을 통해 이 시기는 하나님께서 그의 영을 부어주시는 '성령의 시대' 로 정의된다. 예수님께서는 승천으로 그의 사역을 끝내신 것이 아니라 성령과 그의 제자들을 통하여 계속 사역하고 계신 것으로 이해된다. 즉 복음 전파는 사도들과 그들의 교회에 의해, 다른 한편으로는 하나님의 능력 있는 개입, 성령의 사역 또는 예수님의 주권적인 사역으로 계속 퍼져 나가는 것이다.
5. 누가는 누가복음과 사도행전을 저술하며 무엇보다도 복음 사건과 복

음 사역을 역사적인 안목으로 정리하고자 했다. 다른 복음서에서 발견하기 어려운 당시의 역사적 상황이 여기저기 들어 있는 것도 바로 이런 이유에서다.

6. 예루살렘 교회의 초기 공동체 생활은(2:43~47, 4:32~35) 아주 특색 있는 모습이었다. 복음서나 신약성경의 다른 어떤 책에도 이런 공동체의 모습은 소개되지 않았다. 물론 이것은 사도행전의 특색이라기보다는 오순절에 있었던 성령의 오심과 그 결과 나타났던 예루살렘 교회의 역사적인 모습이다. 성령에 충만한 신자들은 물건을 공용했고 재산을 팔아 교회의 필요를 채웠다. 누구도 자신의 것을 자신의 것이라고 하지 않았다. 초대 교회의 모습은 완벽한 공동생활이었음을 보여준다. 그러나 누가는 이 모습을 교회의 이상적인 상으로 소개하고 있지는 않다. 신약성경의 어디에서도 이 공동생활을 동경하거나 이런 공동체로의 회복을 위해 노력하라고 충고하지 않는다. 다만 누가는 초기 예루살렘 교회의 공동생활을 필요에 의한 역사적인 모습으로 보도하고 있을 뿐이다.

7. 예수님께서 약속하신 대로 오순절에 성령이 오셨음을 강조하면서도 사도행전은 오순절을 교회의 출발점이나 교회의 탄생일로 보고 있지 않다. 교회, 즉 예수님을 주님으로 믿고 따르는 사람들은 이미 오순절 전에 있었다. 오순절의 성령의 오심은 예수님의 제자들이 복음을 전파하는 삶의 시작을 의미할 뿐이다. 교회의 출발점을 찾자면 성령의 강림에서가 아니라 예수님의 사역에서 찾아야 할 것이다.

생각해볼 문제

1. 사도행전은 어떤 책입니까?
2. 사도행전은 이름과는 달리 사도들이 한 일을 모두 기록해놓지는

않았습니다. 취사 선택된 내용만 들어와 있습니다. 사도행전의 내용을 선택하도록 한 기준은 무엇입니까?

3. 사도행전에서 '사도' 란 용어는 어떤 의미로 사용되었습니까?
4. 예루살렘 교회의 초기 공동생활에 사도행전은 어떤 의미를 부여했습니까?
5. 이방인들이 할례를 받는 등 율법을 지켜야 하는지를 의논한 예루살렘 회의가 기록되어 있는 것은 사도행전의 어디입니까?

제 3 부

바울서신

1. 바울의 생애와 서신

신약성경에는 바울 사도가 쓴 편지가 자그마치 열세 개가 포함되어 있다. 개수로 따진다면 신약성경 27권의 거의 절반에 해당한다. 이 편지들은 신약성경 중에서 최초로 기록된 문서들이다. 그의 선교 사역은 사도행전의 절반 이상을 차지한다. 굳이 이런 얘기가 아니더라도 바울 서신의 중요성을 부정할 사람은 아무도 없을 것이다. 로마서나 갈라디아서 등 기독교 교리와 교회사에서 지울 수 없는 공헌을 한 책들이 바울 사도의 편지이다. 바울 서신을 제대로 이해하는 것은 복음서를 이해하는 것 못지않게 중요한 작업이다.

저자가 한 사람이기 때문에, 열세 개의 편지를 다룰 때마다 일일이 저자에 관한 이야기를 하지 않기 위하여 바울의 생애를 별도로 취급한다. 그의 생애의 일반적인 윤곽 안에서 각 편지를 쓸 때 그가 처했던 특별한 상황만을 언급하는 것이 경제적인 방법이 될 것이다.

그러나 바울 사도의 생애를 연도별로 정확하게 재정리하는 것은 쉬운 일이 아니다. 그의 생애를 일목요연하게 보여주는 문서가 없기 때문이다. 신약성경 외에는 그의 생애에 관한 믿을 만한 글들이 별로 남아 있지 않다. 사도행전은 그가 로마에 도착한 것을 짧게 보도하고 2년 동안 그곳에 머물렀다고 말함으로써 끝난다. 사도행전과 바울 서신을 연결할 때 여러 가지 어려운 점이 발생한다. 따라서 어떤 서신들의 저작에 관한 얘기는 자연히 불분명할 수밖에 없다.

다음에 제시되는 모든 연대는 예수님의 생애를 연구할 때와 마찬가지로 대략적인 가치밖에 없다는 점을 기억하기 바란다.

다소 출신 사울

바울의 원래 이름은 사울이었다. 그는 길리기아의 다소에서 태어났다(행 21:39, 22:3). 이 도시는 지금의 터키 남쪽 해안의 동편 끝에서 내륙으로 조금 들어간 곳에 위치한다. 그는 유대인으로 베냐민 지파에 속했다. 그러나 그는 태어날 때부터 로마의 시민권을 가지고 있었다. 신학자들이 계산하는 그의 대략적인 출생 연도는 기원전 2년과 서기 10년 사이이다.

그의 조상이 언제부터 이곳에 정착했으며 무엇을 하고 있었는지는 알려져 있지 않다. 그러나 태어날 때부터 시민권을 가지게 되었다는 점에서 그 가족이 상당 기간 이곳에 살고 있었으며 적어도 로마가 인정할 정도의 부와 권력을 가지고 있었을 것이라고 추측할 수 있다.

유대인 사울

고국을 떠난 사람들이 고국에 대해 더 큰 애착심을 갖듯이 바울도 로마나 헬라 문화의 영향을 받기보다는 순수 유대인으로 자라났다. 이것은 그가 나중에 자신을 "히브리인 중의 히브리인"(빌 3:5)으로 자랑한 것을 통해 알 수 있다. 그는 헬라어를 말하고 쓰면서도 당시 유대인들이 사용하던 아람어도 알고 있었다. 어린 시절부터 유대인으로서 손색없이 자란 사울을 상상할 수 있다.

유대인으로 자라났다는 것은 혈통을 중히 여기며 할례를 하나님의 백성의 표로 생각하고 자부심을 가지고 살아간다는 것을 의미한다. 또 어린 시절부터 토라로 불리던 모세오경을 외우며 율법을 배워 지킨다는 것을 의미한다. 당시 권위 있는 책으로 수집되어 있던 구약성경은 유대인이 어려서부터 배우는 교과서였다. 이 책들을 통해 유대인들은 율법만이 아니라 유대인의 역사와 미래의 희망까지도 배울 수 있었다.

바리새인 사울

사울은 모든 유대인이 받는 정상적인 교육 이외에 랍비가 되는 특별한 교육을 받았다. 사울은 젊어서 예루살렘으로 가 당시 산헤드린에서도 권위 있는 사람이었던 가말리엘의 문하에 들어갔다(행 22:3).

당시에는 율법을 가르치는 유명한 두 학파가 있었다. 율법을 엄격하게 문자적으로 적용할 것을 가르치는 샴마이 학파와 변화하는 사회에 율법을 유동적으로 적용할 것을 가르치는 힐렐 학파였다. 사울의 스승이었던 가말리엘은 힐렐의 손자였다. 힐렐 학파가 더 개방적이요 율법을 적용하는 데 유연성이 있었다는 것을 사도행전 5장 34~39절에 수록되어 있는 가말리엘의 제안에서 알 수 있다.

사울은 다른 바리새인들과 마찬가지로 직업이 있었다. 양의 가죽이나 흑염소의 털로 천막을 만드는 것이었다(행 16:3). 이것은 당시 경건하게 살기를 원하는 유대인들이 가장 선호하는 직업이었다. 그러나 이 직업은 그의 생계를 유지하는 수단이었을 뿐 사울은 누구보다도 열심히 율법을 배우고 가르치고 해석하는 일에 몰두했다. 그는 자기 나이에 어울리지 않게 '나이 많은 사람들보다 더 열심히' (갈 1:14) 유대교와 조상의 유전에 열중하였다.

비록 그는 '청년' 이었지만 유대교에서의 그의 영향력은 적지 않았던 것으로 추측할 수 있다. 스데반이 성전과 율법을 모독했다는 이유로 처형당했을 때 증인들이 옷을 벗어 사울의 발 앞에 두었다(행 7:58). 이것은 그가 우연히 이 자리에 있었던 구경꾼이 아니라 스데반의 처형을 주도한 산헤드린과 관계있는 무시할 수 없는 사람임을 암시하는 것으로 보인다.

교회의 박해자 사울

사울의 이름이 성경에 처음 등장하는 것은 스데반의 순교 사건 때이다. 이 사건에서 그가 어떤 적극적인 역할을 맡았는지는 알 수 없지만 스데반의 죽음을 당연한 것으로 인정했다고 기록되어 있다(행 8:1).

잠시 후 사울은 교회를 핍박하는 박해자로 등장한다. 그는 다른 누구보다도 열심히 믿는 사람들의 집을 찾아내어 신자들을 잡아다가 옥에 넘겼다(행 8:3). 교인들이 흩어지자 사울은 기독교인을 찾아 예루살렘으로 끌어오기 위하여 대제사장의 명령서를 요청했고 다메섹으로 달려가는 열심을 보였다(행 9:2).

사울은 믿는 사람들을 가두고 때렸다(행 22:19). 강제로 하나님을 모독하는 말을 하도록 유도했고(행 26:11), 기독교인들을 죽일 때 찬성표를 던졌다(행 26:10). 이런 그의 모습을 누가는 '사울이 주님의 제자들을 향하여 살기가 가득했다' 고 묘사했는데(행 9:1), 이 한마디로 교회를 핍박한 사울의 모습을 충분히 연상할 수 있다.

사울의 회심

예수님을 믿는 사람들을 잡으러 가던 핍박자 사울은 다메섹으로 가는 길에 예수님을 만나면서 전도자 바울로 변했다. 해보다 더 밝은 빛이 그에게 비쳤고 그는 땅에 엎어졌다. '왜 나를 핍박하느냐?' 하는 예수님의 소리가 그에게 들렸고 사울은 '누구이십니까?' 라고 묻는다. 예수님이 '네가 핍박하는 예수다' 라고 말씀하실 때 사울은 앞을 보지 못하게 된다. 며칠이 지나서 아나니아의 안수를 받은 사울은 다시 보게 되었고 즉시 예수님을 전하는 전도자가 되었다.

무엇이 사울을 바울로 바꾸었는가? 적절한 대답은 하나뿐이다. 그는 살아 계신 예수님을 만났고 예수님과의 만남이 그의 모든 것을 바꾸어놓았다. 물론 우리는 사울에게 있었던 신비한 체험과 내적 변화를 그럴듯하게 설명할 수 있을 것이다. 그러나 가장 중요한 것은 그가 살아 계신 예수님을 만났다는 사실이다.

사울은 나사렛 예수에 대하여 적지 않게 알고 있었다. 심지어 그의 죽음도 알고 있었다. 십자가에 못 박힘으로 하나님의 저주를 받았다고 생각했다. 사울의 생각에 예수는 메시아일 수 없었다. 그는 예수의 제자들이 그렇게 죽은 예수가 부활한 후 승천했다고 전하고 다닌다는 것도 알고 있었다. 다만 사울은 이것을 믿지 않았다. 기독교인들이 거짓을 선전한다고 생각했다. 그러나 그에게 예수님께서 나타나심으로 기독교인들이 말하던 것이 사실로 판명되었던 것이다.

살아 역사하시는 예수님이 사울을 바꾸어놓으셨다. 살아 계신 예수님과의 만남이 그의 생애를 바꾸었다. 살아 계신 예수님을 만남으로써 예수님께 매인 사람 바울로 변화된 것이다. 서기 34년경의 일이었다.

전도자 사울

자신이 박해하던 예수님의 이름으로 세례를 받자 눈에서 비늘 같은 것이 떨어져 나오며 사울은 다시 보게 되었고 곧 예수님의 부활과 살아 계심을 전하는 전도자가 되었다(행 9:20). 그리고 예수님의 이름 때문에 박해를 받는 사람으로 처지가 완전히 뒤바뀌었다.

회심 후 사울의 행적은 그렇게 분명하지 않다. 사도행전과 바울 서신에는 단편적인 얘기가 소개되어 있다. 간략하게 정리해보면 다음과 같다.

다메섹에서 전도하던 사울은 핍박을 피하여 밤에 다메섹을 떠났다. 어느 때인지는 정확하게 알 수 없으나 그는 아라비아에서 3년을 보냈다(갈 1:15~17). 예루살렘에 올라가 바나바의 안내로 제자들을 사귀었고, 복음을 전하고 유대인들과 변론했다(행 9:26~29). 핍박을 피하여 가이사랴를 거쳐 고향인 다소로 돌아갔다(행 9:31).

어느 정도의 기간이 지났는지 모른다. 안디옥 교회에서 사역하던 바나바가 다소로 사울을 찾아갔고 사울은 그를 따라 안디옥 교회로 갔다. 그곳에서 사울은 바나바와 함께 1년 동안 가르쳤다(행 11:25~26). 유대 지역에 큰 흉년이 들자 안디옥 교회는 헌금을 모아 예루살렘 교회를 돕기로 하고 바나바와 사울을 보냈다(행 11:29~30). 이상이 우리가 정리할 수 있는 사울의 초기 전도자로서의 사역이다.

사도 바울

사울의 이름이 바울로 바뀌어 나오는 것은 제1차 전도여행 때이다. 안디옥 교회가 성령의 지시로 바나바와 사울을 안수하여 전도자로 파송했다(행 13:3). 구브로 섬의 한 도시인 바보에서의 사건을 기록하며 누가는 사울을 '바울'로 소개한다(9절). 이후 그는 더 이상 사울이란 이름으로 불리지 않았다. 이 이름을 사울의 사도명이라고 불러도 좋을 것이다.

바울은 편지를 쓸 때 자신을 예수님께서 보낸 사람, 즉 '사도'라는 명칭을 사용했다. 이것은 그가 자신을 과대평가한 것이 아니다. 주님께서 아나니아에게 이미 자신이 사울을 택하였으며, 그를 통하여 자신의 이름을 "이방인과 임금들과 이스라엘 자손들에게 전하기 위하여" 그렇게 했다고 알리셨다(행 9:15).

이후의 생애는 사도행전에 수록되어 있기 때문에 대략적인 연대표를 소개하는 것으로 그치려 한다.

연 대	생 애
서기 45~46년	제1차 전도여행(행 13:4~14:26)
	안디옥에 오래 머무름(14:28)
48년	예루살렘 방문(행 15:1~29)
50~52년	제2차 전도여행(행 15:40~18:22)
53~57년	제3차 전도여행(행 18:23~21:26)
57~60년	예루살렘과 가이사랴에서의 옥중 생활 (행 21:27~26:32)
60~62년	로마로 압송(행 27:1~28:31)

바울의 최후

바울 사도의 마지막에 대해서는 정확하게 알려진 것이 없다. 사도행전이 62년경 로마에서의 생활을 간략하게 보도하는 것으로 끝나는 점에 근거하여 62년에 처형당했다고 생각하는 사람들이 있는가 하면, 평소 바울 사도의 희망과 전설에 근거하여 62년경 석방되어 전도 활동을 계속하다가 65년경 다시 체포되어 참수형을 받았다고 주장하는 사람들도 있다.

후자의 설은 다시 두 가지로 나뉜다. 일시 석방된 바울 사도가 로마의 동쪽 즉 스페인으로 전도여행을 떠났다는 설과, 그가 과거에 설립했던 그리스와 소아시아 지역으로 다시 돌아와 전도와 목회를 계속했다는 설이다. 이 경우 추정할 수 있는 그의 활동 기간이 3년 정도이기 때문에 바울의 전도여행을 가능하면 복잡하게 설명하려 하지 않는 것이 일반적인 경향이다. 어떻든 확실한 것은 알려져 있지 않다.

바울 서신의 탄생

사도행전에는 바울 사도가 편지를 썼다는 기록이 전혀 나타나 있지 않다. 그 흔적도 보이지 않는다. 각 서신들은 수신자와 기록지, 편지를 쓰는 상황과 이유 등을 포함하거나 추정할 수 있게는 하지만 언제 기록되었는지에 관하여는 전혀 언급이 없다. 바울의 생애와 편지의 탄생을 연결하는 것은 사도행전과 서신의 상황을 분석 비교함으로써만 가능한데 학자들에 따라 의견이 분분한 실정이다. 대략적인 연대를 추정하면 표와 같다.

신학자들 중에는 바울 사도의 죽음이 65년이나 66년에 있었다는 가능성을 인정하면서도 디모데전서와 디도서는 제3차 전도여행 중인 56년경, 디모데후서는 로마 수감 생활 중인 62년경에 기록되었다고 주장하는 사람들도 있다. 이렇게 될 경우 목회서신과 내용적인 연관성이 있는 옥중서신 중 일부의 저작 연대와 장소가 재조정되어야 한다.

이러한 불확실한 역사는 우리에게 초대 교회 신자들은 바울 서신을 위시한 신약성경의 모든 책들이 언제 어디에서 씌었느냐에는 별로 관심을

연 대	서 신	생 애
서기 48년	갈라디아서*	안디옥
50년	데살로니가전서	제2차 전도여행 중 고린도
51년	데살로니가후서	제2차 전도여행 중 고린도
56년	고린도전서	제3차 전도여행 중 에베소
56년	고린도후서	제3차 전도여행 중 마게도냐
57년	로마서	제3차 전도여행 중 고린도
61년	골로새서**	로마
61년	에베소서**	로마
61년	빌레몬서**	로마
62년	빌립보서**	로마
(64년)***	디모데전서	
(64년)***	디도서	
(65년)***	디모데후서	

* 갈라디아라는 지명이 지금의 터키 남부 지역이라고 볼 때 추정되는 연대이다. 갈라디아가 지금의 터키 북쪽 지역이라고 할 때 이 저작 연대는 56년경으로 잡힌다. 저작 장소는 남부설의 경우 안디옥이, 북부설의 경우 마게도냐의 어느 도시가 유력하다.

** 이 네 개의 편지를 옥중서신이라고 부른다. 학자들 중에는 이 편지들이 로마가 아닌 다른 옥중에서 기록된 것이라고 주장하기도 한다.

*** 괄호로 묶은 목회서신의 연대는 바울 사도가 로마에서 석방되어 3~4년 정도 더 전도 사역을 했다는 것을 가정하고 추정하는 연대이다. 만약 바울의 생애가 62년에 죽음으로 끝났다면 이 서신들의 연대는 적어도 10년 앞당겨진다.

갖지 않고 그 내용이 무엇이며 교회가 이 책들을 어떻게 사용할 것인가에 주된 관심을 가지고 있었다는 것을 알려준다. 우리도 바울 서신을 읽을 때 바로 이 점을 잊지 말아야 한다.

신약성경에 이 서신들은 씌인 연대순으로 수록되어 있지 않다. 초대 교회는 열세 개 서신들 중에서 중요하고 긴 편지들을 앞쪽에 수록한 것으로 보인다. 우리는 신약성경의 순서를 따를 것이다.

바울 서신의 일반적 특징

1. 바울 서신은 대체로 당시의 편지 형태를 따르고 있다. 서두에 이 글을 쓴 사람은 바울임을 밝혀놓았다. 그러나 바울은 자신의 이름에 '예수 그리스도의 종' 또는 '사도' 라는 명칭을 결합함으로써 이 글이 개인적인 자격이나 용무에서 나온 것이 아니라 교회를 세우고 지도하는 예수님의 대리인의 자격으로 그렇게 하는 것임을 알리고 있다. 따라서 이 편지를 받는 사람은 개인이든지 교회든지 이에 상응하는 자세로 이 편지를 읽고 실행할 것을 요구한다.
2. 바울 서신의 배후에는 대개 바울 사도가 전도하여 세운 교회가 전제되어 있다. 바울 사도는 예수님을 믿고 예수님의 사명을 위임받은 사도로서 예수님을 믿는 사람들에게 이 편지를 썼던 것이다. 즉 바울 서신이 쓰이기 전에 바울 사도의 복음 전도가 있었고 그 결과로 탄생한 교회가 있었다. 믿는 자가 믿는 자(들)에게 쓴 편지인 것이다. 따라서 서신의 내용을 무색의 중립적인 사람들에게 쓰는 것으로 이해해서는 안 된다.
3. 바울 서신은 상황성이 강한 글들이다. 바울 사도는 글을 쓰기보다는 직접 찾아가 사람들을 대면하고 직접 문제들을 처리하고 싶어 했다(참조, 고후 12:19~13:2). 그러나 그는 그곳으로 달려갈 수가 없었다. 그래서 어쩔 수 없이 글을 썼던 것이다. 바울 사도가 글을 쓸 수밖에 없었던 상황이란 그가 전도하여 탄생시킨 여러 교회에 일어나는 실제 문제들에 있었다. 이제 막 기독교인이 되고 그리스도와 함께 새로운 삶을 살아가기 시작한 사람들에게 특수한 문제들이 발생한 것이다. 바울 사도는 교회가 당하는 심각한 어려움을 전해 들었지만 자신이 직접 갈 수 없는 상황에서 이 문제들을 우선 글을 통해서라도 다루려고 했다. 따라서 예수님을 믿는 사람들이 그때 그곳에서 어떤 어려움을 갖게 되었는가 하는 역사적인 질문들이 바울 서신을 이해하는 열쇠가 된다.
4. 하지만 바울 서신은 역사적으로 잠시 나타났다가 없어진 한시적인 문제만을 다루고 있어서 지금은 그의 편지를 더 이상 읽을 필요가 없다

고 말해서는 안 된다. 역사적인 문제들을 취급하고 조절하며 교정하는 그의 서신에는 분명히 시대를 초월하는 진리의 요소가 들어 있다. 따라서 바울 서신의 상황적 요소들을 분석하여 구체적이고 역사적인 교회의 모습과 문제를 이해하면서도, 이러한 것을 다루는 바울 사도의 진지한 글 속에서 우리에게도 적용되는 영원한 진리를 찾을 수 있어야 할 것이다.

생각해볼 문제

1. 바울 서신은 몇 개입니까?
2. 회심 전의 사울에 관하여 아는 것을 적어보십시오.
3. 무엇이 사울을 바울로 바꾸었습니까?
4. 언제부터 사울의 이름이 바울로 바뀌었습니까?
5. 바울은 언제 어디에서 죽었습니까?
6. 바울 서신의 일반적 특징들을 기록하십시오.

2. 로마서

로마서는 바울 서신 중에서 가장 조직적이고 교리적인 서신으로 알려져 있다. 로마서는 서신이라기보다는 한 편의 신학 논문과 같은 인상을 풍긴다. 이 책을 통하여 그리스도를 발견하거나 회심에 이른 기독교인들이 얼마나 많았던가! 기독교에 미친 영향력은 또 얼마나 컸는가! 신학자들이 로마서를 가장 위대한 서신으로 꼽는 것은 결코 잘못된 일이 아니다.

역사적 상황

바울 사도가 로마서를 쓴 것은 그의 전도 사역이 한창 무르익었던 제3차 전도여행 중이었다. 로마서가 보여주는 상황을 사도행전에서 찾아보면 사도행전 20장 1~3절에 해당하는 기간이다. 바울은 고린도의 가이오 집에 머물면서(롬 16:23; 고전 1:14) 마게도냐와 아가야(지금의 그리스) 지방의 성도들이 예루살렘 교회의 가난한 자들을 위하여 헌금한 것을 가지고 예루살렘으로 갈 것을 기다리는 서기 57년경(롬 15:25~26) 이 편지를 썼다.

이때 그는 자신이 사역하던 그리스나 마게도냐 소아시아에서 이제는 '일할 곳이 없다' 라고 생각하고 있었다(23절). 그는 전도 사역의 확장을 염원하면서 예루살렘에서 로마를 거쳐 스페인으로 가고 싶어 했다(24, 28절). 이것은 오래전부터 그가 가지고 있던 꿈이었다(1:13). 그러나 그의 꿈은 번번이 꺾이고 말았다(15:22). 이 편지를 쓸 때 그는 다시 한번 이러한 기회가 오기를 꿈꾸고 있었다(1:10). 그의 삶의 목표는 땅 끝까지 복음을 전하는 것이었고, 그렇게 로마를 거쳐 멀리 스페인까지 가려고 했던 것이다.

이런 계획을 세우면서도 바울 사도는 자신의 미래를 알 수 없었다. 그를 따라다니는 박해를 피해 로마에까지 가는 것이 가능할지조차 몰랐다. 그에게는 다만 희망이 있을 뿐이었다. 그래서 로마의 성도들에게 자신과 자신의 꿈을 위해 기도해줄 것을 당부했다(롬 15:30~32).

그가 이 편지를 쓴 이유는 로마에 있는 기독교인들을 방문하고 그들의 믿음을 굳게 하려는 자신의 계획을 알리고 준비하기 위해서였다(1:11~15). 가능하다면 바울 사도는 스페인에서의 전도 사역을 로마의 교인들에게서 재정적으로 후원받고 싶어 했다(15:24).

수신자

이 편지의 수신자는 로마에 살고 있던 로마 교회의 기독교인들이다(1:7). 로마에 정확하게 언제 교회가 세워졌는지는 알 수 없지만, 이 편지를 쓸 때 그들의 믿음이 '온 세상에 전파되어 있었다'(8절). 이것을 통해 서기 57년보다 훨씬 이전에 로마 교회가 설립되었다고 추정할 수 있다.

바울 사도가 로마 교회의 소식을 듣게 된 것은 제2차 전도여행 기간 중 만난 아굴라와 브리스길라를 통해서인 것으로 추정된다. 서기 49년경 글라우디오가 유대인들을 로마에서 추방한 사건을 역사가 수에토니우스는 크레스투스라는 사람의 선동에 의해 야기된 폭동 때문이라고 기록했는데, 이 이름은 아마도 그리스도라는 이름을 나름대로 표기한 것으로 보인다. 이 기록 역시 로마 교회의 역사가 오래되었다는 것을 증명한다.

사도 중 누구도 49년 이전에 로마에 가거나 그곳에서 교회를 세운 적이 없다. 로마 교회를 베드로 사도가 세웠다는 전설은 믿을 만한 것이 못 된다. 로마서나 사도행전이 베드로 사도나 로마 교회의 사도적 권위에 관하여 한마디 말도 없다는 것은 이상한 일이 아니다.

로마에는 적지 않은 유대인이 살고 있었다. 로마의 유대인들은 팔레스틴 지역을 자주 왕래하였다. 사도행전 2장의 오순절 사건 때 예루살렘 성전에는 로마에서 온 순례객들, 즉 '유대인과 유대교에 입교한 사람들' 도 포함되어 있었다(행 2:10). 이들 중에 기독교인이 된 사람들도 있지 않았을까?

로마에서 살던 유대인들은 기원전 61년경에 폼페이우스 장군이 노예로 끌고 간 사람들의 후손이다. 이들은 나중에 자유인이 되어 예루살렘에 정착하기도 했다. 사도행전 6장에 보면 이들은 해방인들(리버디노)의 회당을 조직하고 있었다. 이들 중에도 기독교인이 된 사람들이 있었을 것이라고 추측하는 것은 어렵지 않다. 스데반의 순교 이후 기독교인들이 도망쳐 사방으로 흩어졌다면 이런 유대인들은 로마로 돌아갔을 수도 있다. 어떻든 로마와 관련 있는 유대인들 또는 로마인들 중 기독교인이 된 사람들이 있었고 이들을 통해 로마 교회가 세워졌다고 추측할 수 있다.

로마서를 참고하면 로마 교회는 유대인들과 로마인들이 혼합되어 있던 교회로 보인다. 글라우디오의 명령은 유대인들을 추방하는 것이었으므로 로마인들은 그냥 남아 있었을 것이다. 글라우디오가 죽은 서기 54년 이후 추방당한 유대인들도 로마로 돌아갈 수 있었을 것이다. 사도행전에 고린도와 에베소에 살았던 것으로 보이는 많은 이름들이 로마 교회에 있는 것으로 언급된 16장도 이 점을 보충해준다. 바울 사도가 로마서를 쓰던 57년경에 아굴라와 브리스길라도 로마에 있었다. 사도행전 28장에 따르면 바울 사도가 로마에 도착했을 때 로마에 사는 '형제들' 이 압비오 저자와 삼관까지 마중을 나왔다는 것도 빠뜨릴 수 없다(행 28:15).

로마 교회의 상황에 대해서는 어디에서도 특별한 암시를 발견할 수 없다. 앞에서 말한 것처럼 바울 사도가 로마서를 쓰게 된 것은 순전히 자신의 전도여행과 앞으로의 계획과 관련된 것 같다. 즉 로마서를 쓰게 한 로마 교회의 특수한 상황이 없었다는 것이다. 그러나 바울 사도가 로마서를 쓸 때 로마 교회를 염두에 두고 있었다는 점을 잊어서는 안 된다. 로마 교회의 교인들이 꼭 알아야 할 내용들을 바울 사도가 로마서에 체계적으로 기록했다는 말이다. 특히 로마 교회가 사도들에 의해 세워진 교회가 아니라는 점 때문에 바울 사도는 복음의 본질이 무엇인지를 다른 어떤 서신에서보다 더 자세하게 다루고 있다.

중요 주제

1. 로마서의 중요 주제는 복음이다. 바울 사도는 이 복음을 로마에 있는 교인들에게도 전하고 싶다고 했다(1:15). 복음은 구원하시는 하나님의 능력이다(16절). 특히 그는 이 복음을 '의' 또는 '칭의'와 연결하여 설명했다. 예수님의 사역을 통해 하나님의 의가 나타났다(3:21). 이 의는 모든 믿는 사람들에게 주어지는 하나님의 의이다(23절). 죄인들은 예수 그리스도를 믿음으로 "그리스도 예수 안에 있는 속량으로 말미암아 하나님의 은혜로 값없이 의롭다 하심"을 얻는다(24절). 로마서에서 복음이란 예수님을 믿는 자를 의롭다고 선언하시는 이신칭의의 복음이다.
2. 사람을 의롭다고 하시는 하나님의 행위는 예수님의 구속 사역으로 가능해졌다. 이 점에서 바울 사도는 '화목' 또는 '화목 제물'이란 단어를 사용했다. 예수님의 십자가는 죄에 대한 하나님의 분노를 사그러뜨리기 위해 하나님께서 정하신 방편이었다. 예수님께서 인간의 죄를 대신하여 하나님의 형벌을 받으심으로써 하나님의 분노와 거룩성이 충족되었고 인간을 용서할 수 있는 근거가 되었다. 하나님의 의와 하나님의 사랑이 동시에 성취된 것이다. 예수님을 믿는 사람들은 이제 예수님과 함께 죽고 예수님과 함께 산 것으로 취급된다. 율법이 아니라 하나님의 은혜, 즉 화목 제물이 되신 예수님의 대속으로 구원을 얻는다는 것이 로마서의 복음이다.

3. 은혜의 복음이 적용되는 대상에는 어떤 구분도 있을 수 없다. 복음은 유대인만이 아니라 모든 이방인들에게 차별 없이 적용된다. 모든 사람들은 하나님 앞에서 다 같은 죄인이기 때문이다(1:18~3:20). 죄인에게 복음이 전파되고 하나님의 은혜가 주어진다. 모든 사람들을 구원하는 복음은 하나뿐이며 차별이 없이 적용된다는 것이 로마서의 또 하나의 주제이다.
4. 예수님을 믿어 은혜로 구원을 얻은 사람은 죄와 율법으로부터 해방되고 성령으로 말미암는 자유를 얻는다(8장). 이것을 바울 사도는 종과 자유자 또는 살아 있는 남편에게 매인 여인과 남편이 죽어 자유롭게 된 여인으로 비유한다.
5. 이스라엘에 대한 하나님의 성실하심이 강조되고 있다. 이스라엘에게 하신 하나님의 약속은 오직 예수 그리스도의 복음을 통해서만 성취된다. 유대인들이 이 복음을 거부한 것은 유감스러운 일이지만 하나님께서 결코 이스라엘을 잊지 않으실 것이다. 모든 백성들이 주님께 돌아온 후에 이스라엘도 이 유일한 복음을 통하여 구원을 얻을 것이다.

내용 분해

1. 서언(1:1~17)
   1) 인사(1:1~7)
   2) 바울의 계획(1:8~15)
   3) 주제 : 복음이란(1:16~17)

2. 모든 사람은 하나님 앞에 죄인임(1:18~3:20)
   1) 이방인의 죄(1:18~32)
   2) 유대인의 죄(2:1~3:8)
   3) 의인은 하나도 없음(3:9~20)

3. 믿음으로 말미암는 칭의의 복음(3:21~5:21)

1) 이신칭의의 근거인 예수님의 대속적 죽음 : 하나님의 의의 계시 (3:21 ~26)

2) 모든 사람이 믿음으로 의롭다 함을 받음(3:27~31)

3) 이신칭의의 증인인 아브라함 : 믿음의 조상(4:1~25)

4) 이신칭의가 우리에게 의미하는 것(5:1~11)

5) 아담과 그리스도 : 범죄와 사망의 조상 대(對) 의와 생명의 대표 (5:12~ 21)

4. 이신칭의의 결과 : 죄에 대하여 죽고 의에 대하여 삶(6:1~8:39)

1) 세례로 예수님의 죽음과 부활에 연합함(6:1~14)

2) 죄의 종과 의의 종 : 죄에서 해방되고 의에 얽매임(6:15~23)

3) 남편 있는 여인과 자유케 된 여인의 비유(7:1~6)

4) 죄와 사망의 법을 따른 절망적인 삶과 하나님의 법인 그리스도 (7:7~25)

5) 생명과 성령의 법을 따르는 희망적인 삶과 소망(8:1~39)

5. 이스라엘의 과거, 현재와 미래(9:1~11:36)

1) 이스라엘의 복된 과거(9:1~5)

2) 폐하여지지 않는 하나님의 약속(9:6~33)

① 하나님의 선택을 따른 약속의 자녀가 참 이스라엘(9:6~14)

② 하나님의 긍휼을 통해 이어져온 축복(9:15~18)

③ 하나님의 주권에 대한 변증(9:19~23)

④ 남은 자와 믿는 이방인에게 성취되는 하나님의 약속(9:24~33)

3) 이스라엘의 실패 이유 : 하나님의 의이신 예수님을 믿지 않음 (10:1~ 21)

4) 믿음을 통한 이스라엘의 구원에 대한 예언과 기대(11:1~36)

6. 실생활에 대한 사도적 권면(12:1~15:13)

1) 산 제사로 부름(12:1~2)

2) 사랑으로 서로를 섬기도록 주신 교회에서의 역할들(12:3~13)

3) 핍박하는 사람들과 이웃에 대한 충고(12:14~21)

4) 시민의 의무(13:1~7)

5) 선한 행동의 원리인 사랑(13:8~10)

6) 시기에 대한 각성 촉구(13:11~14)

7) 서로 비판하거나 판단하지 말 것(14:1~13)

8) 음식에 대한 교훈(14:14~23)

9) 서로 용납하고 도와줄 것(15:1~13)

7. 결언(15:14~16:27)

1) 편지를 쓴 이유(15:14~21)

2) 전도여행 계획과 기도 부탁(15:22~33)

3) 인사(16:1~16)

4) 미혹과 분쟁에 대한 경고(16:17~20)

5) 동역자들의 인사(16:21~24)

6) 찬송(16:25~27)

생각해볼 문제

1. 로마서는 누가 언제 어디에서 썼습니까?
2. 로마서의 수신자는 누구이며, 바울은 왜 이 편지를 썼습니까?
3. 로마 교회는 누가 언제 세웠습니까?
4. 바울 사도는 로마서에서 복음을 무엇과 연관 지어 설명했습니까?
5. 이신칭의의 근거가 되는 것은 무엇입니까?

3. 고린도전서

고린도전서는 바울 사도가 자신이 전도하여 세운 고린도 교회에 보낸 편지로서 로마서, 고린도후서, 갈라디아서와 함께 바울의 주요 4서신에 속한다. "내가 너희에게 쓴 편지에……"(고전 5:9)라는 문구는 이 편지 이전에 바울 사도가 고린도 교회에 또 하나의 편지를 보냈을 것이라고 추측하게 한다. 그러나 그 편지는 전해져 내려오지 않는다. 고린도전서는 고린도 교회 교인들에게 앞서 보낸 편지에 대한 오해를 수정하려는 목적도 가지고 있다. 바울 사도는 고린도 교회에 발생한 심각한 문제들을 다루고 그들의 질문에 답하며 자신의 사도적 답변을 전하기 위하여 이 편지를 썼다.

역사적 상황

바울 사도가 고린도전서를 썼던 역사적 상황에 대한 정보는 사도행전과 고린도전서 자체에서 발견할 수 있다. 사도행전 18장에 따르면 바울 사도는 제2차 전도여행에서 처음으로 고린도를 방문한다. 그곳에서 그는 아굴라와 브리스길라 부부를 만났다. 돈이 떨어진 사도는 그들과 함께 천막을 만들며 1년 반을 전도에 열중하여 교회를 세웠다. 이 사역에는 실라와 디모데가 함께했으며, 회당장 그리스보와 그 온 식구가 예수님을 믿었고 허다한 사람들이 믿음의 길에 들어섰다(8절). 어려운 일들이 있었으나 하나님께서 사도를 격려하셨고(10절) 그 결과 고린도 교회가 세워졌다.

바울 사도는 아굴라와 브리스길라 부부를 데리고 에베소로 갔으며 그곳에 두 사람을 남겨두고 가이사랴, 예루살렘을 거쳐 안디옥으로 돌아갔다. 에베소에서 이 두 사람에게 가르침을 받은 아볼로가 고린도 교회에 있을 때 바울 사도가 에베소에 도착하여 약 3년을 머물며 사역하였고 때때로 다른 곳으로 전도여행을 다녀오곤 했다.

바울은 디모데를 마게도냐로 보냈고(행 19:21), 고린도 교인들이 고린도전서를 받은 잠시 후 디모데가 고린도에 도착하여 그곳에 얼마간 있다가 다시 자신에게로 돌아올 것을 기대하고 있었다(고전 16:10~11). 이 편지를 쓸 때 아볼로는 에베소에 와 있었다. 바울은 그를 고린도로 보내려 했으나 아볼로가 원치 않았다(고전 16:12).

바울 사도는 오순절 때까지 에베소에 있다가 마게도냐를 거쳐 고린도에 가서 당분간 머물 계획을 하고 있었다(16:5~8). 바울은 그곳에서 겨울을 보낸 후 교인들이 모은 헌금을 가지고 예루살렘으로 갈 뜻이 있었다(16:1). 이후의 사건은 사도행전 20장 3~6절이나 로마서 16장 23절로 연결된다. 이러한 상황을 감안할 때 고린도전서는 제3차 전도여행 중인 서기 56년경 에베소에서 기록된 것으로 보인다.

바울 사도가 에베소에 머물면서 전도하고 교회를 돌보는 동안 고린도 교회의 좋지 않은 상황들을 여러 경로를 통해 알게 된 것이 이 편지를 쓰게 된 직접적인 동기였다. 그는 이미 고린도전서 5장 9절에 언급한 편지로 고린도 교회의 문제를 해결하려 했으나 성공하지 못했던 것으로 보인다. 글로에의 집에서 온 소식(고전 1:11)과 아볼로가 전해준 소식(참조, 16:12)은 그가 기대하던 좋은 소식이 아니었다. 우선 급한 대로 디모데를 고린도에 보냈으나(행 19:22; 고전 4:17), 디모데가 도착하여 문제를 정리하기 전에 고린도 교회에서 편지를 가진 대표단(아마도 스데바나와 브드나

도와 아가이고, 참조, 16:17)이 바울에게 왔다(7:1). 이렇게 알게 된 고린도 교회의 사정이 매우 급박하다는 것을 깨달은 바울 사도는 급히 이 편지를 기록한 것으로 보인다.

수신자

고린도는 아가야 지방의 끝에 위치하고 있으며, 펠로포네스 반도와 아가야(그리스 본토)를 연결하는 지형학적으로 아주 중요한 곳에 세워진 큰 도시였다. 이 연결점은 약 6킬로미터의 좁은 지협으로 되어 있다. 이 지협의 서쪽 끝에는 레기움이란 항구가, 동쪽 끝에는 겐그레아란 항구 도시가 세워져 있다. 고린도는 그사이에서 중심 역할을 하는 항구 도시로 아가야 지방의 수도였다. 고린도는 해상 교통과 육상 교통의 중심지로서 상업이 번창할 수밖에 없었다.

고린도에는 온갖 종류의 사람들이 모여들었으며 여러 가지 범죄와 도덕적 타락이 고린도의 대명사가 되어 있었다. 고린도에는 옛날부터 아프로디테 신전이 세워져 있었는데 이 신전을 중심으로 매매춘이 성행했다. 약 1천여 명의 매춘부가 일하고 있다는 과장된 보도가 남아 있을 정도이다. 이런 일들이 고린도 교회에 보내는 편지를 이해하는 일반적인 배경이 되는 것은 틀림없다.

고린도 교회의 상황은 이 편지를 통해서 잘 분석할 수 있다. 바울 사도가 떠난 후 교회에는 여러 가지 오해와 기이한 현상들이 발생했다. 교인들 중에 분열이 있었다. 교인들은 각기 바울파, 베드로파, 아볼로파, 그리스도파로 나뉘었다(1:12). 영혼을 중시하고 육체를 천시하는 헬라 철학의 이원론이 교인들의 마음을 파고들어왔다. 그 결과 영적 생활에 골몰하면서도 육체의 욕망에는 무관심하거나 무절제한, 또는 정반대로 결혼과 성을 죄악시하는 도피적인 생활 태도가 등장했다(참조, 5:1~2, 7:1). 어떤 사람들은 성령에 호소하는 열광적이고 감정적인 신앙 형태를 찾았다. 반대로 육체의 천시는 육체의 부활이 불필요하다는 사고를 낳았다. 근친상간도 있었다. 교회에서 일어나는 이 모든 문제들이 바울 사도의 가슴을 아프게 짓눌렀고 서둘러 편지를 쓰도록 자극했다.

중요 주제

1. 교인들의 분열에 대하여 바울 사도는 교회의 하나 됨을 강조했다. 복음을 전하거나 세례를 베푼 사람들은 믿는 것이나 권위의 차이를 만들어 내는 것이 아니라 구원을 이루신 그리스도의 복음에 봉사하는 자들이다(1:10~17). 성령의 은사의 차이 또는 직분이나 직무의 차이는 서로 대립하도록 주신 것이 아니라 연합하여 하나님의 교회를 세우기 위함이다(12:4~6). 모든 사람이 그리스도의 몸이 되어 각기 성령께서 나누어 주신 능력에 따라 직무를 이행할 뿐이다(12:4~6). 모두가 같은 믿음, 같은 소망, 같은 사랑을 가지고 있다. 특히 바울 사도는 분열된 사람들의 화합을 목적으로 '사랑이 제일이다'(13:13)라고 충고했다.
2. 교회의 일체성과 관계하여 바울 사도는 약한 자들과 그들의 양심을 고려하여 행동할 것을 충고했다. 이것은 특히 먹는 문제와 관계하여 언급되었는데(8:1~3, 10:23~33), 먹는 문제가 교리적인 가치가 있는 것은 아니지만 자신의 행동이 다른 교인들, 그들의 약한 양심이나 믿음을 해하는 것이 되어서는 안 된다는 충고이다.
3. 바울 사도는 성령의 은사, 특히 예언과 방언의 문제에 관심을 기울였다. 그는 방언의 영적 가치를 부정하지 않으면서도(14:5) 그 기능을 극히 제한했다. 방언을 말하는 사람들은 자기의 덕을 세운다. 그러므로 방언은 통역하는 사람이 있을 때에만 교회에서 말할 수 있다(14:28). 믿음에 대한 증거와 주님의 이름으로 주어지는 충고인 예언은 이에 비해 높이 평가했다. 그것을 통해 복음이 확장되고 교회가 세워질 수 있기 때문이다. 이 문제를 다루며 그는 무엇보다 교회의 질서를 중요시했다. 기독교인들이 모이는 곳은 시장판처럼 되어서는 안 되었다. 영적 은사의 경쟁이나 파벌 형성은 교회의 질서를 파괴하는 것이다. 심지어 예언

을 해도 질서를 지킬 것을 요구했다. 질서와 관계하여 바울 사도는 여성이 긴 머리를 하든지 아니면 머리에 두건을 쓸 것을 말했다. 그리고 여성들이 교회에서 말하거나 남자들을 주관하려는 태도를 허락하지 않았다.

4. 성만찬 예식에서도 바울 사도는 서로를 향한 사랑과 연합을 강조했다. 당시 고린도 교회의 성만찬은 어떤 사람은 자기의 만찬을 먼저 갖다 먹고 어떤 사람은 취하여 그 의미가 상실되고 있었던 것으로 보인다.
5. 고린도전서의 많은 부분이 헬라 철학의 영향을 받은 이원론을 공격하고 복음의 가치를 재정립하는 것과 관계되어 있다. 이 이론에 따르면 인간의 육은 악하고 영은 선하다. 영혼은 신에게서 나온 것이며 인간이 가진 신적 부분이다. 인간의 영을 강조하는 사람들은 자신의 영을 성령과 동일시하기도 하고 자신의 지혜와 지식에 무비판적인 독단적인 사람이 되기도 한다. 이에 비해 바울 사도는 인간의 지혜와 하나님의 지혜를 구분하고 인간의 영과 성령을 뚜렷이 구별하여 인간의 지혜를 어리석은 것으로 규정하고 있다(1:18~25). 복음은 인간의 지혜를 따라 된 것이 아니라 하나님의 능력과 지혜를 따른 것이다. 그리스도는 하나님에게서 와서 우리의 지혜와 의로움과 거룩함이 되셨다. 이원론의 육체에 대한 경멸과 천시, 육체적 부활의 부인에 대하여도 바울 사도는 많은 경고를 수록했다. 그는 그리스도의 육체적 부활을 강조하며(6:14) 신자의 육체를 성령의 전으로 설명했다(6:19). 따라서 이 성전으로 방탕과 음란과 간음에 참여해서는 안 된다. 그는 인간의 육체의 부활을 그리스도의 부활 사실과 연결하여 설명했다(15장).

내용 분해

1. 서언(1:1~9)
    1) 인사(1:1~3)
    2) 감사와 희망(1:4~9)

2. 고린도 교회의 문제들을 다룸(1:10~6:20)

1) 분쟁에 관하여(1:10~4:21)

① 네 당파와 자신에 대한 변론(1:10~17)

② 세상의 지혜, 참된 지혜, 하나님의 능력인 그리스도의 복음 (1:18~2:16)

③ 육에 속한 자와 신령한 자 : 사람을 자랑하지 아니함(3:1~23)

④ 복음 전도자의 역할(4:1~5)

⑤ 교만한 자들에 대한 경고와 바울의 계획(4:6~21)

2) 음행에 관하여(5:1~13)

3) 이교 법정에의 소송에 관하여(6:1~10)

4) 그리스도의 지체(6:11~20)

3. 고린도 교회의 질문에 대한 답변(7:1~15:58)

1) 결혼에 관하여(7:1~40)

① 결혼의 의미와 가치(7:1~7)

② 선택의 문제(7:8~11)

③ 회심 전의 상태를 지키며 유익을 구할 것을 권고함(7:12~24)

④ 결혼하지 않은 사람들에게 주는 충고(7:25~40)

2) 우상의 제물에 관하여(8:1~11:1)

① 복음적 지식을 따르는 자유(8:1~6)

② 이교 문화에 물든 양심을 위한 자유의 억제 필요성(8:7~13)

③ 자신의 권리와 자유를 희생한 예(9:1~27)

a. 전도자의 생활 대책 요구권을 쓰지 않음(9:1~16)

b. 복음을 위하여 자신의 자유를 포기하고 복음의 종이 됨 (9:17~27)

④ 우상숭배를 피할 것(10:1~23)

a. 신령한 음식을 먹으며 우상을 숭배한 이스라엘의 예(10:1~15)

b. 주의 잔과 귀신의 잔을 겸하여 마실 수 없음(10:16~23)

⑤ 다른 사람의 양심을 위하여 자유를 희생할 것(10:24~11:1)

3) 예배의 질서에 관하여(11:2~14:40)

① 예배 시에 여자들이 머리에 쓰는 것에 관하여(11:2~16)

② 성만찬을 준비하고 거행하는 것에 관하여(11:17~34)

③ 영적 은사의 사용에 관하여(12:1~14:40)

a. 한 성령, 다양한 은사(12:1~11)

b. 은사의 통일성 : 몸과 지체의 비유(12:12~31)

c. 더 큰 은사 : 제일 좋은 길로서의 사랑(13:1~13)

d. 덕과 교회의 질서를 위한 제한(14:1~40)

• 공적 예배 시의 방언 제한과 예언의 우월성 강조(14:1~33)

• 여성이 교회에서 말하는 문제(14:34~35)

• 적당하고 질서대로 할 것(14:36~40)

4) 육체의 부활에 관하여(15:1~58)

① 그리스도의 부활 사실(15:1~11)

② 그리스도의 부활이 육체적 부활을 증거함(15:12~19)

③ 부활의 첫 열매인 그리스도(15:20~28)

④ 부활이 없으면?(15:29~34)

⑤ 어떻게 부활하는가?(15:35~58)

4. 결언(16:1~24)

1) 헌금에 관하여(16:1~4)

2) 앞으로의 계획(16:5~9)

3) 인사와 부탁(16:10~24)

생각해볼 문제

1. 고린도전서는 누가 언제 어디에서 썼습니까?
2. 고린도전서의 수신자는 누구이며 그 상황은 어떠했습니까?
3. 교인들의 분열과 관계하여 바울 사도는 고린도전서에서 무엇을 강조했습니까?
4. 성령의 은사와 관계하여 바울 사도가 충고한 것은 무엇이었습니까?
5. 이원론적 사고와 삶에 대항하여 육체적 부활을 강조한 것은 고린도전서의 어디에 수록되어 있습니까?

4. 고린도후서

고린도 교회에 보낸 편지는 고린도 교회가 다른 어떤 교회보다도 바울 사도를 괴롭게 하고 슬프게 했음을 암시하고 있다. 특히 고린도후서는 다른 어떤 서신보다 개인적이고 감정적인 면을 포함하고 있다. 고린도후서는 고린도 교회에 발생한 문제들을 다루기 위해 바울 사도가 쓴 편지 중 아마도 네 번째 편지에 해당한다. 고린도전서는 두 번째 편지였다. 전서를 보내고 난 후 한 편지, 소위 눈물의 편지를 보냈고 이 편지는 고린도 교회에 보내는 마지막 편지이자 결론적인 편지라고 보아야 할 것이다.

역사적 상황

고린도전서를 보낸 후 바울 사도는 기대하지 않았던 사태로 인하여 자신의 계획을 바꾼 것으로 보인다. 고린도전서를 기록했을 때 그는 에베소에 좀더 있다가 마게도냐를 거쳐 고린도에 가서 겨울을 보내고 예루살렘으로 가려고 했다. 그러나 고린도 교회의 상황이 의외로 심각했고 오히려 악화되었다는 소식을 듣고 급히 고린도 교회로 떠났다. 이것은 그의 두 번째 고린도 방문이었다(13:2). 두 번째 방문에서 바울 사도는 굴욕을 당하고 교회를 화해시키는 일에 성공하지 못한 것으로 보인다.

고린도에 두 번째 방문했을 때 사도는 고린도에 직접 가서 문제를 해결하고 마게도냐로 갔다가 다시 고린도로 가려고 했다(1:15 이하). 하지만 고린도에서 만난 적대자들의 공격으로 인하여 바울은 곧바로 에베소로 돌아오고 말았다. 그는 고린도를 불원간에 세 번째 방문하려던 계획을 포기하고(1:23) 대신 소실된 다른 한 편지를 썼다(이 편지는 소위 '슬픔의 편지' 또는 '눈물의 편지' 라고 불리는데 고린도후서가 지적하는 먼젓번 글, 즉 2:3~4, 9절, 7:8~9의 내용이 고린도전서와는 전혀 다름으로 인하여 추측하는 것이다).

준엄하게 고린도 교인들을 꾸짖어 마침내 회개하도록 만든 이 눈물의 편지는 디도가 고린도 교회에 가지고 갔다(8:16, 12:18). 이 편지와 디도의 사역은 효과가 있었다. 교인들은 회개하였고 불의한 자들을 징계했으며 속히 바울을 보기 원했다(7:7~11).

디도를 보낼 때 에베소의 상황도 좋지 않았다(1:8~10). 바울 사도는 곧 에베소를 떠나야 한다고 생각하며 디도가 돌아올 때 드로아에서 만나기로 약속했다. 약속한 드로아에서 디도를 만나지 못하여 바울 사도는 불안한 가운데 마게도냐로 갔다(2:13). 마게도냐에서 바울 사도는 디도를 만났다. 그는 기쁜 소식을 전했다. 고린도 교회의 회개 소식을 듣고 바울 사도는 한편으로는 기뻐하면서 다른 한편으로는 슬픔의 단호한 편지를 썼던 것을 후회하기까지 했다.

바울 사도는 마게도냐에서 고린도 교회를 세 번째 방문할 것을 기다리면서 고린도후서를 썼다. 세 번째 만남은 슬픈 만남이 아니라 기쁨의 만남이 되도록 고린도 교회 교인들에게 자신의 기쁨을 알리고 위로하기 위해서였다.

수신자

바울 사도가 급히 고린도 교회를 방문하려고 했던 것은 고린도 교회의 사태가 심상치 않게 돌아간다고 생각했기 때문이다. 이 근심 어린 짧은 방문 동안 바울 사도는 고린도 교회에서 자신을 대적하는 교인을 만났다(2:5~6). 이때 교인의 대다수가 바울을 대적한 것으로 보인다(참조, 12:11). 아마도 바울의 사도직에 대해 공개적인 비난과 반대가 있었던 것으로 보인다. 에베소로 돌아와 눈물로 쓴 편지에 감동을 받은 교인들은 바울의 적대자를 징계했다. 그러나 바울 사도의 사도직에 대한 모든 불신이 해소된 것은 아니었다. 바울 사도는 그의 적대자를 관대하게 용서할 것을 권하면서 자신의 사도직에 대해서도 변호해야 했다. 이러한 문제를 야기시킨 것은 바울 사도가 없는 동안 고린도 교회에 새로 들어온 사람들이었던 것으로 보인다(11:4). 고린도후서 10~13장은 주로 그들을 언급하면서 쓰는 내용이다.

문제가 잘 해결되고 있었기 때문에 바울 사도는 처음에 계획했던 대로 고린도 교회의 헌금을 가지고 예루살렘으로 가고자 했다. 고린도전서에서처럼 바울 사도는 성도들의 자발적이고 기쁜 헌금의 동참을 호소하기 위하여 이 편지를 썼다.

중요 주제

1. 이 편지에서 바울 사도는 자신의 사도권을 변호한다. 이러한 문제는 고린도 교회에 파벌이 형성될 때부터 있었을 법한 것이지만, 주로 유대인으로 보이는 바울과 친밀한 관계가 없었던 어떤 교회 지도자에 의하여 야기된 것으로 보인다. 3장에서 그리스도의 영광을 모세의 영광과 비교한 것은 아마도 이들에 의해 제기된 문제에 대한 답변인 것 같다.
2. 육체의 한계와 부활, 믿는 자들의 고난과 미래의 영광이 성령과 관계하여 말해진다. 믿는 자의 모든 것은 그리스도와 결합되어 있다. 신자들은 예수님을 위해 고난을 받음으로 예수님의 고난과 죽음을 짊어지고 있다. 그렇게 예수님의 생명도 믿는 사람들에게 나타날 것이다. 예수님을 다시 살리신 분이 예수님 때문에 고난 당하는 사람들을 다시 살리실 것이다. 이러한 것을 보증하시는 분이 성령이시다(4:7~5:10). 이러

한 내용은 고린도 교회에 있었던, 영적 구원으로 모든 것이 끝났다고 생각하던 적대자들과 관계하여 강조되고 있는 것으로 보인다.

3. 그리스도 안에 있는 사람들을 새로운 피조물로 강조한다. 이 점을 그리스도의 화목, 대속적 죽음, 화목케 하는 직책, 의 등과 관련하여 설명한다(5:17~21).
4. 고린도전서에서 요구했던 헌금을 8~9장에서 다시 한번 강하게 요구하고 있다. 바울 사도는 이 헌금을 약속의 이행, 형제애의 열매, 특히 교회의 하나 됨의 증거로 설명한다.
5. 큰 위험에 직면해 있었던 교회에 대한 바울 사도의 목회적 염려와 관심이 고린도후서 전체에 인상적으로 스며들어 있다. 바울 사도는 단순히 복음을 전하는 전략적 전도자였을 뿐 아니라 사람들의 필요와 고통을 함께 나누는 목회자요, 목회적 심장을 가진 사람이었다.

내용 분해

1. 서언(1:1~11)
   1) 인사(1:1~2)
   2) 감사와 찬송(1:3~7)
   3) 바울의 상황(1:8~11)

2. 고린도 교회를 향한 바울의 태도(1:12~2:13)
   1) 하나님의 지혜 : 하나님의 은혜로 행함(1:12~14)
   2) 두 번째 방문에 대한 해명(1:15~22)
   3) 지체됨에 대한 변명(1:23~24)
   4) 눈물의 편지와 새로운 각오(2:1~4)
   5) 바울을 근심케 한 자를 용서할 것을 권면함(2:5~11)
   6) 드로아에서 떠남(2:12~13)

3. 복음 사역의 영광(2:14~7:4)

1) 이 사역에 대한 감사(2:14~17)

2) 복음 사역의 열매인 고린도 교회(3:1~5)

3) 새 언약과 이 언약의 일꾼들의 영광(3:6~18)

4) 낙심하지 않는 이유(4:1~6)

5) 질그릇에 담긴 보배(4:7~18)

6) 세상의 장막과 영원한 집(5:1~10)

7) 화목케 하는 사역(5:11~21)

8) 구원의 날에 일하는 하나님의 일꾼(6:1~10)

9) 마음을 넓히고 우리를 영접하라(6:11~7:4)

4. 디도의 도착으로 얻은 위로(7:5~16)

5. 예루살렘 교회를 위한 헌금에 관하여(8:1~9:15)

1) 마게도냐 교인들의 모범(8:1~5)

2) 고린도 교회에서도 정성껏 헌금할 것을 권함(8:6~9:15)

6. 적대자들에 대한 바울의 변호와 경고(10:1~12:13)

1) 자신의 연약함에 대하여(10:1~11)

2) 자랑하는 자는 주 안에서 자랑하라(10:12~18)

3) 사도나 다름없음을 주장함(11:1~6)

4) 사도의 권리를 행사하지 않은 이유와 거짓 사도들(11:7~15)

5) 사도로서 그가 한 사역과 당한 고난들(11:16~33)

6) 사도로서의 능력과 체험과 표적(12:1~13)

7. 세 번째 방문에 임박한 염려와 경고(12:14~13:10)

1) 재물이 아니라 고린도 교인들을 원함(12:14~19)

2) 방문에 대한 염려와 두려운 일들의 열거(12:20~21)

3) 경고(13:1~5)

4) 기대(13:6~10)

8. 결언(13:11~14)

생각해볼 문제

1. 고린도후서는 누가 언제 어디에서 쓴 편지입니까?
2. 고린도후서를 쓸 때 바울 사도와 고린도 교회의 상황은 어떠했습니까?
3. 고린도후서에 따르면 예수님을 믿는 사람들의 영광과 축복을 누가 보장해줍니까?
4. 고린도 교회의 교인들이 약속한 헌금을 이행하는 것을 바울 사도는 어떻게 설명했습니까?
5. 교회를 어지럽히고 바울 사도를 대적했던 사람들을 고린도 교회의 교인들이 너그러이 용서해줄 것을 권고한 바울 사도의 부탁은 어디에 수록되어 있습니까?

5. 갈라디아서

갈라디아서는 바울 사도가 갈라디아 지방을 방문하였을 때 자신이 전도하여 세운 여러 교회들(1:2)에게 보낸 편지이다. 명확한 도시명을 쓰지 않고 갈라디아 지방이라는 이름을 사용하였기 때문에 이 편지를 쓸 때의 바울 사도의 상황을 찾아내기란 쉬운 일이 아니다.

갈라디아는 로마에 정복당하기 전에는 지금의 터키 북쪽에 위치해 있던 갈라디아 왕국의 이름이었다. 그러나 로마의 주로 편입되면서 남쪽 지역까지 포함하는 이름이 되었다. 이 남쪽 지역은 바울 사도가 제1차 전도여행 기간 중에 방문하여 교회를 세웠다. 비시디아 안디옥, 이고니온, 루스드라, 더베 등의 도시가 갈라디아 주(남부 갈라디아)에 속한다(행 13:13~14:25).

이때 바울 사도는 바나바와 함께 전도여행을 다녔다. 북부 갈라디아, 즉 갈라디아 왕국의 지역들은 제2차 전도여행 중에 수리아, 길리기아, 더베, 루스드라를 거쳐 지나간 것으로 보인다(16:6). 바울 사도와 바나바가 갈라선 후였다. 제3차 전도여행 시에 바울 사도는 다시 이 지역들, 즉 남부 갈라디아와 북부 갈라디아를 방문했다(18:23, 19:1). 북부 갈라디아 지방에 교회들이 세워졌다면 사도 바울의 제2차 전도여행 기간 중에 있었던 일일 것이다. 그러나 사도행전은 이 지역에서의 전도 활동을 구체적으로 언급하지 않았다.

바울 사도가 편지를 보내며 갈라디아의 여러 교회들이라고 한 것은 갈라디아 주(남부 갈라디아 지방)와 갈라디아 왕국(북부 갈라디아 지방) 중 어느 것을 지시한 것일까? 남부 갈라디아라면 이 편지는 바울 사도가 제1차 전도여행 때 세운 교회에 보내는 편지가 된다. 북부 갈라디아라면 제2차 전도여행 때 세운 교회에 보내는 편지로 볼 수 있다.

이 문제와 관련하여 다음의 사항들을 고려해야 한다.

• 제1차 전도여행과 제2차 전도여행 사이에, 갈라디아서가 유대주의자들로 인해 발생한 문제들을 심도 있게 다루는 것과 비슷한 내용을 의논한 예루살렘 교회의 회의가 있었다(행 15장). 갈라디아서가 이 회의 이후에 기록된 것이라면 남부설이나 북부설이나 왜 갈라디아서에 예루살렘 회의의 그 중요한 결정이 전혀 언급되어 있지 않는가라는 의문이 발생한다. 이 결정은 갈라디아서에도 효과적으로 사용될 수 있었고, 갈라디아서의 내용을 지원할 더없이 좋은 자료가 되었을 것이기 때문이다. 북부설을 취할 경우 이 질문은 피할 수 없게 된다. 북부 갈라디아에 최초로 간 것이 이 회의 이후이기 때문이다. 그러나 남부설을 취할 때 갈라디아서는 이 예루살렘 회의 이전에 기록되었을 가능성도 있으므로 이 질문에 대립할 필요가 없다. 많은 신학자들이 이것을 논거로 하여 남부 갈라디아 설을 선호한다.

• 갈라디아서 2장에 기록되어 있는 바울 사도의 예루살렘 방문이 사도행전 15장의 예루살렘 회의를 의미한다고 보기는 어렵다. 만약 이 회의를 언급한 것이라면 사도행전 15장에서 이방인의 자유를 그렇게도 변호한 베드로 사도가 이런 외식적인 실수를 했다는 것을 설명하기 어렵다. 따라서 갈라디아서 2장의 예루살렘 방문은 사도행전 11장 27~30절에 기록되어 있는 것으로 보아야 한다. 결과적으로 갈라디아서 2장은 남부설과 북부설을 결정하는 데 별 도움이 되지 않는다.

• 갈라디아서에는 바나바가 세 번 언급되어 있는데(2:1, 9절, 13절), 만일 갈라디아서의 독자들이 바나바를 잘 알고 있다면 몰라도 바나바를 알지 못한다면 이 구절들은 별 의미가 없는 것이 되고 만다. 바나바를 언급하는 것이 도움이 되지 않기 때문이다. 남부설을 취하는 것이 이 구절들을 더 잘 설명할 수 있다.

다음은 남부 갈라디아설에 근거하여 역사적 상황을 재구성해본 것이다.

역사적 상황

바울 사도는 제1차 전도여행 때 갈라디아 지방의 네 도시에서 성공적인 전도 활동을 전개했다(행 13~14장). 그 결과 적지 않은 유대인들과 이방인들이 복음을 받아들였다(행 13:44, 14:1). 그러나 믿지 않는 유대인들이 복음을 방해하며 박해를 가했다. 그들은 안디옥, 이고니온에서 루스드라까지 따라와 바울을 돌로 쳤다. 바울이 죽었다고 생각하고 떠났지만 신자들이 둘러서 있을 때 바울 사도는 일어나 더베, 루스드라, 이고니온, 비시디아 안디옥을 거쳐 출발지인 수리아 안디옥으로 돌아왔다.

사도행전에는 유대인들이 바울 사도를 박해한 이유가 명확하게 기록되어 있지 않지만 바울의 설교를 '반박하고 비방한 것' (행 13:45)을 감안하다면 이 핍박은 예수님을 메시아로 전하는 것, 그들이 천시하던 이방인들이 열광적으로 이 복음을 받아들이는 것이 근본적인 박해 이유였던 것으로 생각된다. 한마디로 기독교와 유대교의 갈등이었다.

40년대에 이방인 지역으로 복음이 퍼져 나갈 때 중요한 문제로 부각된 것은 율법이 이방인들에게 어떤 의미가 있느냐는 것이었다. 바울 사도는 이방인들이 율법을 모두 지키는 것을 통해서가 아니라 복음을 받아들이고 예수님을 믿는 것으로 구원을 얻는다고 가르쳤다. 바로 이 율법과 성전 제사에 대한 비판적 가르침이 유대인들과 잦은 충돌을 일으켰다. 특히 할례 문제는 복음을 믿지 않는 유대인들만이 아니라 믿으면서도 이방인들이 할례를 통하여 개종자가 되기를 가르치는 유대 기독교인들(신학자들은 이들을 유대주의자라고 부른다)도 못마땅하게 생각했던 것으로 보인다. 그 흔적이 사도행전 15장에서 발견된다.

바울 사도와 바나바는 안디옥에서 오랫동안 머무르면서 사역을 하던 중 유대인 및 유대주의자들로 야기된 할례 문제가 갈라디아 지방의 교인들을 혼란스럽게 한다는 소식을 들었다. 적지 않은 교인들이 복음에만 의존하지 않고 이스라엘도 지키지 못한 율법을 지켜야 한다고 생각하여 할례를 받았던 것으로 보인다. 이것이 바울 사도가 갈라디아서를 써 보내게 된 직접적인 원인이었다.

사도행전 15장에는 유대 지역에서 온 유대주의자들이 모세의 율법대로 할례를 받아야만 구원을 얻는다고 신자들을 교정하려고 했던 사건이 기록되어 있다(행 15:1). 이러한 혼란은 당시 이방인 지역에 세워진 모든 교회가 당한 어려움이었다. 따라서 이런 종류의 유대주의자들이 갈라디아 지역의 교회에까지 발을 넓혀, 바울이 가르쳤던 '믿음으로 구원을 얻는다' 는 복음을 교정하려 했을 것이라고 추측하는 것은 어렵지 않다.

안디옥에서 바울과 바나바는 이 사람들과 적지 않은 논쟁을 벌였는데, 그 결과 안디옥 교회는 이 문제를 예루살렘 교회의 사도들에게 질문하기로 하고 대표로 바울과 바나바를 위시한 몇 사람을 예루살렘에 파송했다. 예루살렘 교회의 결정은 바울과 바나바가 가르친 것과 맥을 같이한다. 율법의 멍에를 아무에게도 지우지 말자는 것이다. 따라서 갈라디아서는 예루살렘 회의가 있기 전인 48년경에 안디옥에서 기록된 것으로 보인다.

예루살렘 회의가 있었던 49년 이후에도 할례 문제는 쉽게 수그러지지 않았다. 바울 사도는 예루살렘 교회의 결정을 자신의 제2차 전도여행 때 각 교회에 '주어 지키게 했다' (행 16:4)고 한다.

수신자

갈라디아 교회는 바울 사도가 복음을 전하여 탄생한 교회였다. 그러나 바울 사도가 떠난 후 유대주의자들에 의해 근본적인 문제가 발생했다. 이것은 갈라디아서의 내용에 따라 두 가지로 요약할 수 있다.

첫째, 바울 사도가 전한 이신칭의의 복음이 그리스도인들도 할례를 받아야 한다는 가르침에 의해 위협을 받고 있었다. 유대주의자들은 이방인들이 기독교인으로 받아들여지려면 기독교가 유대교의 완성으로 등장한 것이기 때문에 할례를 받아야 한다고 가르친 것 같다. 적지 않은 교인들이 이 교훈을 받아들인 것으로 보인다(참조, 갈 1:6, 3:1, 4:19~20, 5:7 등).

둘째, 바울 사도의 사도로서의 권위가 공격을 받고 있었다. 예수님께서 세우신 열두 사도 중 한 사람이 아니었기 때문에 그가 전한 복음은 사도적인 것이 아니요 따라서 허점을 보일 수 있다는 식으로 사도적 권위 문제가 할례 문제와 결합되어 나타난 것이다. 적지 않은 교인들이 바울의 사도적 권위에 극히 회의적인 이 비판을 받아들였던 것으로 보인다.

바울 사도는 자신이 예수님의 계시로 복음 전파의 사명을 받은 사도임을 증명하고, 유대주의자들의 잘못을 수정하여 교회의 혼란을 중지시키며, 그가 전한 복음의 진실성을 입증하기 위하여 갈라디아서를 썼다.

중요 주제

1. 바울 사도는 자신의 사도권을 변증하면서 삶의 과정을 길게 진술했다. 그래서 자서전과 같은 이 서신은 감정적인 표현들이 많이 들어 있고 감동적이다. 바울 사도가 전한 복음은 예루살렘의 사도들의 것과 조금도 다르지 않다. 사도로 부름을 받았다는 것은 완벽한 인간이 된다는 것을 뜻하지 않는다. 이 점에서 베드로 사도의 실수를 담고 있는 안디옥 사건은 사도라도 외식적인 행동을 하면 책망을 받을 수밖에 없고, 바울 사도가 실제로 베드로 사도를 책망했음을 알려줌으로써 바울의 사도권을 입증할 뿐만 아니라, 이방인들이 구태여 구약의 모든 율법을 지킬 필요가 없음을 증명하는 역할을 한다.
2. 갈라디아서의 주제는 이신칭의의 복음이다. 구원은 믿음으로 얻는 것이기 때문에 할례는 불필요하다. 다시 할례를 받는 것은 유대인들도 지

지 못한 멍에를 지려는 것이요, 죄의 종이 되려는 것이다.

3. 이와 함께 바울 사도는 믿는 사람들의 자유를 강조했다. 그리스도 안에 있는 사람들은 누구나 율법과 율법의 저주로부터 해방되었다. 기독교인들은 율법의 멍에 아래 있는 종이 아니요, 그리스도의 통치와 성령의 지배를 받는 자유인이다.

내용 분해

1. 서언(1:1~5)

2. 문제 제기 : 다른 복음은 없음(1:6~10)

3. 자전적 논증(1:11~2:21)
   1) 그리스도의 계시로 받은 복음(1:11~12)
   2) 계시를 받은 과정(1:13~24)
   3) 예루살렘의 사도들에게 인정을 받음(2:1~10)
   4) 안디옥에서 베드로 사도의 외식된 행동을 책망함(2:11~14)
   5) 유대인도 그리스도를 믿음으로 의롭다 함을 얻음(2:15~21)

4. 신학적 논증(3:1~4:31)
   1) 갈라디아 사람들의 체험 : 믿음으로 성령을 받음(3:1~5)
   2) 아브라함의 예 : 믿는 자들이 아브라함의 자녀임(3:6~9)
   3) 율법의 저주와 믿음의 축복(3:10~14)
   4) 율법에 우선하는 언약(3:15~18)
   5) 율법의 기능 : 그리스도에게 인도하는 초등교사(3:19~25)
   6) 믿음으로 그리스도에게 속한 사람이 됨(3:26~29)
   7) 율법의 임시적 성격과 믿음으로 말미암는 아들의 명분(4:1~7)
   8) 복음으로 돌아오도록 권함(4:8~20)

9) 언약과 율법의 비교를 위한 사라와 하갈의 비유(4:21~31)

5. 성령 안에서의 삶과 자유 : 실제적인 충고(5:1~6:10)
   1) 할례 : 종의 멍에와 사랑으로 역사하는 믿음(5:1~15)
   2) 성령의 열매(5:16~26)
   3) 짐을 서로 지라(6:1~10)

6. 결언(6:11~18)
   1) 그리스도의 십자가만 자랑함(6:1~15)
   2) 인사와 기원(6:16~18)

생각해볼 문제

1. 갈라디아서는 남부 갈라디아와 북부 갈라디아 중 어느 지역에 보낸 것으로 보는 것이 더 타당할까요?
2. 갈라디아서를 쓴 동기는 무엇입니까?
3. 갈라디아서는 바울 사도가 언제 어디에서 쓴 편지입니까?
4. 믿는 사람들의 자유란 어떤 것입니까?

6. 에베소서

에베소서는 빌립보서, 빌레몬서, 골로새서와 함께 바울이 옥중에서 쓴 편지 중의 하나이다. 이 편지는 에베소에 보내는 편지라는 문구가 들어 있기는 하지만 한 교회에 보낸 편지라기보다는 한 지역에 있는 여러 교회의 교인들에게 보낸 회람 서신으로 알려져 있다.

바울 사도는 전도 사역 중 수없는 박해와 체포, 구금을 당했는데 옥중 서신을 쓸 만한 충분한 시간적 여유와 이유를 말할 수 있는 곳은 에베소, 가이사랴, 로마 세 곳이었다. 각 서신들의 정황을 종합해보면 옥중서신들은 모두 로마에서의 구금 생활 중에 기록된 것으로 판단된다.

저자의 역사적 상황

바울 사도는 제3차 전도여행 마지막에 체포되어 죄수의 몸으로 로마에 도착했다. 로마의 시민이란 특권으로 인하여 그는 감옥에 갇히지 않고 셋집에서 로마 군인이 지키는 구금 생활을 했다. 이렇게 2년을 지내는 동안 그는 별 방해를 받지 않고 사람들을 청할 수 있었고, 사람들이 그를 방문할 수도 있었다. 구금 생활 중에도 그는 전도 활동을 게을리 하지 않았다. 특히 서신을 통하여 교인들이 보내오는 질문에 답하기도 하고, 그가 들게 되는 교회의 우려되는 상황들을 경고하거나 조절할 수도 있었다. 에베소서는 그렇게 써 보낸 편지 중 하나이다. 저작 연도는 61년으로 알려져 있다.

에베소서는 바울 서신 중에 유독 저자나 수신자의 역사적 상황을 별로 보여주지 않는다. 에베소서를 기록한 이유는 수신자들이나 에베소 교회의 상황 때문이라기보다는 저자인 바울 사도의 의도에서 찾을 수 있다. 오랫동안 격리되어 보내는 2년의 세월은 그에게 더 많이 기도하고 더 많이 생각할 수 있는 시간적 여유를 제공했다. 자신의 사역을 돌아보며 교회들이 알아야 할 것을 정리하여 적은 것이 에베소서이다. 따라서 에베소서는 한 통의 편지라기보다는 신학적 문서라고 보는 것이 더 타당하다.

수신자

우리에게 전해져 내려오는 에베소서는 바울 사도가 옥중에서 에베소에 있는 성도들에게 써 보낸 것이다(1:1). 그러나 편지의 수신자가 에베소 교회의 교인들이라는 상식에는 몇 가지 석연치 않은 문제가 있다.

첫째, 에베소서를 포함하고 있는 현존하는 신약성경의 사본 중 가장 오래되고 가장 귀한 것으로 알려져 있는 세 사본에는 에베소라는 지명이 서언에 들어 있지 않다. 즉 이 사본들의 서언은 '……바울은 성도들과 그리스도 예수 안에 있는 신실한 자들에게 편지한다' 고 되어 있다. 원래 에베소라는 지명이 들어 있던 것이 필사 과정에서 빠졌다고 설명하기는 어렵다. 오히려 원래 이 지명이 없었는데 후대의 사본들이 이 지명을 명시하게 되었다고 설명하는 것이 더 설득력이 있다.

둘째, 이 편지와 함께 작성되어 함께 두기고 편에 보낸(엡 6:21; 골 4:7) 골로새서 4장 16절에는 에베소서가 명시되어 있지 않고 라오디게아 교회에 보내는 편지가 언급되어 있다. "이 편지를 너희에게서 읽은 후에 라오디게아인의 교회에서도 읽게 하고 또 라오디게아로부터 오는 편지를 너희도 읽으라." 라오디게아서라고 불리는 바울의 편지는 남아 있지도 않고 있었다는 증거나 흔적도 발견되지 않았다. 어떤 신학자는 라오디게아인의 교회에 보낸 편지를 에베소서와 동일시한다.

셋째, 에베소 교회는 다른 어떤 교회보다도 바울 사도와 깊은 관계가 있었다. 그는 제2차 전도여행 끝에 이곳에 머물렀으며, 제3차 전도여행 중 이곳에서 3년을 목회했고, 예루살렘으로 가는 도중 밀레도에 들러 에베소 장로들을 불러 작별 설교를 하며 눈물을 나누었다. 특별한 관계와 애착심이 있는 교회에 편지를 써 보내면서 서언이나 결언에 누구에게도 한마디의 인사나 소식을 전하는 문구를 적지 않았다는 것은 다른 서신들과 비교해볼 때 이해하기 어려운 일이다.

넷째, 에베소서에는 바울 사도가 이 서신의 수신자들을 대면한 적이 없다는 암시가 두 구절에 들어 있다. "이로 말미암아 주 예수 안에서 너희 믿음과 모든 성도를 향한 사랑을 나도 듣고"(1:15). "너희를 위하여 내게 주신 하나님의 그 은혜의 경륜을 너희가 들었을 터이라"(3:2). 바울과 수신자는 함께 동고동락하며 신앙 생활을 하던 사람들이라기보다는 서로에 대하여 듣고 아는 사람들이었다.

그럼에도 불구하고 이 서신이 에베소서로 알려지게 된 경로에 대해서는 추적할 만한 근거나 자료가 어디에도 남아 있지 않다. 최상의 설명은 다음과 같을 것이다. 바울 사도는 이 편지를 쓰면서 에베소가 포함된 소아시아 지방의 교회들에게 회람시킬 목적으로 1장 1절에 지명을 명기하지 않고 공백으로 남기며 이것이 전달되는 곳의 지명을 전달하는 사람으로 하여금 기록하게 했을 것이라는 추측이다.

그렇다면 에베소서는 동일한 서신 중 에베소에 전달된 사본이거나 후대에 에베소라는 지명을 필사자들이 추가했을 것이라는 설명이다. 물론 이것은 추정일 뿐이다. 그러나 에베소서에 에베소 교회의 사람들에게 보내는 사적인 인사나 소식이 없다는 점은 이것이 회람 서신이었다는 것을 가장 강력하게 증거하는 것으로 보인다. 여러 교회에 보내는 편지였기 때문에 그런 인사를 기록하지 않았을 것이라는 설명이다.

에베소서의 수신자는 이방인들로 이루어진 교회들이었다(2:11, 3:1, 4:17). 바울 사도는 이방인 기독교인들의 과거와 현재를 비교하며 영광스러운 교회의 비밀을 알려주고 필요한 충고를 할 필요성을 느껴 이 편지를 기록했다.

중요 주제

1. 에베소서에서 바울 사도는 예수님을 믿고 구원을 얻는다는 것이 얼마나 영광스러운 일인가를 강조하고 있다. 그것은 하나님의 영원 전의 계획과 섭리에 의한 것이며 인간의 우연이나 인간의 선택으로 된 일이 아니다(1:3~14). 그리스도인으로 살아간다는 것은 하나님의 영원하신 지혜와 성령의 지배, 하나님의 거룩한 은혜 아래 살아간다는 것을 뜻한다. 따라서 모든 이방인들에게 어둠의 일을 벗고 빛의 자녀들로 살아갈 것을 요청했다.
2. 그리스도의 탁월성이 강조되고 그와 함께 그리스도인들의 축복된 상황이 언급되었다.
3. 바울 사도는 믿는 자들의 통일성을 이 편지에서 강조했다. 이방인들이 믿음으로 하나님의 백성이 된다. 그리스도는 하나님의 백성이었던 유대인과 이방인 사이에 있던 막힌 담을 헐어내셨다(2:14~22). 이제 누구나 믿는 사람들은 하나님의 시민이 된다.
4. 교회 안에 다양한 사람들과 다양한 직분들이 있지만 이 모두는 결국 하나의 통일된 그리스도의 몸, 성령의 전을 구성하는 것임이 강조된다.
5. 에베소서에 언급된 교회는 지역 교회나 지교회 개념이 아니라 전체 교회, 즉 예수님을 믿는 모든 사람들을 자칭하는 교회 개념이다.

내용 분해

1. 서언 : 인사(1:1~2)
2. 교회의 영광스러운 모습(1:3~3:21)

1) 창세 전에 계획된 하나님의 구원(1:3~14)
2) 지혜와 계시의 정신을 주사 교회의 축복을 알도록 기도함(1:15~23)
3) 허물과 죄로 죽었던 우리를 살리심(2:1~10)
4) 막힌 장벽을 허시고 하나님의 처소로 만드신 그리스도의 십자가(2:11~22)
5) 하나님의 비밀의 경륜을 드러낸 바울의 사역(3:1~13)
6) 속사람을 강건하게 하고 그리스도의 사랑을 알기를 비는 기도(3:14~21)

3. 복된 그리스도의 교회에 주는 실천적 교훈(4:1~6:20)
1) 성령이 하나 되게 하신 것을 힘써 지키라(4:1~16)
2) 옛일들을 벗고 새사람을 입으라(4:17~24)
3) 버릴 일과 할 일(4:25~32)
4) 사랑을 입은 빛의 자녀들처럼 행하라(5:1~20)
5) 가정에서의 의무와 책임(5:21~6:9)
① 남편과 아내 사이(5:21~33)
② 부모와 자녀 사이(6:1~4)
③ 주인과 종 사이(6:5~9)
6) 세상에서의 삶을 위한 전신갑주를 입으라(6:10~20)

4. 결언 : 인사와 기도(6:21~24)

생각해볼 문제

1. 에베소서는 누가 언제 어디에서 썼습니까?
2. 에베소서의 수신자는 누구입니까?
3. 에베소서의 수신자들과 바울 사도는 잘 아는 사이였습니까? 이에 대한 대답을 담고 있는 구절들은 몇 장 몇 절입니까?
4. 에베소서에 나오는 교회 개념은 어떤 성질의 것입니까?

7. 빌립보서

빌립보서는 바울 사도가 옥중에서 빌립보 교회에 보낸 편지이다. 바울이 에베소의 옥중에서 이 편지를 기록했다는 주장이 있지만 로마의 구금 생활 말기에 기록했을 것이라는 주장만큼 강력하지는 않다. 빌립보서는 빌립보 교회가 자신에게 베푼 사랑에 대한 감사를 표현하기 위하여 쓴 바울 사도의 감사 편지이다.

저자의 역사적 상황

다른 옥중서신들, 즉 에베소서, 빌레몬서, 골로새서는 내용이나 역사적 상황 등 여러 면에서 서로 관계되어 있어서 거의 같은 시기에 기록된 것이라는 인상을 주지만 빌립보서는 상황이 많이 다르다. 빌립보서에는 석방이 임박했다는, 최소한 그의 사건에 재판이 있을 것이라는 암시가 들어 있는 것(2:24)으로 미루어보아 2년여의 로마 수감 생활 마지막에 기록된 것으로 보인다. 이 편지를 쓸 때 디모데가 그와 함께 있었다(1:1). 시위대가 그를 지키고 있었고 어쩌면 죽을지도 몰랐지만 아직 더 사역할 희망을 가지고 있을 때였다(1:20~25).

빌립보 교회는 바울 사도에게 특별한 애정을 가지고 있었다. 바울 사도의 필요를 위해 에바브로디도를 통해 바울에게 선물을 보냈다(4:18). 에바브로디도는 몇 번을 왕래하며 소식을 전하기도 하고 도움을 주기도 한 것으로 보인다. 에바브로디도는 바울에게 온 후 중병에 걸렸으며 이 소식이 빌립보 교회에 알려졌다. 그들은 이 소식을 듣고 에바브로디도를 돌려보내도록 바울에게 요청했는데 그는 얼마 지나지 않아서 곧 회복되었다(2:26~27). 바울 사도는 빌립보로 돌아갈 준비를 하는 에바브로디도 편에 감사의 마음을 전하기 위하여 이 편지를 썼다. 빌립보서는 62년경에 기록된 것으로 보인다.

수신자

빌립보는 지금의 그리스 동부에 위치한 마게도냐라고 불리던 지역의 한 도시였다. 바울 사도는 제2차 전도여행 중 환상을 보고 소아시아에서 마게도냐로 건너갔고 이곳에 유럽 최초의 교회를 세웠다(행 16:11~40). 서기 48년경의 일이었다. 바울 사도는 빌립보에 오래 머물지 않았지만, 교회의 핵심이 되는 두 가정, 루디아의 가정과 간수의 가정이 이때 신자가 되었다(행 16:14~15, 33~34절). 바울 사도는 제3차 전도여행 때에도 짧게 두 번 빌립보를 재방문했다. 소아시아에서 그리스로 갈 때, 그리고 돌아올 때였다(행 20:1~2).

빌립보 교회는 주로 이방인 출신으로 구성되어 있었다. 빌립보에는 유대인들이 별로 살고 있지 않았고 회당도 없었다. 바울 사도가 회당을 이용하지 않고 기도처를 찾았다는 기록도 이와 관련이 된 것으로 보인다. 루디아는 유대교로 개종한 이방인이었다. 빌립보 교회에도 사소한 문제들이 있었지만(참조, 3:2~16) 이것이 편지를 쓰게 된 주원인은 아니었다.

중요 주제

1. 이 편지의 주제는 기독교인의 기쁨이다. 바울 사도는 항상 무슨 일에나 기쁨을 표현하고 있다. 이것은 빌립보 교회가 그에게 베푼 진실한 사랑

에서 비롯된 태도일 뿐만 아니라 바울이 가지고 있던 삶의 태도였다. 그는 매인 일, 사람들이 자신을 괴롭히는 일들 중에도 항상 감사할 이유가 있음을 알았고 또 기뻐하였다. 뿐만 아니라 모든 성도들이 항상 기쁘게 살아갈 것을 충고하고 있다. 좋은 일에서의 기쁨은 누구에게나 가능하지만, 역경과 고통 중에서 기뻐할 수 있는 것은 모든 일을 하나님께서 다스리고 계시다고 믿는 기독교인들뿐이다.

2. 성도들의 교제는 사랑과 진심과 겸손이 바탕이 되어야 한다. 바울 사도는 이것을 빌립보 교인들에게서 발견하였으며 또 계속 충고하고 있다. 특히 그는 겸손의 모범으로 그리스도의 낮아지심을 말한다. 그리스도를 믿는 사람들은 자신보다 남을 낫게 여기고 서로를 섬겨야 한다. 빌립보 교회는 충분히 이런 모습을 보여주었지만 더욱 이 일에 힘쓰기를 권면했다.
3. 빌립보 교인들이 보여준 성도의 사랑과 도움, 위로에 관하여 바울 사도는 자신의 마음을 표현했을 뿐만 아니라 이것이 결국은 복음에 참여하는 것이며 자신의 고난에 동참하는 것임을 밝히고 있다.

내용 분해

1. 서언 : 문안(1:1~2)

2. 감사와 기도(1:3~11)

3. 자신의 삶에 대한 바울의 태도(1:12~26)
   1) 감옥에서도 복음의 진보가 있었음을 기뻐함(1:12~18)
   2) 삶과 죽음에 관계없이 기뻐함(1:19~26)

4. 기독교인의 삶에 대한 권면(1:27~2:18)
   1) 복음에 합당하게 살 것(1:27~30)

2) 한마음으로 겸손할 것(2:1~4)

3) 그리스도의 마음을 품을 것(2:5~11)

4) 구원을 이루는 기쁨의 삶(2:12~18)

5. 바울의 상황과 계획(2:19~30)

6. 유대주의자들에 대한 경고(3:1~4:1)

1) 진정한 할례(3:1~3)

2) 바울의 자기 고백 : 모든 것을 해로 여기고 푯대를 향하여 뛰어감(3:4~14)

3) 그리스도 안에만 굳게 설 것(3:15~4:1)

7. 빌립보 교회에 필요한 충고(4:2~9)

8. 빌립보 교회의 선물에 대한 감사(4:10~20)

9. 결언 : 문안(4:21~23)

생각해볼 문제

1. 빌립보서는 누가 언제 어디에서 기록했습니까?
2. 왜 빌립보서를 썼습니까?
3. 빌립보서의 주제는 무엇입니까?
4. 낮아져서 인간이 되신 예수님을 본받을 것을 명령한 것은 어디에 수록되어 있습니까?

8. 골로새서

골로새서는 61년경 바울 사도가 옥중에서 골로새 교회에 보낸 편지이다. 다른 옥중서신과 같은 장소에서 비슷한 시기에 기록되었다. 이 서신들은 빌립보서를 제외하고는 내부적으로 연결되어 있다. 특히 에베소서와는 내용까지 비슷하여 쌍둥이 서신이라는 별칭을 얻게 되었다. 그러나 에베소서가 그리스도의 교회로서의 영광스러운 모습을 그리고, 교회에 속한 교인들의 다양한 역할과 통일성을 강조한 데 비하여, 골로새서는 머리 되시는 예수님께 초점을 맞추고 그 영광스러운 모습을 기술하고 있다. 이는 아마도 골로새 교회를 위협하는, 소위 골로새 이단이 그리스도의 역할과 가치를 평가절하한 데 기인한 것으로 보인다.

골로새 교회는 바울이 전도하여 세운 교회는 아니었다. 골로새 교회는 에바브라라는 사람이 전도하여 세운 것으로 보인다(골 1:5~7). 편지를 쓸 당시 바울 사도는 로마에 있었고 에바브라도 그와 함께 있었다. 골로새 교회에 이단이 침입하여 문제가 일자 에바브라와 다른 사람이 이 소식을 바울에게 가지고 왔고 바울 사도에게 그 해결책을 질문한 것으로 보인다. 즉 바울 사도는 이 편지를 골로새 교회에 일어난 이단과 관련하여 그 답변으로 기록한 것이다.

저자의 역사적 상황

바울 사도는 로마의 감옥에 있었다(4:3, 10절, 18절). 이것은 앞에서 몇 번 말한 대로 로마에서 있었던 가택연금 상태를 말하는 것이다. 그가 로마에 있는 동안 골로새서를 쓰게 된 구체적인 상황은 알려져 있지 않다. 그러나 이 편지에서 바울 사도의 사정을 다른 옥중서신에서보다 비교적 자세하게 알 수 있다.

바울 주변에는 디모데(1:1), 에바브라(4:12), 두기고 등 많은 사람이 함께 있었다. 바울 사도는 두기고 편에 편지를 보냈다(4:7). 도망친 노예 오네시모도 함께 있었는데, 바울은 이 편지를 쓸 때 그를 주인인 빌레몬에게 돌려보내려는 계획을 가지고 있었다. 두기고와 오네시모는 아시아로 가는 세 개의 옥중서신, 즉 빌레몬서와 에베소서와 골로새서를 전달하는 사람으로 선택되었다. 오네시모가 선택된 것은 그가 골로새 교회와 관련이 있는 사람이었기 때문이다(4:9). 아리스다고, 마가, 유스도, 누가, 데마도 바울 사도 주변에 있었다.

이런 정황으로 보아 골로새서는 바울 사도가 로마에 갇혀 있는 2년의 초기나 중간기에 기록된 것으로 보인다. 적어도 빌립보서보다는 훨씬 이른 시기에 기록되었을 것이다.

수신자

골로새라고 불리는 도시와 그 주민에 대하여 알려진 것은 매우 적다. 골로새는 에베소에서 동쪽으로 175킬로미터쯤, 남쪽 해안에서는 약 200킬로미터쯤 내륙으로 들어간 곳에 있었으며 라오디게아, 히에라볼리와 가까웠다. 이 도시는 오래전부터 직물 생산지로 유명했다.

이 조그만 도시는 안디옥에서 에베소로 오는 중간쯤에 있었지만 바울 사도가 이 도시를 방문한 적은 없었다. 사도행전에 따르면 바울 사도는 제2차 전도여행과 제3차 전도여행 때 갈라디아 여러 도시와 비시디아 안디옥에서 골로새를 거쳐오는 길을 피하고 갈라디아 북쪽 지역을 거쳐 소아시아의 서편 해안으로 가며 복음을 전했다. 바울 사도는 골로새 교회의 교인들을 개인적으로 알지 못했음이 분명하다. 그는 골로새 교회에 대하여 들었을 뿐이다(1:4, 8절). 골로새 교인들도 바울을 보지 못했다(2:1).

바울 사도는 에바브라를 통해 이 교회를 알게 되었다. 이 편지에서 바울이 에바브라를 칭찬하며 그를 "그리스도의 신실한 일꾼"으로 부르고 골로새 교인들이 그에게서 배웠다고 쓴 점을 미루어보아 골로새 교회는 에바브라가 세운 교회라고 보아도 좋을 것이다(1:7). 에바브라는 골로새 출신으로 골로새에서 사역하였을 뿐 아니라 이웃 도시인 라오디게아와 히에라볼리에서도 사역한 것으로 보인다(4:13)

골로새 교회의 교인들은 대부분 이방인들이었다. 그러나 주변에 살고 있던 유대인들과의 접촉을 통해 유대교의 전통과 교리에 대하여 어느 정도 알았거나 영향을 받은 것으로 보인다. 골로새서에는 유대주의에 대한 몇몇 경고가 포함되어 있다(2:16~19).

바울에게 와서 일정 기간 동안 머물고 있던 에바브라를 통해서 바울 사도는 골로새 교회에 여러 가지 어려움이 일어나고 있다는 사실을 들었다. 어떤 사람들이 "교묘한 말"(2:4) 또는 "철학과 헛된 속임수"(2:8)를 교회에 전파하고 있었다. 이것이 복음을 방해했고 골로새 교회는 혼란에 빠져들었다. 이들은 아마도 예수님의 신성에 관하여 의문을 제기했던 것으로 보인다. 바울 사도는 골로새서에서 그리스도의 신성을 변호하고 교회와의 관계를 밝히며, 그의 삶과 죽음이 이 세상의 모든 권세에서 사람들을 구원했다고 충고했다.

바울 사도는 골로새 교회를 세우지도 않았고 교인들을 양육하거나 이곳에 방문한 적도 없지만, 골로새 교회를 어지럽히는 문제를 해결하기 위하여 마치 자신이 세운 교회인 것처럼 간절한 소망과 열심을 가지고 기도하며 이 편지를 썼다. 에바브라의 권고를 받아 편지를 쓰게 되었지만 바울 사도는 골로새 교회가 자신의 선교 영역에 속하는 것으로 보았고, 모든 교회의 문제는 자신의 사역과 관계된 것으로 보았기 때문이다.

중요 주제

1. 골로새서의 중요 주제는 그리스도의 탁월성이다. 그리스도는 만물의 머리가 되시며 모든 것이 그를 위하여 창조되었다.
2. 그리스도는 만물의 머리이시며 동시에 그를 믿는 자들, 즉 교회의 머리이시다. 믿는 사람들은 그리스도와 연합함으로 흑암의 권세에서 해방되어 그리스도의 나라로 옮겨졌다. 교회는 만물 중 가장 높은 지위를 부여 받은 신적 기관이다.

내용 분해

1. 서언 : 인사(1:1~2)

2. 감사와 기도(1:3~12)

3. 그리스도의 인격과 사역(1:13~23)
   1) 우리를 구속하심(1:13~14)
   2) 만물과 교회의 머리이신 그리스도(1:15~20)
   3) 거룩하고 흠없는 자로 세우심(1:21~23)

4. 바울의 전도 사역의 의미(1:24~2:5)
   1) 그리스도의 남은 고난을 채우는 바울의 사역(1:24~29)
   2) 보지 못한 형제들을 위하여 글을 쓰는 바울의 기도와 소원(2:1~5)

5. 헛된 속임수에 대한 경고와 비판(2:6~23)

6. 실천을 위한 교훈(3:1~4:6)
   1) 근거 : 그리스도와 함께 죽고 함께 삶(3:1~4)
   2) 옛사람과 옛 행위를 벗어버리고 새사람을 입으라(3:5~17)

3) 가정에서의 의무와 책임(3:18~4:1)

① 아내와 남편(3:18~19)

② 자녀와 부모(3:20~21)

③ 종과 주인(3:22~4:1)

4) 기도에 힘쓸 것(4:2~4)

5) 지혜롭게 말할 것(4:5~6)

7. 결언 : 문안과 인사(4:7~18)

생각해볼 문제

1. 골로새서의 특징을 기술하십시오.
2. 골로새서는 누가 언제 어디에서 썼습니까?
3. 골로새서를 기록한 이유는 무엇입니까?

9. 데살로니가전·후서

데살로니가전서와 후서는 바울 사도가 데살로니가 교회에 보낸 서신이다. 두 편지는 같은 장소에서 기록되었다. 바울 사도가 고린도에 머물고 있었고 주변에 동행하던 사람들도 변함이 없는 것으로 보아 데살로니가전서를 쓰고 얼마 지나지 않아 후서를 쓴 것으로 추측된다. 따라서 이 두 편지를 함께 공부할 것이다.

데살로니가전·후서는 신약성경의 책들 중에서 가장 이른 시기에 기록된 것으로 기독교 선교 초기의 모습을 알 수 있다. 비슷한 시기에 기록된 책으로는 갈라디아서와 야고보서가 있다.

주요 내용은 예수님의 재림과 종말에 대한 것이다. 이 서신들은 복음서에 수록된 예수님의 종말에 대한 설교와 예언, 요한계시록과 더불어 신약성경의 3대 종말론 문서에 속한다.

저자의 역사적 상황

데살로니가전서는 이 편지가 기록된 시기의 바울 사도의 상황을 비교적 자세하게 알려주는 정보를 담고 있다. 바울 사도는 에덴에서 디모데를 데살로니가로 보냈다(살전 3:1~2). 사실 바울은 직접 가고 싶어 했으나 불가능했다(살전 2:17~18). 바울이 데살로니가전서를 쓸 때 디모데는 데살로니가에서 바울에게 돌아와 있었다(살전 3:6). 바울은 디모데에게 기쁜 소식을 듣고 이 편지를 썼다. 데살로니가전서를 보내는 사람으로 바울, 실라, 디모데, 세 이름이 적혀 있다.

이 정보를 사도행전과 비교해보면 대충 편지를 쓴 시기를 추측할 수 있다. 제2차 전도여행에서 바울 사도는 디모데, 실라와 함께 데살로니가에 도착하여 빌립보, 데살로니가, 베뢰아 등지에서 전도했다(행 16:11~17:12). 이 여행은 실라가 같이 간 유일한 전도여행이었다. 따라서 데살로니가전서와 후서는 제2차 전도여행 중에 기록된 것으로 보인다. 바울 사도는 데살로니가에서 약 3주 정도 머무르며 전도하였고, 예기치 않은 사건으로 베뢰아로 도망하였다가 두 사람을 베뢰아에 두고 혼자 아덴으로 갔다(행 17:14~15). 아덴에서 잠시 설교한 후 그는 큰 항구 도시인 고린도로 갔는데 이곳에서 실리와 디모데를 만났다(행 18:5).

이상의 기록만으로는 사도행전과 데살로니가전서의 상황이 정확하게 들어맞지 않는다. 하지만 누가가 바울 사도의 모든 행적을 다 기록하지 않은 점으로 미루어보아 다음과 같이 보충 설명을 해도 무리를 범하는 것은 아닐 것이다. 바울이 아덴에서 사역하는 동안 디모데가 아덴에 도착했다. 바울은 디모데를 다시 데살로니가로 보냈으며 그가 실라와 함께 돌아올 때쯤 바울은 고린도에 있었다. 그렇다면 사도행전 18장 5절은 디모데가 두 번째로 데살로니가에서 돌아왔을 때의 기록일 것이다.

데살로니가에서의 짧은 체류에 대하여 바울 사도는 아쉬워했다(살전 2:17). 복음 사역을 완성하지 못했다고 느꼈기 때문이다(참조, 살전 3:10). 그래서 그는 속히 데살로니가로 돌아가려고 했지만(살전 2:18) '사탄이' 그를 막았다. 그는 디모데를 보내는 것으로 만족할 수밖에 없었고, 디모데가 데살로니가에서 어느 기간 동안 사역을 하며 기독교인의 삶에 대하여 가르쳤던 것으로 보인다. 바울 사도가 고린도에 머문 1년 반(행 18:11) 사이에 있었던 일이다. 데살로니가전서는 50년경에 고린도에서 기록되었다.

데살로니가후서의 첫머리에는 전서와 마찬가지로 바울, 실라, 디모데의 세 이름이 적혀 있다(살후 1:1~2). 따라서 이 후서는 바울 사도가 전서에 이어, 아마도 전서가 기록된 지 1년이 채 지나지 않아서, 즉 51년경에 쓴 편지일 것이다.

수신자

데살로니가는 마게도냐 지방의 상업 중심지였다. 바울 사도가 이 지역을 방문하기 전에 그는 환상을 보고 소아시아에서 유럽으로 건너갔다. 제2차 전도여행 중 그는 빌립보에서 전도했으며 이어 데살로니가의 유대인 회당에서 세 안식일에 예수님의 고난과 죽음, 부활에 대하여 설교하였다(행 17:1~3). 그의 설교를 많은 그리스인과 적지 않은 귀부인들이 받아들였다. 그러나 유대인들이 '시기가 가득하여' 소동을 일으켰다(행 17:5). 이 소동 때문에 바울 사도는 데살로니가를 떠날 수밖에 없었다. 데살로니가전서를 쓸 때 이때의 사건은 바울 사도의 기억에 아직도 생생하게 남아 있었다(살전 2:14~18).

바울 사도는 데살로니가에 좀더 있고 싶어 했다. 그러나 소동 때문에 더 이상 있을 수가 없었다. 후에도 몇 번 이런 희망을 가졌지만 데살로니가의 적대적 분위기가 해소되지 않았기 때문에 바울 사도는 디모데를 보내서 자신이 뿌린 복음의 씨가 싹이 나도록 사역하게 했다. 돌아온 디모데에게 데살로니가 교회의 상황에 대해서 들은 바울은 모든 걱정을 씻어 버렸다(살전 3:6~9). 디모데의 보고는 바울에게 기쁨을 주었고 힘을 주었다. 그래서 그의 심정을 데살로니가전서에 표현하며 그들에게 전하고 싶은 교훈을 기록한 것이다. 모든 진리가 명확하게 인식된 것은 아니라고 보았기 때문이다. 바울은, 한편으로는 데살로니가 교회의 진보를 칭찬하고 감사하면서 다른 한편으로는 그들을 좀더 가르쳐야 할 필요를 느꼈다. 이런 이유로 바울은 데살로니가전서를 써 보냈다.

왜 바울 사도가 데살로니가전서에 이어서 후서를 곧 써야 했는지는 명확한 이유가 기록되어 있지 않다. 내용을 공부해보면 데살로니가후서는 전서와 비슷한 내용을 담고 있지만 차이점도 쉽게 눈에 띈다. 데살로니가전서에는 곧 가까이 올 종말에 대한 기대가 기록되어 있으나(살전 4:13~5:11), 후서는 주님의 재림에 앞서 다른 여러 가지 일들이 일어날 것을 염두에 두고 조심스럽게, 참을성 있게 미래를 기대하도록 충고하고 있다(살후 2:1~12).

이 차이점 때문에 데살로니가후서의 진정성을 거부하는 신학자도 있지만, 바울 사도가 자신의 첫 번째 편지에 대한 보충 설명을 두 번째 편지에 기록한 것으로 보는 것이 일반적이다. 어쩌면 데살로니가전서를 읽은 교인들이 바울 사도의 글을 오해하고 주님의 재림을 열광적으로 기대하고 있었는지도 모른다(참조, 살후 2:2). 그렇다면 바울 사도는 자신의 첫 번째 편지가 불러일으킨 오해와 그로 인한 혼란을 두 번째 편지로 교정하려고 하였을 것이다.

중요 주제

1. 데살로니가전서의 중요 주제 중 하나는 '죽음과 그후에 일어날 일들에 관한 것'이다. 이것은 예수님의 재림과 관계하여 설명된다. 예수님의 임박한 재림에 관한 것이 데살로니가전서의 주제이다. 주님께서 오실 때 모든 죽은 사람들이 살아날 것이고 살아 있는 자들과 함께 주님을 영접하게 될 것이다. 그러므로 죽은 자들로 인하여 슬퍼하지 말고 서로를 위로하도록 바울 사도는 권고한다(살전 3:13~18).
2. '예수님의 재림에 대한 기대'와 '깨어 기다릴 것'이 데살로니가전서의 다른 중요한 주제이다. 주님의 재림은 도적이 찾아오듯이 기대하지 않은 시간에 나타날 것이다. 따라서 구원에 합당한 삶을 살며 그날을 대비해야 한다(살전 5:1~11).
3. 데살로니가후서도 그리스도의 재림과 관련되어 있다. 바울 사도의 첫 번째 편지로 인하여 교인들이 해이해지거나 두려움에 휩싸이는 등 오

해가 있었던 것 같다. 그래서 바울 사도는 종말에 대한 열광스러운 태도가 정상적인 삶을 해치지 못하도록 경고하였다. 오히려 정상적으로 일하며 주님의 재림을 기다리도록 충고했다(살후 3:6~12).

내용 분해

◈ 데살로니가전서

1. 서언 : 인사(1:1)

2. 데살로니가 교회로 인한 감사(1:2~3:13)
   1) 데살로니가 교회가 모범적으로 믿음에 이른 것(1:2~10)
   2) 자녀를 돌본 것 같은 바울의 사역(2:1~12)
   3) 데살로니가 교회가 말씀을 받고 고난을 당함(2:13~16)
   4) 데살로니가 교회를 위한 바울의 소망과 좌절(2:17~20)
   5) 대신 디모데를 보낸 이유(3:1~5)
   6) 디모데가 좋은 소식을 가지고 돌아옴으로 받은 위로와 기쁨(3:6~10)
   7) 데살로니가 교회를 위한 바울의 기도(3:11~13)

3. 교훈과 권면(4:1~5:22)
   1) 모든 사람으로 거룩함을 좇으라(4:1~12)
   2) 죽은 자의 부활을 기대하며 슬퍼하지 말 것(4:13~18)
   3) 주님의 재림에 대비하며 깨어 있을 것(5:1~11)
   4) 여러 가지 충고들(5:12~22)

4. 결언과 인사(5:23~28)

◆데살로니가후서

1. 서언 : 인사(1:1~2)

2. 감사와 격려(1:3~12)
   1) 환난 중에서도 믿음이 성장함(1:3~4)
   2) 하나님의 공의를 나타내는 심판 : 안식과 형벌(1:5~10)
   3) 데살로니가 교회를 위한 기도(1:11~12)

3. 주님의 날(2:1~17)
   1) 쉽게 동심하지 말 것(2:1~2)
   2) 재림 전에 있을 일 : 배도와 불법의 사람이 나타남(2:3~12)
   3) 데살로니가 교회를 택하고 구원하심(2:13~14)
   4) 자신이 가르친 것에 대한 확인과 기원(2:15~17)

4. 교훈과 권면(3:1~3:16)
   1) 바울의 사역을 위한 기도 요청(3:1~2)
   2) 데살로니가 교회를 향한 바울의 확신과 소망(3:3~5)
   3) 규모 있는 삶 : 열심히 일하며 누를 끼치지 말 것(3:6~12)
   4) 여러 가지 충고들(3:13~16)

5. 결언 : 인사(3:17~18)

생각해볼 문제

1. 신약성경의 3대 종말론 문서는 무엇입니까?
2. 데살로니가전·후서의 저작 시기와 장소는?
3. 데살로니가전서를 기록한 이유는 무엇입니까?
4. 데살로니가후서를 기록한 이유는 무엇입니까?
5. 데살로니가전·후서의 주제는 무엇입니까?

10. 목회서신(디모데전서, 디모데후서, 디도서)

18세기 이후 디모데전·후서와 디도서는 목회서신이라고 불려왔다. 교회의 지도자로 활동하고 있던 젊은 목회자에게 보낸 편지이기 때문이다. 바울 사도는 디모데와 디도에게 교회 질서 등에 관한 충고를 편지에 적어 보내며, 전에 부여한 교회 사역의 임무에 계속 충실할 것을 충고하고 있다. 이 편지들은 내용과 상황 등에서 공통된 부분들이 있기 때문에 통상 함께 연구된다. 우리도 이 전례를 따를 것이다.

지난 2백여 년간 바울 서신에 대한 토론에서 특히 이 세 편지의 진정성이 의문시되기도 하고 부정되기도 했지만, 전통적인 견해와 편지 자체가 보여주는 진술을 뒤엎을 만큼 강력한 것은 되지 못한다. 세 편지는 모두 바울 사도의 서신이다.

저자의 역사적 상황

목회서신의 세 편지를 쓰던 당시 바울 사도의 역사적 상황은 바울 서신 중 가장 불명확하다. 목회서신이 단편적으로 보여주는 구체적인 상황들이 사도행전에 기록된 바울 사도의 행적이나 다른 바울 서신들의 역사적 상황과 잘 들어맞지 않기 때문이다.

디모데전서 1장 3절에 따르면 바울 사도는 디모데와 에베소에 함께 있다가 마게도냐로 떠나면서 디모데에게 에베소에 머물라고 권했다. 디모데의 에베소 체류는 하루 이틀에 끝나는 것이 아니라 장기간에 걸쳐 교회에서 사역하도록 하려는 것이었다. 또 디도서 1장 5절에 의하면 바울 사도는 전도여행 중에 디도를 그레데 섬에 떨어뜨려두었다. 뿐만 아니라 디도서를 쓰면서 곧 아데마와 두기고를 그에게 보내겠다고 약속했다(딛 3:12). 바울은 니고볼리에서 겨울을 지내기로 작정하고 디도를 그곳으로 오라고 했다.

디모데전서와 디도서의 이 상황은 사도행전이나 다른 바울 서신을 통하여 알려진 바울 사도의 행적에 들어 있지 않다. 물론 사도행전이 바울 사도의 전도 사역 전 노정을 보여주는 것이 아니요, 모든 서신에 나타나는 바울 사도의 사역을 빠짐없이 종합한다고 하더라도 그의 전 생애를 재구성할 수 있는 충분한 자료가 되는 것은 아니다. 따라서 위의 상황을 사도행전의 어느 한 부분에 집어 넣어보려는 시도도 있었으나, 대부분의 신학자들은 이 문제를 사도행전 28장의 종결부와 연결하여 설명한다. 즉 바울 사도는 로마에서의 2년 수금 생활 후에 석방되었으며 그후 자유로이 전도 활동을 할 수 있었고 새로운 여행을 하던 중 이 지역에 들렀을 것이라는 설명이다.

사도행전 이후 바울의 전도여행을 가장 먼저 보도한 것은 서기 96년경에 클레멘트가 쓴 그의 첫 번째 서신이다. 이후의 보도들은 대개 클레멘트 서신에 의존하고 있다. 우리는 이 가능성에 대하여 더 연구하지 않을 것이다. 학자들이 제시하는 다른 의견과 이유들도 그냥 지나가려고 한다. 그렇게 해도 디모데전서와 디도서의 내용을 이해하는 데는 큰 어려움이 없기 때문이다.

디모데후서는 바울 서신 중 감정적인 색채가 가장 강한 서신이다. 바울 사도는 자신의 삶이 얼마 남지 않았음을 알고 있었다. 전도여행이 얼마 전에 끝났다는 것을 암시하는 구절들이 있고 특히 디모데에게 드로아에 두고 온 자신의 외투를 가지고 오라고 당부했다(4:13). 바울 사도의 생애가 62년에 침수형으로 끝났다면 디모데후서는 그 직전에 기록되었을 것이다. 그러나 앞에서 말한 대로 새로운 전도여행이 있었고 신약성경 외의 다른 문서가 전하는 전설대로 65년 또는 66년에 그가 순교했다면 그 직전에 기록되었을 것이다. 디모데전서와 디도서는 64년경에 기록된 것으로 보인다. 아니면 62년이 저작 연도일 수도 있다.

19세기 초기까지는 디모데전서와 디도서의 저작 연대를 바울의 제3차 전도여행 중으로 생각했다. 이 설을 따를 때 디모데전서와 디도서는 56년경에 기록된 편지이다. 디모데후서에 대해서는 전통적인 견해도 62년경으로 주장한다.

수신자

디모데전서와 디모데후서의 수신자는 디모데로 명시되어 있다. 그는 바울에게 복음을 받고 기독교인이 된 '바울의 영적 아들'이었다(고전 4:17). 헬라인 아버지와 유대인 어머니 사이에서 태어난 루스드라 출신이었으므로(행 16:1 이하) 바울의 제1차 전도여행(행 14:6 이하) 때 복음을 받아들인 것으로 보인다.

디모데는 바울의 전도여행에 그림자처럼 따라다닌 가장 신실한 '바울의 동역자'였다. 제2차 전도여행에서부터 그는 거의 항상 바울과 함께 했다. 바울 사도는 자신의 편지 여섯 개에 디모데와 함께 인사를 보냈고(살전, 살후, 고후, 빌, 골, 몬), 로마서 16장 21절에도 그의 이름을 언급했다. 그는 바울의 부탁을 받고 데살로니가(살전 3:1~8)와 고린도(고전 4:17), 빌립보(빌 2:19)로 여행하기도 했다. 그는 바울의 생애 중 가장 어려운 때에 바울 곁에 있으면서 그를 도와주고 위로가 된 사람이었다.

디모데가 바울의 동역자로 바울이 부탁하고 떠난 에베소 교회에서 사역하였다는 것은 잘 알려진 사실이다. 초대 교회의 역사를 쓴 유세비우스가 디모데를 에베소의 초대 감독으로 소개한 것도 이런 이유에서이다.

디도서의 수신자는 디도로 명시되어 있다. 그러나 디도에 관해서는 알려진 것이 별로 없다. 사도행전에는 그의 이름이 나오지 않는다. 그의 이름이 처음으로 나오는 것은 갈라디아서 2장이다. 그는 헬라인이었고 바울과 함께 예루살렘을 방문하기도 했다.

바울 사도의 제3차 전도여행 중 디도는 바울의 편지를 고린도 교회에 전하고 고린도 교회의 소식을 가지고 다시 바울에게 돌아오는 전령의 역할을 했다(고후 2:4~13, 7:5~7). 디도는 어느 틈엔가 바울 사도의 동역자로 성장해 있었다. 바울은 다시 디도를 고린도에 보내며 예루살렘 교회를 위한 헌금을 독려했다(고후 8:6).

이후로 디도의 이름은 목회서신에 다시 나온다. 바울은 전도여행 중 디도를 그레데 섬에 남겨두며 교회를 섬길 것을 부탁했다. 디도서 3장 12절에 따르면 디도는 니고볼리에서 바울을 만났다. 로마에서 마지막을 기다리던 바울 사도에게서 디도는 다시 달마디아로 떠났다(딤후 4:10). 교회사가인 유세비우스는 디도를 그레데의 초대 감독으로 소개했다.

중요 주제

1. 세 목회서신의 주요 주제는 바울 사도가 위임한 목회적 사명을 잘 수행하도록 독려하는 것이다. 바울 사도는 교회를 어지럽히는 거짓 교훈들에 대항하여 교회를 지키도록 권고하고 있다. 이를 위해 교회에 직분자를 세울 것을 충고하고 직분자로 세울 수 있는 사람들의 자격을 기술했다. 감독과 장로(딤전 3:1~7, 5:17~20; 딛 1:5~9), 집사(딤전 3:8~13), 봉사에 참여할 수 있는 과부(딤전 5:3~10), 기타 교회의 직분자들을 세우는 것은 교회의 혼란을 방지하고 질서를 세우는 데 무엇보다도 중요하고 급한 일로 생각했던 것이다.
2. 당시 교회를 괴롭히던 거짓 교훈과 이단이 무엇인지에 대해서는 언급이 없지만 이들의 공격으로부터 교회를 지키기 위해 복음을 굳게 붙들도록 충고하는 것이 이 서신들의 중요 주제 중 하나이다. 복음은 '선한

교훈', '건전한 교훈'(딤전 4:6, 6:3; 딤후 4:3; 딛 1:9, 2:1)이다. 바울 사도는 다른 교훈을 경고할 뿐 아니라 이들과 토론하는 것까지도 금했다(딤후 2:16, 23절; 딛 3:9). 거짓 교훈에 대항하는 가장 좋은 방법은 짧고 강하게 충고하고 꾸짖으며 필요하다면 교회에서 축출하는 것이다(딤전 6:2; 딤후 2:25, 4:2; 딛 2:8, 15절, 3:9).

내용 분해

◆디모데전서

1. 서언 : 인사(1:1~2)

2. 디모데를 에베소에 보낸 이유(1:3~20)
   1) 다른 교훈을 가르치는 사람들을 제재할 필요성(1:3~8)
   2) 악을 교정하기 위한 율법(1:9~11)
   3) 바울이 맡은 직분(1:12~17)
   4) 선한 싸움을 계속할 것을 권고함(1:18~20)

3. 교회의 질서를 위한 충고(2:1~3:16)
   1) 공직자를 위해 기도할 것(2:1~7)
   2) 남자들에게 주는 충고(2:8)
   3) 여자들에게 주는 충고(2:9~14)
   4) 감독의 자격(3:1~7)
   5) 집사의 자격(3:8~13)
   6) 편지를 쓰는 이유(3:14~16)

4. 거짓 교훈과 관계된 직무(4:1~11)
   1) 혼인과 음식에 대하여(4:1~6)

2) 경건을 연습하고 가르쳐라(4:7~11)

5. 젊은 목회자에게 주는 충고(4:12~6:19)

1) 개인적인 경건 생활의 지속(4:12~16)

2) 사람들을 향한 태도(5:1~2)

3) 가족이 있는 과부(5:3~8)

4) 참 과부의 자격(5:9~16)

5) 장로들과 관계된 교훈(5:17~19)

6) 디모데에게 주는 개인적인 격려(5:20~25)

7) 노예들이 가질 자세(6:1~2)

8) 다른 교훈에 착념하는 결과(6:3~5)

9) 부와 돈에 관하여(6:6~10)

10) 직무에 충실할 것을 독려함(6:11~16)

11) 부자들의 태도(6:17~19)

6. 결언(6:20~21)

◆디모데후서

1. 서언 : 인사(1:1~2)

2. 감사와 회상(1:3~7)

3. 복음과 함께하는 고난(1:8~2:13)

1) 복음과 함께 고난 받을 것을 권함(1:8~10)

2) 고난을 부끄러워하지 않는 바울의 태도(1:11~12)

3) 바울이 지시한 것을 지킬 것을 권함(1:13~14)

4) 바울 주변의 사람들(1:15~18)

5) 복음으로 말미암는 고난에 임하는 태도(2:1~13)

4. 거짓 교훈과의 변론을 피할 것(2:14~26)

5. 고통의 때(3:1~4:5)

1) 고통의 때인 말세의 여러 현상(3:1~9)

2) 경건하게 사는 사람은 핍박을 받음(3:10~12)

3) 구원에 이르는 지혜를 주는 성경의 교훈을 따를 것(3:13~17)

4) 전도인의 직무를 다할 것(4:1~5)

6. 바울의 마지막 충고(4:6~18)

1) 죽음을 직감한 바울의 기대(4:6~8)

2) 개인적인 부탁(4:9~16)

3) 찬송(4:17~18)

7. 결언과 인사(4:19~22)

◈디도서

1. 서언 : 인사(1:1~4)

2. 디도가 맡은 일(1:5~16)

1) 장로와 감독을 세우는 일 : 그 자격(1:5~9)

2) 거짓 교사들을 엄히 꾸짖는 일(1:10~16)

3. 바른 교훈(2:1~3:11)

1) 교회 안의 다양한 사람들에 대해 가르쳐야 할 교훈들(2:1~10)

2) 하나님의 은혜로 친 백성이 됨(2:11~15)

3) 하나님의 백성의 선한 삶의 태도(3:1~8)

4) 이단과의 변론과 접촉을 피할 것(3:9~11)

4. 개인적 부탁과 결언(3:12~15)

생각해볼 문제

1. 디모데전·후서와 디도서를 왜 목회서신이라고 부릅니까?
2. 디모데와 디도는 각각 어디에서 목회 사역을 하고 있었습니까?
3. 교회의 직분자들을 세우는 것은 바울 사도에게는 어느 정도로 중요한 일이었습니까?
4. 이단 사상 또는 불건전한 사상을 따르는 사람들을 대항하는 최선의 방법으로 바울 사도는 어떤 것을 제시했습니까?
5. 돈과 부에 대한 교훈과 경고는 어디에 수록되어 있습니까?

11. 빌레몬서

이 짧은 편지는 바울 사도가 쓴 네 개의 옥중서신 중 하나이다. 목회서신과 같이 한 개인, 골로새에 살고 있던 빌레몬에게 보낸 것이다. 교회의 질서나 교리 문제가 아닌 개인적인 문제를 다루고 있으며, 회개한 종을 용서해줄 것을 권고하는 것이 목적이었다. 노예 제도가 없어진 현대에는 실제적인 적용 가치가 없는 것처럼 보이지만 도망친 노예에게 사형을 허용한 당시로서는 매우 충격적인 내용이었다. 짧은 이 편지를 통해서 바울 사도의 사회 선도적이고 개혁적인 면과 기독교인의 사랑과 용서에 대하여 많은 것을 배울 수 있다.

저자의 역사적 상황

빌레몬서는 골로새서와 같은 시기에, 같은 장소에서 바울에 의해 기록되었다. 당시 디모데가 그와 함께 있었다(1절). 사도는 이 편지에서 에바브라, 마가, 아리스다고, 데마, 누가의 안부를 전하며 압비아, 아킵보에게도 문안했는데 이 이름들은 골로새서에도 그대로 나온다. 빌레몬서를 쓴 원인을 제공한 도망친 종 오네시모의 이름도 골로새서에 언급되어 있다(감옥과 역사적 상황에 대한 자세한 것은 에베소서, 빌립보서, 골로새서를 보라). 바울 사도는 이 편지를 로마에서 가택 연금 상태에 있던 61년경에 썼을 것이다(이 편지와 골로새서가 에베소에서 54년경에 기록되었을 것이라고 주장하는 학자들도 있다).

수신자

이 편지의 수신자로 바울 사도는 빌레몬, 그의 아내 압비아, 아마도 그의 아들인 아킵보, 그의 집에 모이고 있던 교회를 언급하고 있다. 그러나 이 인사 이후에 계속적으로 단수형인 '형제' 가 편지의 대상으로 지목되는 것으로 보아 빌레몬 개인에게 보내며 동시에 주변 사람들에게도 참고하도록 했을 것으로 짐작된다.

빌레몬은 골로새에 살고 있던 사람으로 보인다. 골로새서 4장 9절이 오네시모를 골로새 사람이라고 하기 때문이다. 바울은 그를 "우리의 사랑을 받는 자요 동역자"라고 불렀다(1절). 언제 어디서인지는 알 수 없지만 빌레몬은 바울을 통해 믿음을 얻은 것으로 보인다(참조, 19절).

빌레몬에게 오네시모라는 노예가 있었다. 어느 날 오네시모는 주인의 물건을 훔쳐 멀리, 아마도 로마로 도망쳤다. 로마에서 오네시모는 알려지지 않은 과정을 통하여 바울을 알게 되었고 예수님을 믿는 형제가 되었다. 심지어 바울 사도가 그를 심복이라고 부를 정도로 오네시모는 확실한 신자가 되었다(12~13절). 골로새서와 에베소서를 기록하여 두기고 편에 보내려고 할 때 바울은 오네시모가 빌레몬에게 돌아가는 것이 옳다고 판단했다. 그러나 도망친 노예를 아무런 대책 없이 돌려보낼 수는 없었다. 그래서 이 편지를 쓰게 되었다.

중요 주제

1. 이 편지를 통해 사회 구조에서의 기독교인의 태도를 배울 수 있다. 복음은 사회적인 신분이나 직위, 계급, 출신 신분에 관계없이 받아들여졌다. 교회는 전혀 다른 사람들이 함께 모이게 되었다. 종과 주인도 계급

이 서로 상반되는 사람들이었다. 바울 사도는 모든 인위적이고 사회적인 차별에도 불구하고 신자들은 한 가족이라는 생각을 가지고 이 편지를 썼다. 물론 그는 이 문제를 조직적으로 기술하지 않았다. 회개하고 돌아가는 종을 너그럽게 용서하고 이제는 종으로서가 아니라 믿음의 형제로 받아들일 것을 충고했다. 믿음 안에서는 어떤 장벽도 기독교인의 사랑과 용서를 막을 수 없다는, 막아서도 안 된다는 것이 이 서신의 중요 주제이다.

2. 이 서신에서 바울 사도가 사회적인 제도를 어떻게 대하고 있는가를 배울 수 있다. 그는 노예 제도에 대항하여 싸우는 급진적인 방식으로 이 문제를 해결하지 않고 개인적인 충고와 계몽을 통해서, 즉 그리스도인들의 용서와 사랑, 믿음 안에서의 형제애를 통하여 해결하고 있다.

내용 분해

1. 서언 : 인사(1~3절)
2. 빌레몬의 사랑과 믿음에 대한 감사(4~7절)
3. 오네시모를 용서하고 믿음의 형제로 받아들일 것을 권고함(8~22절)
4. 결언과 인사(23~25절)

생각해볼 문제

1. 빌레몬서는 누가 언제 어디에서 기록했습니까?
2. 이 편지를 쓴 목적은 무엇입니까?

제4부

공동서신

1. 히브리서

히브리서는 신약성경의 책들 중 저자의 이름이 마지막까지 밝혀지지 않은 유일한 책이다. 복음서들도 그 내용에는 저자의 이름이 없지만 초대 교회는 복음서들이 누구에 의하여 기록되었는지 알고 있었고 그 이름을 제목으로 고정시켰다. 사도행전은 누가복음과의 비교를 통해 저자가 밝혀진다. 나머지 책들은 모두 저자의 이름이 서언의 인사 부분에 들어 있다. 그러나 히브리서를 누가 기록했는지에 대해서는 초대 교회의 입장이 불분명할 뿐 아니라 저자를 확인할 만한 어떤 암시도 들어 있지 않다.

이 익명성 때문에 로마를 중심으로 한 서방교회에서는 히브리서를 정경으로 받아들이기를 오래도록 꺼렸다. 초대 교회는 사도들이 저작했거나 배후에 사도가 있다는 것이 확실한 책들, 교리의 순수성이 충분한 책들이 아니면 정경으로 인정하지 않으려 했던 것이다. 그럼에도 불구하고 초대 교회 시절에 이미 히브리서는 넓게 알려져 있었고 적지 않은 기독교 지도자들의 글에 인용되어왔다.

히브리서는 예수님을 위대한 대제사장으로 소개한다. 그는 완전한 대제사장으로서 자신의 피로 하늘의 지성소로 들어가 완전한 속죄 제사를 드렸으며 계속 대제사장으로 사역하고 계신다. 히브리서는 예수님을 구약의 어떤 인물보다 더 위대한 분으로, 예수님의 속죄 사역을 구약의 예표적인 제사를 완성한 것으로 소개하고 있다. 이것은 기독교가 유대교보다 더 우월하다는 것을 보여, 믿는 유대인들이 유대교로 복귀하는 것을 막으려 한 것으로 생각된다.

저자의 역사적 상황

콘스탄티노플(지금의 이스탄불)을 중심으로 한 동방교회는 이 글을 바울 사도의 저작으로 취급했다. 교회의 전통은 동방교회의 의견을 따른 것이다. 하지만 히브리서의 저자가 바울 사도가 아닐 것이라는 추정은 초대 교회 시절부터 끊임없이 있었다. 클레멘트와 오리겐은, 내용은 바울 사도에게서 나온 것으로 믿으면서도 직접적인 기록자는 바울의 제자일 것으로 생각했다. 서방교회에서는 기독교 세계에 큰 영향력을 끼친 히에로니무스와 어거스틴 이후에 히브리서를 바울 사도의 저작으로 믿었다.

종교개혁 시대에 이르러 다시 바울 저작권이 의문시되었으나 트렌트 종교 회의는 바울의 글로 인정했다. 예를 들면 루터와 칼빈은 바울의 저작권에 의문을 제기했다. 히브리서의 저작자로 바나바, 누가, 아볼로, 실라 등을 꼽는 것은 초대 교회 시절부터 있었다. 하지만 어느 주장도 모두의 전폭적인 지지를 받기는 어렵다. 이런 혼란은 신약성경의 책들을 배열한 순서에도 반영되어 있다. 히브리서는 아마 그 크기로 봐서 로마서와 고린도전서 사이에 배치되어야 했을 것이다(실제로 이런 사본도 있다). 하지만 모든 사본들이 히브리서를 목회서신 이후에 배열함으로써 히브리서가 바울 사도의 열네 번째 서신이거나 아니면 다른 사람의 저작일 것임을 암시한다.

정말로 저자가 누구인지는 하나님만이 아신다는 유행어가 가장 정확한 답으로 보인다. 저자가 구체적으로 누구인지와는 관계없이 중요한 것은 초대 교회가 히브리서를 정경의 하나로 인정했고 그렇게 사용했다는 사실이다.

히브리서의 저자는 구약성경과 유대교에 정통한 사람으로 보인다. 그러나 그의 수많은 구약성경 인용은 모두 70인경에서 가져온 것이다. 그는 예수님의 사역을 직접 목격한 사람은 아니다(참조, 2:3). 그는 디모데와 가까운 사람이었고 그가 이 편지를 쓸 때 디모데는 (아마 감옥에서) 풀려난 직후였다. 그는 디모데를 기다리고 있었고 그와 함께 히브리서의 독자들을 방문할 계획을 하고 있었다(13:23). 저자에 관하여 말할 수 있는 것은 이 정도뿐이다.

수신자

이 편지는 '히브리인들에게' 라는 제목이 붙어 있어서 어느 지역에 살고 있는 유대인들에게 보내는 편지였음을 알려준다. 그러나 편지의 내용은 유대인들과 이방인들을 특별히 구별하고 있지 않다. 따라서 유대인에게만 필요한 내용이라고 볼 수는 없다. 일차적으로 유대인들을 목표로 하고 씌어진 편지라 하더라도 그 내용은 모든 기독교인들이 꼭 알고 있어야 할 것들이다.

당시 수신자들은 심하게 핍박을 당하고 있었다. 히브리서는 핍박을 당하고 있는 유대인들에게 보낸 위로와 확신, 격려의 편지였다. 이 핍박이 누구에 의해서 자행되는 것인지는 정확하게 알 수 없지만 내용으로 미루어보아 유대인 사회에서 기독교로 전향한 신자들에게 주어진 핍박으로 이해하는 것이 일반적이다.

기독교 선교 초기에 유대 사회에서 기독교로의 이탈을 막기 위하여 유대인들이 예수님을 믿는 사람들을 출교하며 핍박했는데, 이 핍박에 견디다 못한 신자들이 다시 유대교로 복귀하는 현상들이 여기저기서 속출했다는 추측이다. 히브리서는 이런 어려움을 당하는 초기 유대 기독교인들에게 용기를 주고 기독교를 변증하며 신앙을 버리지 않도록 격려하기 위하여 기록했다는 설명이다.

이런 유의 핍박은 로마로 인한 기독교 박해가 시작되기 이전에 유대인들이 사는 곳곳에서 발생했다. 따라서 히브리서의 저술 연대는 서기 60~70년경인 것으로 추측된다. 13장 24절의 "이달리야에서 온 자들도 너희에게 문안하느니라"는 구절이 누구를 의미하는지는 알 수 없으나 이 표현을 통해 히브리서의 독자들이 로마에 살고 있었다고 가정하는 것이 가능하다. 고국을 떠난 사람들이 고향의 사람들에게 인사를 하는 것으로 보이기 때문이다.

중요 주제

1. 히브리서의 중요 주제 중 하나는 그리스도의 우월성이다. 그리스도는 하나님의 아들이시요 우주의 창조자로서 구약의 어떤 선지자들보다, 모세나 여호수아, 아론, 멜기세덱보다, 천사들보다 우월하신 분이다. 예수님이 육신으로 오셔서 천사보다 조금 못하게 되신 것은 우리를 위한 속죄제사를 드리는 대제사장의 직무를 수행하시려는 목적에서였다.
2. 그리스도의 우월성은 구약 시대의 가장 특징 있는 제사인 속죄 제사와 그리스도의 죽음을 비교하는 것에서도 드러난다. 그리스도는 멜기세덱의 반차를 좇는 영원한 대제사장이시다. 그는 자신의 피를 가지고 영원한 하늘의 지성소로 들어가 영원한 속죄제사를 드리셨다. 그것은 단 한 번의 제사로 영원한 효력을 지니는 것으로서, 짐승의 피로 죄 있는 대제사장이 매년 드려야 하는 속죄제사보다 훨씬 우월한 것, 즉 구약 제사 제도의 완성이었다.
3. 그리스도의 대제사장직과 그 직무를 영원히 계속되는 예수님의 사역으로 설명하는 것도 중요한 주제 중의 하나이다. 승천하신 예수님은 하나님의 우편에 앉아 중보의 사역을 계속하신다.
4. 믿음이 강조되고 있다. 이 믿음은 '영혼을 구원함에 이르게 하는 것' (10:39)으로서 구약 시대의 인물들이 동일하게 가지고 있었던 것이다.

히브리서 11장은 소위 '믿음 장'이라는 별명을 얻을 정도로 이스라엘 역사에 나오는 위대한 인물들을 믿음이란 주제를 중심으로 설명하고 있다.

내용 분해

1. 서론 : 그리스도의 본질과 사역(1:1~3)

2. 모든 것보다 우월하신 그리스도(1:4~4:16)
  1) 천사보다 우월하심 : 하나님의 아들이요 창조주(1:4~2:18)
    ① 하나님의 아들과 천사의 비교(1:4~14)
    ② 구원 얻는 복음의 위대함(2:1~4)
    ③ 천사보다 조금 못하게 되신 이유와 배교에 대한 경고(2:5~18)
  2) 모세보다 우월하심 : 영원한 대제사장(3:1~19)
    ① 예수와 모세의 비교 : 아들과 사환(3:1~6)
    ② 예수님을 믿지 않음과 모세를 듣지 않음의 비교(3:7~19)
  3) 여호수아보다 우월하심 : 하나님의 안식(4:1~16)
    ① 남아 있는 안식(4:1~10)
    ② 영원한 안식을 주시는 대제사장 그리스도(4:11~16)

3. 그리스도의 대제사장직과 그 사역(5:1~10:39)
  1) 멜기세덱의 반차를 좇는 대제사장(5:1~10)
  2) 신앙의 성숙에 대한 권면(5:11~6:3)
  3) 배교에 대한 경고(6:4~8)
  4) 하나님의 약속을 소망하며 하나님의 기업을 얻도록 권고(6:9~20)
  5) 멜기세덱의 우월성 : 아브라함과 레위의 십일조를 받고 복을 빔 (7:1~10)
  6) 예수의 대제사장직과 레위 지파(아론)의 대제사장직 비교(7:11~28)

7) 새 언약과 옛 언약, 새 언약의 대제사장이신 그리스도(8:1~13)
8) 옛 제사와 그리스도의 제사 비교(9:1~28)
9) 그리스도의 한 번의 완전한 제사(10:1~18)
10) 새 언약의 질서에 머물 것에 대한 권고와 배교에 대한 경고 (10:19~39)

4. 실제적인 권면들(11:1~13:17)
1) 믿음의 위인들(11:1~40)
2) 믿음과 충성을 향한 권고(12:1~24)
3) 배교에 대한 경고(12:25~29)
4) 믿는 사람들이 힘써야 할 행동들(13:1~17)

5. 결언: 부탁과 인사, 축복(13:18~25)

생각해볼 문제

1. 히브리서의 저자는 누구입니까?
2. 히브리서의 수신자는 누구입니까?
3. 히브리서의 주제는 무엇입니까?
4. 그리스도의 제사장직의 우월성이 어떻게 설명되어 있습니까?
5. 유명한 믿음 장은 어디입니까?

2. 야고보서

야고보서, 베드로전·후서, 요한일·이·삼서, 유다서는 공동서신 또는 일반서신이라고 불린다. 야고보서는 그 첫 번째 책이다. 초대 교회 시절부터 이런 별명이 붙은 것은 이 서신들이 특정한 수신지나 수신자를 지목하지 않고 모든 기독교인을 대상으로 하고 씌인 편지들이기 때문이다.

야고보서는 교리보다는 실천적인 면을 강조한 서신이다. 복음이 들어있지 않다는 이유로 루터는 이것을 지푸라기 서신으로 부르고 그의 정경 목록에서 이차적 또는 부차적인 위치를 부여했다. 이런 현상은 한국 교회에서도 일반적으로 발견되는데 이신칭의의 교리에 과도하게 집중하여 야고보서를 과소평가하거나 등한히 여기고 기독교인들의 삶, 윤리, 사회적인 문제들을 덜 중요한 것으로 취급하는 경향이다. 그러나 신앙과 삶, 교리와 실천은 뗄 수 없이 연결되어 있다. 예수님을 믿는 사람들은 예수님의 말씀대로 살아야 한다. 따라서 행위와 삶을 강조한 야고보서의 가치는 다른 어떤 서신들 못지않게 귀중하다.

저자

이 편지는 야고보가 기록했다. 야고보는 자신을 하나님과 예수 그리스도의 종이라고 불렀다(1:1). 그는 사도 야고보가 아니다. 사도 야고보는 서기 44년경에 헤롯 아그립바 왕에 의하여 순교했다(행 12:2). 그가 순교하기 전에 야고보서를 썼을 것이라는 추측은 적당하지 않다.

이 편지의 저자는 예수님의 동생으로 알려져 있다. 천주교에서는 마리아의 영원 동정녀설을 주장하기 위하여 신약성경에 나오는 주의 형제들을 사촌이나 이복형들로 설명하지만, 복음서가 보여주는 관계는 예수님의 동생이었다고 보는 것이 가장 신빙성이 있어 보인다.

그는 처음에는 예수님을 믿지 않았다(막 3:21; 요 7:3~9). 그러나 부활하신 주님께서 그에게 나타나셨고(고전 15:7), 그후 그는 성령이 오시기를 기다리는 사람들 중에 있었다(행 1:14). 바울 사도에 의하면 그는 베드로, 요한과 함께 '교회의 기둥' 이었다(갈 2:9). 베드로 사도가 핍박을 피하여 다른 곳으로 도망친 이후(행 12:17) 그는 예루살렘 교회의 지도자로 활동했다(행 15:13, 21:18; 갈 2:2~14). 이방인이 율법을 지켜야 하는가 하는 문제로 예루살렘 회의가 소집되었을 때, 야고보 자신은 율법을 계속 지켰으면서도 이방인 신자들이 율법을 지킬 필요가 없다는 바울의 입장에 섰다(행 15:12~21).

따라서 야고보서는 비록 사도에 의하여 기록된 편지는 아니지만 초대교회의 지도자로서 교회의 실천적인 면을 강하게 가르친 공개적인 가르침, 즉 교회의 규범서임을 알아야 한다. 요세푸스의 기록에 따르면 야고보는 서기 64년경에 순교했으므로 이 편지는 그 이전에 쓰인 것이다. 초기 연대설을 주장하는 사람들은 서기 48년에 있었던 예루살렘 총회 이전의 연대로까지 거슬러 올라가려 하지만 정확한 연대는 추정하기 어렵다. 또 그렇게 중요한 것도 아니다. 중요한 것은 그 내용이다.

수신자

주님의 동생 야고보는 이 편지를 "흩어져 있는 열두 지파"에게 보낸다고 했다. 이 표현은 하나님의 백성을 지시하는 이상적인 용어이지만 여기에서는 당시 여러 지역에 세워지고 있던 교회들과 기독교인들을 지시하는 비유적 표현으로 사용되었다. 서신의 정확한 연대를 산정할 수 없기 때문에 수신자들의 역사적 상황을 재구성하기는 어렵다. 그러나 믿음의 복음이 전파되고 이신칭의의 교리 위에 교회가 세워지면서 어느 지역, 어느 시대의 교회나 믿음을 절대시하고 삶을 무시 또는 천시하는 경향이 발전하였을 것은 어렵지 않게 추측할 수 있다. 이러한 현상은 20세기에도 도처에서 볼 수 있다.

따라서 야고보는 당시 기독교인들과 각 교회에서 일반적으로 발견되었고, 언제나 일어날 수 있는 복음의 곡해로 인한 잘못된 기독교적 삶을 경고하고 바르게 살 것을 권하기 위하여 이 서신을 기록했다고 보아야 할 것이다. 수신자들의 집회 장소가 '회당'(2:2)이었다는 것은 수신자들이 대부분 유대인이었다는 것을 시사한다. 물론 이것은 야고보가 이 편지를 유대인들만이 들어야 할 대상으로 생각했다는 얘기는 아니다.

중요 주제

1. 야고보서의 특징은 기독교인들의 실천적인 문제를 다루는 것이다. 물론 신약성경의 모든 책에 이런 종류의 충고나 교훈이 담겨 있다. 하지만 그 책들이 교리에 치중하고 믿음의 확립에 관심을 가진 후에 짧게 삶의 문제를 다루는 것에 비해 야고보서는 그 전체가 실천적인 내용들이다.
2. 이런 면에서 야고보서의 특징이 인간론적이라고 보는 것은 틀리지 않다. 신약의 모든 책이 예수님께서 하신 일, 그로 말미암은 하나님의 은총과 사랑 등을 주요 내용으로 하는 데 비해 야고보서는 인간의 문제에 주요 지면을 다 사용하였다.

3. 야고보서의 가장 큰 주제는 믿음과 행위의 관계를 조명한 것이다. 야고보서에 따르면 사람이 구원을 얻는 것은 믿음으로만 이루어지는 것은 아니다. 올바른 행위, 믿음에 부응하는 바른 삶이 없다면 그 믿음은 죽은 믿음이다. 지식일 뿐이다. 산 믿음은 삶으로 표현될 수밖에 없다. 이 점에서 야고보서는 종종 바울 서신의 이신칭의 교리와 충돌을 일으키는 것으로 오해 받았다. 믿음의 절대성에 인간의 노력을 첨가한다고 하여 쓸모없는 서신으로 천대받기도 했다. 야고보서가 믿음을 배제 또는 배척한다고 보았기 때문이다. 그러나 야고보서는 믿음을 배척하거나 평가절하하지 않고 오히려 전제하고 있다. 바른 믿음이 어떻게 나타나는가에 관심을 가지고 있다. 아니면 믿음만을 강조하고 몰입해 들어갈 때 어떤 잘못이 저질러질 수 있는지를 경고하고 있다. 야고보서는 믿는 사람들에게 정체된 삶을 살지 말고 예수님의 교훈을 실천하는 완전한 믿음의 생활을 보이라고 충고한다. 이와 함께 바울 서신이 인간의 삶을 배척하거나 부정하는 것이 아님을 기억할 필요가 있다. 모든 바울 서신이 교리적 교훈을 마치면서 바로 실천적 교훈으로 넘어가는데, 이 부분에서 바울 사도는 야고보서 이상으로 믿는 자의 삶을 중요시하고 있음을 배우게 된다. 믿음과 순종은 기독교인의 완전한 모습을 보여주는 것이다.

내용 분해

1. 서언 : 인사(1:1)
2. 시련을 대하는 태도(1:2~4)
3. 지혜를 구할 것(1:5~8)
4. 물질에 대한 태도(1:9~12)
5. 시련과 시험(1:13~15)
6. 좋은 것을 주시는 하나님(1:16~18)
7. 듣고 행하는 자가 되라(1:19~27)

8. 사람을 외모로 대접하지 말 것(2:1~13)
9. 믿음을 온전케 하는 행함 : 살아 있는 믿음(2:14~26)
10. 말을 조심하고 악한 말을 하지 말 것(3:1~12)
11. 행함으로 참된 지혜를 보일 것(3:13~18)
12. 하나님을 가까이 하고 악을 멀리할 것(4:1~10)
13. 비방하지 말 것(4:11~12)
14. 멋대로 하지 말고 하나님의 뜻대로 선을 행할 것(4:13~17)
15. 부자들에 대한 경고(5:1~6)
16. 압제자들에 대한 격려(5:7~11)
17. 맹세하지 말 것(5:12)
18. 기도의 힘(5:13~18)
19. 진리를 떠난 자를 도울 것(5:19~20)

생각해볼 문제

1. 베드로전·후서와 야고보서, 요한 서신들, 유다서를 왜 일반서신 또는 공동서신이라고 부릅니까?
2. 야고보서를 지푸라기 서신이라고 부른 사람은 누구이며 왜 그렇게 불렀습니까?
3. 야고보서의 가치는 어디에 있습니까?
4. 야고보서의 주제는 무엇입니까?

3. 베드로전·후서

베드로전서와 후서는 공동서신의 두 번째와 세 번째 책으로 베드로 사도의 편지로 알려져 있다. 베드로전서는 처음부터 베드로 사도의 편지로 그대로 받아들여졌지만 베드로후서는 저자 문제에 여러 가지 의문이 제기되어 초대교회는 베드로후서를 정경으로 인정해야 하는지를 놓고 주저했다. 하지만 교회는 베드로후서를 베드로 사도의 저작으로 인정했고 정경 속에 포함시켰다. 베드로후서 3장 1절은 베드로전서와 후서가 다 같이 베드로 사도에게서 나왔음을 알려주는 구절이다.

저자의 역사적 상황

저자는 자신을 예수 그리스도의 (종과) 사도 (시몬) 베드로라고 소개한다. 베드로는 예수님께서 그에게 주신 별명, 칭호이다.

베드로는 요한, 야고보와 함께 예수님과 가장 가까이 있던 세 명의 핵심 인물이었다. 세 사람 중에서도 수제자로 불릴 정도로 두드러졌다. 예수님의 승천 이후 그는 예루살렘 교회에서 지도자로 활동했다.

사도행전의 전반부는 주로 베드로의 사역에 초점이 맞추어져 있다. 예루살렘 교회 회의 이후 그의 행적은 모호하지만, 모든 전통이 그가 로마에서 복음을 전하다가 65년경 네로에게 순교를 당했다고 전한다.

이 서신들은 베드로가 네로에게 살해당하기 전에 로마에서 기록한 것이다. 베드로전서 5장 13절에 자신이 있었던 곳으로 소개하는 '바벨론'은 당시 기독교인들이 로마 시를 지시했던 은어적 표현이었다. 베드로 사도는 이 편지를 자신이 직접 쓰지 않고 실루아노란 사람을 통하여 썼다.

수신자

베드로 사도는 여러 지역에 흩어져 살고 있는 '택하심을 입은 자들'을 수신자로 지목한다. 이 용어로 베드로 사도는 여러 지역에 살고 있던 기독교인들을 지시하는 것으로 보인다. 그가 편지를 보낸 지역은 본도, 갈라디아, 갑바도기아, 아시아와 비두니아인데(벧전 1:1) 이 지역은 바울 사도가 주로 전도했던 지역의 북쪽에 해당한다. 이 지역에 언제 복음이 전해지고 교회가 세워졌는지 알 수 있는 자료는 없지만 베드로 사도가 이 편지를 쓰던 당시 많은 교회가 이미 존재했던 것은 틀림없다. 그곳에 세워진 교회는 이방인 출신 기독교인이었다(벧전 1:14, 2:9, 4:3; 벧후 2:20~22).

베드로후서는 뚜렷한 지역명도 없이 기독교인들을 더 일반적인 언어로 묘사했는데 아마도 베드로전서의 수신자와 수신지가 같았기 때문일 것이다. 베드로후서는 베드로전서가 기록된 직후에 작성되었다는 것이 일반적인 의견이다. 베드로후서 3장 1절의 '이 둘째 편지' 또는 '이 둘'은 베드로전서를 염두에 둔 표현이다.

베드로전서와 후서의 내용만을 근거로 수신자들의 특별한 상황을 추측해보면, 그들은 아마도 기독교인이라는 것 때문에 또는 기독교인들의 삶의 모습 때문에 사회에서 적지 않은 고난을 당하고 있었던 것으로 생각된다. 물론 이 고난은 로마 황제의 명령이나 유대 산헤드린의 결정에 의한 집단적인 핍박은 아니었다. 이런 사회적인 어려움 때문에 교인들 중에는 기독교 신앙에 회의를 갖는 사람들이 있었던 것 같다. 특히 베드로후서는 다른 교훈을 가르치는 사람들이 교회 안에도 있었음을 알려준다. 베드로 사도는 이 편지들을 그냥 써 보낸 것이 아니라 기독교인들이 고난과 이단의 위험에 처해 있는 것을 도와주기 위하여 보낸 것으로 보인다.

중요 주제

1. 베드로전서의 중요 주제는 기독교인의 소망이다. 이 주제를 위하여 베드로 사도는 믿는 사람들의 정체성을 먼저 진술한다. 예수님의 사역은 우리를 거듭나게 하고 산 소망이 있게 하신 것이다(벧전 1:3). 따라서 믿는 사람들은 그리스도를 통하여 받은 소망에 맞게 살아가야 한다.
2. 베드로전서의 다른 한 중요 주제는 그리스도인이 당하는 고난이다. 믿는 자들은 그리스도와 함께 모든 좋은 것은 물론 고난도 공유한다. 베드로 사도는 특히 그리스도의 고난을 상기시키며 고난을 인내로 견뎌내고(벧전 2:23) 고난 가운데서 오히려 기뻐할 것을 권한다(벧전 4:13).
3. 베드로 사도는 기독교인의 삶을 한편으로는 하나님께서 하신 일, 그래서 믿는 자들이 지금 가진 특권과 관련하여 설명하고 다른 한편으로는 미래에 나타날 영광과 관련하여 교훈한다. 믿는 사람들은 썩지 아니할 씨, 곧 하나님의 말씀으로 거듭난 사람들이요(벧전 1:23), 하나님께서 택하신 족속이요 왕 같은 제사장들이요 거룩한 나라요 그의 소유된 백성이다(벧전 2:9). 따라서 하나님의 거룩하심과 같이 거룩하고 깨끗하게, 의롭고 착하게 살아가야 한다. 이런 구별된 삶은 세상에서 고통을 받을 수밖에 없으며, 믿는 자의 고난은 그 자체가 영광스러운 것이다. 이런 면에서 보면 베드로전서는 실제적 서신이다.
4. 베드로전서에는 독특한 주제가 하나 있다. 그리스도께서 지옥으로 내려가셨다는 진술이다. "그가 또한 영으로 가서 옥에 있는 영들에게 선포하시니라"(벧전 3:19).
5. 베드로후서는, 선하고 거룩한 삶의 경고는 베드로전서와 맥을 같이 하지만 근본적인 주안점은 기독교의 진리를 변호하는 것이다. 거짓 가르침에 대하여 기독교 신앙은 사람들이 꾸며낸 것이 아니라는 점과 자신

이 직접 보고 들었다는 것을 강조했다(벧후 1:16~18). 거짓 교훈은 특히 그리스도의 재림을 부인하는 것으로 보인다.

6. 베드로후서의 다른 강조점은 잘못된 교훈을 퍼뜨리는 사람들에게 하나님의 엄중한 심판을 선언한 것이다. 거짓 교사들은 구약의 거짓 선지자들의 전통을 따르는 것으로 규정되고 있다. 따라서 같은 하나님의 심판이 그들을 기다리고 있다.

내용 분해

◆베드로전서

1. 서언 : 인사(1:1~2)

2. 미래 소망의 확실성(1:3~12)

3. 흔들리지 말고 계속 거룩하게 살아갈 것(1:13~25)

4. 구원에 이르도록 자랄 것(2:1~10)

5. 불신 사회에서 보여야 할 기독교인의 자세(2:11~4:6)
    1) 서론 : 선한 행실을 가질 것(2:11~12)
    2) 제도에 순종할 것(2:13~17)
    3) 그리스도를 본받아 주인에게 순종할 것을 종들에게 권함(2:18~25)
    4) 아내와 남편에게(3:1~7)
    5) 사랑과 평화의 삶(3:8~12)
    6) 선을 행함으로 받는 고난 : 그리스도의 모범(3:13~4:6)

6. 마지막을 의식하면서 살아갈 것(4:7~5:11)

1) 하나님의 영광을 드러낼 여러 가지 행동(4:7~11)
2) 시련은 그리스도의 고난에 참여하는 것(4:12~19)
3) 교회의 장로들과 젊은이들에게 주는 권고(5:1~6)
4) 고난을 견딜 것을 다시 한번 권함(5:7~11)

7. 결언과 인사(5:12~14)

◆베드로후서

1. 서언 : 인사(1:1~2)

2. 기독교 진리(1:3~21)
   1) 영원한 나라에 들어가게 하는 하나님의 사역(1:3~11)
   2) 꾸민 이야기가 아니라 진실임(1:12~21)

3. 거짓 선생들의 특징과 결말(2:1~22)

4. 재림의 확실성과 이에 근거한 충고(3:1~16)

5. 결언(3:17~18)

생각해볼 문제

1. 베드로전·후서의 저자는 누구입니까?
2. '바벨론'은 어떤 도시를 지시하는 표현입니까?
3. 베드로전서는 어느 지방에 있는 교회에 보낸 편지입니까?
4. 베드로전서의 주제는 무엇입니까?
5. 우리가 썩지 않을 씨로 거듭났다는 말씀은 어디에 있습니까?

4. 요한서신

요한일·이·삼서는 전통적으로 요한 사도의 서신으로 알려져 왔다(요한에 관해서는 요한복음의 서론을 참고하라). 요한일서는 저자가 자신을 밝히지 않았고, 이서와 삼서는 자신을 '장로' 로 부르고 있다. 요한일서 1장 1~4절은 이 글을 쓴 사람이 예수님 사역의 목격자임을 알려준다. 또 이 부분은 요한복음의 서론과 매우 비슷하다. 이것과 함께 요한복음에서도 요한 사도가 자신의 이름을 밝히지 않았다는 점, 요한일서와 이서를 자세히 비교해보면 두 서신이 같은 저자에 의해 기록되었음이 틀림없고, 이서와 삼서는 '장로' 라고 자신을 소개하는 동일 저자를 지시한다는 점 등을 고려할 때 요한의 세 서신이 사도 요한의 글이라는 교회의 전통을 거부할 만한 어떤 흔적이나 자료도 찾기 어렵다.

요한일서는 서신의 형식을 갖추고 있지는 않다. 그러나 '썼다'(요일 2:1, 2:26)는 표현은 요한일서가 처음부터 글의 형태로 탄생했음을 보여준다. 요한일서는 목회자의 입장에서 교회와 교인들에게 필요한 충고들을 써 보낸 일종의 목회적 설교, 설교 형식의 편지라고 보는 것이 무난하다. 요한이서와 요한삼서는 편지의 형식을 제대로 갖추고 있다.

세 편지가 모두 수신자를 명확하게 명시하지 않았다는 점에서 초대 교회는 이 서신들을 모든 신자들에게 보내는 공동서신의 범주에 넣었다. 초대 교회의 가장 큰 어려움은 복음 이외의 다른 가르침의 출현이었다. 사도들은 어디에서나 이단 또는 다른 교훈과 이것을 가르치는 사람들을 만났고, 그들에 대항하여 복음을 지킬 뿐만 아니라 거짓 교훈을 교회에서 몰아내야 했다. 때로는 교회 안에서 그런 사람들이 자라났다. 요한 사도는 바른 교사, 바른 신앙을 확인할 수 있는 여러 가지 기준을 제시하여 교회와 교인들의 신앙을 확고히 하기 위하여 이 편지들을 썼다.

저자의 역사적 상황

초대 교회의 전통에 따르면 사도 요한은 예루살렘 교회가 흩어진 이후 언제부턴가 에베소에 와서 사역했다. 이 편지들의 정확한 기록 연대는 알려져 있지 않지만 그때 씌어진 것으로 보인다. 요한 사도가 요한이서와 삼서에서 자신을 '장로'라고 부르는 것은 이 편지들에 걸맞게 교회의 지도자, 즉 자녀들을 염려하는 아버지의 심정으로 썼기 때문일 것이다.

수신자

요한일서에서는 이 편지를 받는 대상에 대한 암시가 별로 없다. 그러나 "나의 자녀들아"라는 호칭을 자주 사용하는 것으로 보아 저자가 잘 알고 있는 교인들에게 보낸 편지로 추측된다. 요한 사도가 마지막으로 사역하던 에베소 부근의 교회와 교인들에게 보낸 것으로 보인다. 이 편지를 받는 교회는 아마도 분열의 위기에 있었던 것 같다. 교회에서 발생한 이단 사상 때문이다. 요한 사도는 그들을 '적그리스도'라고 불렀다(요일 2:18, 4:3). 교회에 혼란을 초래한 것은 아마도 영지주의였던 것으로 생각된다. 그들은 육체를 악한 것으로 보았기 때문에 그리스도의 육체를 인정할 수 없었다. 따라서 그리스도의 인간 되심을 부인하였다(요일 4:2, 5:6).

요한이서는 수신자를 "택하심을 받은 부녀와 그의 자녀"(요이 1:1)로 명시하였다. 그러나 편지의 내용이 한 가정보다는 한 교회에 적합하기 때문에(참조, 5절) 이 용어는 교회를 의인화한 표현일 것이다. 그 내용은 요한일서의 요약처럼 보인다.

요한삼서의 수신자는 가이오였다. 그가 어디에 살고 있었는지는 알 수 없다. 요한 사도는 가이오에 대하여 듣고 칭찬하며 복음을 전하고 가르치는 순회 전도자들을 영접하고 대접하라는 충고를 하기 위하여 이 글을 썼다. 사도 요한이 전에 어떤 편지를 교회에 써 보냈는데(이것은 요한일서나 요한이서일지도 모른다. 아니면 남아 있지 않은 다른 편지일 수도 있다) 디오드레베가 형제들을 접대하지도 않고, 사도를 공격하며, 영접하고자 하는 사람들을 교회에서 내어쫓기까지 했다. 이러한 상황에서 요한 사도는 데메드리오를 그에게 보내며 그를 영접하라고 이 편지로 권했다.

중요 주제

1. 요한일서의 서론은 요한복음의 서론과 비슷하다. 요한일서는 요한복음과 같은 독자나 수신자를 대상으로, 요한복음의 내용을 새롭게 설명하고 보충하기 위하여 쓴 것으로 보인다.
2. 요한일서의 중요 주제 중 하나는 죄와 관련된 것이다. 요한 사도는 교인들이 죄를 짓지 않도록 하기 위하여 이 편지를 썼다(요일 2:1). 죄가 무엇이며 기독교인이 죄를 지었을 때 어떻게 해야 하는지 등을 요한일서는 자세히 다루고 있다.
3. 이단 또는 이단자, 즉 적그리스도를 구별할 수 있는 기준을 제시한다. 바른 기독교인은 깨끗하고 빛 된 생활이어야 하고, 하나님을 향해서만이 아니라 다른 성도들을 위해서도 사랑이 있어야 하며, 특히 육체로 오신 예수님을 믿어야 한다. 이것은 심지어 '영'을 판별하는 기준이 되기도 한다. 예수 그리스도께서 육체로 오신 것을 시인하는 영이 하나님께 속한 영이다.
4. 요한이서는 요한일서의 내용이 요약되어 있는데, 특히 다른 교훈을 가지고 오는 사람들에게 인사도 말고 영접하지도 말 것을 권한다.

내용 분해

◆요한일서

1. 서언 : 인간이 되신 그리스도(1:1~4)

2. 하나님과의 교제(1:5~2:17)
   1) 죄를 용서받음(1:5~17)
   2) 죄를 위한 화목 제물(2:1~2)
   3) 하나님과의 교제 안에 있는 증거(2:3~17)
      ① 예수님의 계명을 지킴(2:3~6)
      ② 형제들을 사랑함(2:7~11)
      ③ 세상을 사랑하지 않음(2:12~17)

3. 적그리스도의 위험에 처한 교회에 주는 경고와 권고(2:18~29)
   1) 적그리스도에 대한 경고(2:18~23)
   2) 복음에 거할 것을 권고함(2:24~29)

4. 하나님의 자녀들의 생활(3:1~24)
   1) 범죄하지 않음(3:1~6)
   2) 범죄하는 자는 마귀의 자녀들임(3:7~10)
   3) 서로 사랑할 것(3:11~24)

5. 진리의 영과 미혹의 영(4:1~6)

6. 사랑의 완전성(4:7~5:3)
   1) 사랑하는 자는 하나님에게서 난 자임, 그 이유(4:7~12)
   2) 예수님을 믿는 사람은 하나님의 사랑을 받아들이는 자임(4:13~18)

3) 하나님을 사랑하는 자는 형제들을 사랑함(4:19~21)
4) 하나님의 아들을 믿는 자는 하나님을 사랑하는 자임(5:1~3)

7. 믿는 자들이 세상을 이김(5:4~12)

8. 결언과 여러 가지 충고(5:13~21)

◆요한이서

1. 서언과 인사(1~3절)
2. 사랑의 계명(4~6절)
3. 예수님의 성육신을 부인하는 이단에 대한 경계(7~11절)
4. 결언과 인사(12~13절)

◆요한삼서

1. 서언(1절)
2. 감사와 칭찬(2~8절)
3. 디오드레베에 대한 비판과 데메드리오의 추천(9~12절)
4. 결언과 인사(13~15절)

생각해볼 문제

1. 요한서신의 저자는 누구입니까?
2. 요한서신들이 기록된 이유는 무엇입니까?
3. 요한일서가 경고하고 있는 적그리스도는 누구를 가리킵니까?
4. 신자들이 죄를 지을 때 어떻게 해야 하는지를 교훈한 말씀은 어디에 기록되어 있습니까?

5. 유다서

유다서는 예수님의 동생 유다가 쓴 편지로, 교회에 몰래 들어온 거짓 교사들에 대한 비판과 경고를 담고 있다. 특정한 교회나 지역, 개인이 수신자로 언급되지 않았기 때문에 일반서신으로 분류되어 있다.

이 서신은 초대 교회 시절부터 정경성에 의문이 제기되었다. 유다서에 인용된 두 부분(9절과 14절)이 우리에게 전해진 정경 어디에도 들어 있지 않고 위경 중의 하나인 에녹일서와 모세의 승천기에서 발견되기 때문이다.

그러나 저자가 이 글들을 위경에서 인용했다고 하더라도 그가 위경 전체를 권위 있는 책으로 인정했음을 뜻하지는 않는다. 더욱이 저자는 구전에서 이 말들을 인용했을지도 모른다. 우리에게 중요한 것은 그런 논란의 여지에도 불구하고 유다서를 정경으로 인정했다는 것이다.

저자의 역사적 상황

저자는 자신을 "예수 그리스도의 종이요 야고보의 형제인 유다"라고 밝힌다(1절). 이 표현은 예수님의 동생인 유다를 뜻하는 것이 확실하다. 야고보는 교인들에게 잘 알려져 있던 인물임을 알려주는 표현인데 그런 인물은 야고보서를 쓴 야고보밖에 없기 때문이다.

유다는 자신을 예수님과 같은 수준에서 언급하지 않고 예수님의 종으로 묘사함으로써 사도들과 같은 수준에 놓고 있다.

이 편지를 그가 어디에서 언제 기록했는지는 불분명하다. 아마도 60~70년 사이에 기록된 것 같다.

유다는 처음에 기독교 진리를 일반적으로 저술하려는 계획을 가지고 있었으나 거짓 교사들이 교회에 들어와 혼란케 하는 것에 자극받아 믿음의 도를 지키기 위하여 힘껏 싸우라는 격려의 편지를 써 보내게 되었다.

수신자

"부르심을 받은 자 곧 하나님 아버지 안에서 사랑을 얻고 예수 그리스도를 위하여 지키심을 입은 자들"로 되어 있는 기록만으로도 유다가 당시의 모든 기독교인들을 대상으로 기록했다고 할 수 있을 것이다.

수신자들이 기독교인임에는 틀림없다. 그래서 유다는 "우리 주 예수 그리스도의 사도들이 전에 한 말을 기억하라"고 권했다(17절).

내용 분해

1. 서언과 인사(1~2절)
2. 글을 쓰는 이유 : 거짓 교사들이 교회에 들어옴(3~4절)
3. 거짓 교사들이 하는 일과 임박한 심판(5~16절)
4. 거짓 교사들에 대항하여 복음을 지킬 것을 권함(17~23절)
5. 결언 : 송영(24~25절)

생각해볼 문제

1. 유다서의 주제는 무엇입니까?
2. 유다서의 정경성에 계속 의문이 제기되는 것은 무엇 때문입니까?

제 5 부

계시록

요한계시록

요한계시록은 신약성경의 마지막 책으로 신약성경에 포함된 하나뿐인 종말론적 예언서이다. 그 내용은 하나님께서 요한 사도에게 보여주신 것, 즉 계시하신 것인데 이는 '반드시 속히 될 일들'에 관한 것이다. 계시라는 단어에서 '계시록'이란 이 책의 이름이 만들어졌다.

문학 형태로 보면 예수님께서 사역하시던 당시에 유행하던 유대 묵시문학적 작품들과 비슷하다. 내용을 직설적인 언어의 형태로 표현하지 않고 상징적인 언어들을 통하여 그림의 형태로 표현하는 것이다.

동방교회는 처음부터 계시록을 정경으로 인정하지 않았다. 서방교회에서도 오랫동안 정경성과 그 가치를 인정하기를 주저했지만 마침내 정경 목록 속에 포함시켰다. 신교는 역사적으로 서방교회에서 개혁 또는 성경의 기독교로의 복귀를 외치며 갈라져 나왔기 때문에 서방교회의 전통을 따르고 있다.

초대 교회 이후 요한계시록은 신약성경 중 가장 인기 없는 책으로 취급되었다. 모호한 교훈과 이해할 수 없는 상징들 때문이었다. 그러나 어느 지역에서나 교회가 극도로 박해를 받았던 시대에 요한계시록은 교인들이 가장 사랑하는 책으로 변모했다. 교회는 계시록을 읽으며 그리스도와 교회의 승리를 믿었고, 미래의 승리와 영광을 바라보며 고된 현실의 고통과 박해를 견뎠다. 그리고 기꺼이 믿음을 지키며 순교자의 대열에 섰다.

이러한 역사는 한국에서 그대로 재현되었다. 일제 점령기를 지나며 교회는 혹독한 탄압을 받았고 그 때문에 요한계시록은 한국 교회에서 가장 사랑받는 책이 되었다.

특별한 박해의 상황이 지나면 교회는 계시록적인 역사 이해와 신앙 형태에서 조금씩 현실로 돌아왔다. 이에 따라 요한계시록은 다시 사람들의 시야에서 멀어져 갔는데, 평화로운 시기와 자유로운 전도의 길이 열려 있는 상황에서 유난히 요한계시록을 강조하고 이 책을 중심으로 살아가기를 고집하면 그들은 대개 이단 집단으로 전락했다. 이 점에서 요한계시록은 한국 교회와 특별히 친밀하면서도, 수많은 기독교인들이 기독교인답지 못하게 살도록 오용되기도 하는 책이라고 보아야 할 것이다.

저자의 역사적 상황

이 책의 저자는 자신을 그리스도의 종 요한이라고 부르고 있다(1:1). 우리가 잘 알고 있는 사도 요한을 지칭하는 것이다. 계시록을 요한복음이나 요한 서신들과 비교해보면 많은 차이에도 불구하고 공통된 요소들이 더 많다는 것을 알 수 있다.

사도 요한이 이 계시를 받을 때 그는 밧모라는 조그만 섬에 있었다고 하는데, 아마도 '하나님의 말씀과 예수 그리스도의 증거로 인하여' 에베소 교회에 있다가 밧모 섬에 유배 간 것으로 보인다. 그곳에서 그는 그리스도의 계시를 받았고, 이것을 글로 써 보내라는 명령을 받았다. 물론 계시록이 당시의 상황을 반영하고 있는 것은 틀림없지만 글을 쓰는 동기는 교회나 자신의 상황에 있지 않고 역사와 교회를 이끌어가시는 예수님의 지시에 있었다(1:9~11).

전통적으로 요한계시록의 저작 연대는 도미티안 황제의 통치 기간(서기 81~96년) 말기인 95년쯤으로 알려져 있다. 이때는 교회에 대한 박해가

극심하지는 않았지만 황제 숭배의 강화로 인하여 박해의 기운이 서서히 무르익고 있을 때였다. 사도 요한은 이미 박해 중에 있으면서도 더 큰 박해에 직면할 교회와 교인들을 격려하고 끝까지 인내하며 신앙을 지키도록 이 편지를 써 보냈다.

수신자

이 글을 받게 된 수신지도 그에게 계시하신 예수님에 의하여 지정되었다. 에베소를 포함한 소아시아 지역의 일곱 교회가 그 수신지였다. 2장 1절부터는 각 교회에서 사역하고 있던 지도자들이 계시록의 직접적인 수신자임이 명시되어 있다. 물론 이것은 일곱 교회나 일곱 교회의 사자들에게만 이 계시가 전달되었다는 의미는 아니다. 당시에 핍박을 당하던 모든 교회가 계시록의 수신자요 2천여 년이 지난 우리에게도 이 편지는 여전히 그리스도의 계시로서의 효력이 있다. 그렇다고 해도 일차적인 수신지와 수신자는 핍박을 당하고 있었고 더 큰 핍박의 위험에 노출되어 있던 일곱 교회임을 잊어서는 안 될 것이다.

계시록을 어떻게 읽을 것인가?

요한계시록이 기록된 이후 1900여 년 동안 이 예언서를 어떻게 해석할 것인가로 교회는 적지 않게 고심해왔다. 그 결과 시대와 장소마다 다양한 해석 유형들이 고안되고 발표되었다. 하지만 그 어떤 해석도 요한계시록의 적절한 해석이라고 보기 어렵다. 이 짧은 개론서에서 이 모두를 다 섭렵할 수는 없다. 다만 계시록에 대한 기본 이해를 도울 수 있는 단서만 간략하게 제시해본다.

요한계시록을 보통의 예언서인 것처럼 오해하여 그 모든 내용을 곧바로 해독하려는 것은 계시록을 파괴하거나 곡해하는 행위이다. 요한이 받은 계시에 예언이 포함되어 있는 것은 사실이다. '반드시 속히 될 일들'이 그에게 알려졌기 때문이다. 그러나 그는 '말하고 들은 것' 을 글로 전해주는 형태가 아니라 '보여주고 본 것'을 글로 바꾸어 전해주는 형태로 이 계시를 받았다. 요한이 보았다고 묘사하는 것에서 교회를 위한 말씀과 예언을 추출하려면 처음부터 언어로 전달된 예언과는 달리 일단 그가 '본 것'을 '본 것' 그대로 바로 그려낼 수 있어야 한다. 그러나 그림을 재생한다고 해도 이것을 실제로 일어난 일로 여겨서는 안 된다. 정확한 그림을 재구성한 다음에 요한이 본 이것이 과연 어떤 예언을, 즉 '진리'를 전달하고자 했는지 다시 물어보아야 한다.

계시록의 성격 : 요한에게 보여주신 것

요한이 기록한 것은 그가 '본 것'(1:2)이었다. 계시가 시작될 때 그는 '네가 보는 것을 책으로 기록하라'는 명령을 받았다(1:11, 19절). 이것은 처음부터 언어의 형태가 아니라 사건의 형태를 띤다. 요한은 밧모 섬에서 자신의 눈앞에 펼쳐지는 엄청난 환상들을 보았고(1:11~12) 그것을 기록했다. 처음부터 언어로 주어진 계시가 아니기 때문에 그가 본 것을 자신의 언어를 사용하여 언어화한 변환 과정을 계산해야 한다.

요한이 본 것은 보통 볼 수 있는 사물이 아니었다. 요한은 주님의 사자가 보여주는 것은 무엇이나 볼 수 있었다. 요한계시록에는 보이지 않는 것이 보이는 것으로 등장한다. 하나님께서는 주님께서 지금 하시는 일이나 계획하고 계신 일을 요한에게 알리기 위해 영적 존재들에게 마치 육체가 있기라도 한 것처럼 형상화하여 보여주셨다. 그리고 그것을 모든 성도들에게 알리라고 하셨다. 이런 이유로 계시록에는 하나님도, 예수님도, 어린양, 천사, 사탄도 모두가 형태를 가지고 있다. 그러나 이것은 실체가 아니다. 모두가 환상이었다. 계시록은 하나님이나 예수님, 다른 영적 존재들이 사람과 같이 형체 또는 육체를 지니고 있음을 알리려고 기록된 것은 아니다.

요한이 본 것은 지상의 평범한 사건들이 아니었다. 영적인 존재를 보이도록 소개한 것처럼 계시록은 영적인 사건을 실제적인 사건으로 그려냈다. 역사의 배후에 있을 법한 일들이 사실적으로 묘사되었고, 모든 것이 인간의 세계에서 일어나는 일들처럼 연출되었다. 미래의 예언도 요한의 눈에 한 장면의 그림으로 비치기 때문에 과거의 사건으로 기술되고, 과거의 역사와 현재의 현실도(1:19, '지금 있는 일') 그 실상이 새롭게 영상화되기 때문에 미래형으로 표현되었다.

환상을 통하여 계시된 계시록의 예상(豫像)은 언어를 통하여 계시된 직접적인 예언(豫言)과는 성격이 판이하게 다르다. 이러한 차이점은 우리가 계시록을 읽고 해석할 때 복음서의 예언에 적용하던 방법과는 완연히 다른 특수한 방법을 사용할 것을 요청한다.

본 것과 의미하는 것

계시록에 나오는 각 단어와 문장들을 문자적으로 해석할 때 이 해석은 말일에 일어날 일들을 보여주는 것은 아니다. 계시록의 문자적 해석이 재생하는 것은 일어날 '일들' 이나 이 일들에 대한 '예언' 이 아니라 이러한 일들이나 이 일들의 예언을 담아 전달하는 '한 폭의 그림' , 즉 요한이 보았다는 '환상' 이다.

이 그림을 미래에 일어날 사실의 몽타주쯤으로, 또는 과거에 일어났거나 지금 일어나고 있는 일들의 사진으로 제시하는 모든 해석들은 계시록을 제대로 이해하지 못할 뿐만 아니라 심각하게 곡해하는 것이다. 요한이 보았다고 자신의 언어를 사용하여 재현하는 그림은, 성경의 예언이 사실을 지향하고 성경의 해석이 사실을 돌이켜본다는 의미에서 역사적 사실과 관련되어 있지만 사실 자체는 아니다.

이러한 제한은 계시록을 무한정 상징적으로 해석하려는 사람을 정당화하려는 것은 아니다. 다만 문자적 해석으로 해석자들이 도달할 수 있는 한계가 어디에 있는가를 정확히 지적하려는 것뿐이다. 즉 계시록에 사용된 언어를 문자적으로 바로 이해할 때 요한이 우리에게 보여주려고 애쓰는 하나의 그림에 겨우 도달하게 된다는 것이다. 그가 본 환상을 이렇게 독자도 상상할 수 있게 된다. 그러나 그것으로 어떤 구체적인 예언에 도달한 것은 아니다.

요한이 보았던 환상을 다시 그린 다음에는 하나님께서 이 그림들로 무엇을 알려주려 하셨는지를 더 물어보아야 한다. 즉 환상을 상징적으로 해석함으로써 하나님께서 이 그림에 연결해놓으신 한 특정한 사실에 이르게 된다. 요한이 보았다는 환상에는 앞에서 확인한 것처럼 영적 존재들이 형상화되고, 역사적 사실 배후의 영적 사건들이 실제화되고, 미래의 사건들이 역사화되어 있기 때문이다. 상징적인 해석에 임할 때 우리의 선입관념이나 내면적, 영적 직관 또는 직감보다는 계시를 본 요한 사도가 본문에 첨가해놓은 해석이나 해석의 열쇠를 절대적으로 의존해야 한다.

예를 들면 요한은 최초로 일곱 금 촛대를 보았다(1:12). 오른손에 일곱 별을 들고 긴 옷을 입은 한 사람이 일곱 금 촛대 사이를 거니시는 광경이었다. 요한은 그가 본 것을 언어로 표현하였기 때문에 그가 본 환상을 재구성하려면 그가 사용한 단어들 모두를, 즉 '오른손에', '별 일곱을', '들고', '일곱 금 촛대', '사이를', '거니시는 이' 등의 표현을 문자적으로 해석해야 한다. 요한이 본 것은 어쩌면 더 세밀한 부분, 예를 들어 그 사람의 키나 옷의 색깔 등을 포함하고 있었겠지만 독자들에게 더 이상 연상의 날개를 펴는 것이 허락되지 않았기 때문에 희미한 그림이 될 수밖에 없다.

이렇게 재생된 그림은 요한이 본 광경일 뿐 현재나 미래의 어떤 실제 사건을 알려주는 것은 아니다. 이 환상은 사실과 관계는 있지만 주님께서 요한에게 그리고 그를 통해 일곱 교회에 전달하려는 사실 자체는 아니었다. 이 광경을 통해 알리시려 한 진실은 '예수님께서는 왕으로서의 위엄과 권능을 가지고 오늘도 자신의 사자들을 통하여 일곱 교회를 통치하고 계시다'는 것이다(비교, 1:12~3:22).

이러한 해석은 일곱 금 촛대나 일곱 별 등의 분석이나 문자적 해석에서 나오지 않는다. 문자적 해석은 요한이 본 것을 재생시켜줄 뿐이다. 계시록이 보여주는 그림에서 의미가 만들어지는 것은 '일곱 금촛대'는 '일곱 교회' 의, '일곱 별' 은 그 일곱 교회에 파송하신 '일곱 사자들' 의 상징적 표현이라고 첨가된 예수님의 설명을 통해서이다(1:20). 만약 요한이 "일곱 별은 일곱 교회의 사자요 일곱 촛대는 일곱 교회니라"라는 예수님의 상징적 해석을 첨가하지 않았다면 독자는 1세기 말에 이미 계시록의 첫 장면에서부터 혼난을 일으킬 수밖에 없었을 것이다.

계시록의 이중 구조 : 상징과 해설

계시록을 해석할 때 우리는 내용적으로 요한이 본 환상과 그 환상에 담긴 의미를 구별하여야 한다. 동시에 형식적으로 이 환상을 보도하기 위하여 사용한 언어와 이 환상의 의미를(즉 비밀을) 알리기 위하여 첨가한 설명을 구분해야 한다. 계시록의 해석에서 열쇠가 되는 것은 전자(상징)가 아니라 후자(해설)이다. 즉 요한이 본 것을 재생하는 것이 아니라, 한걸음 더 나아가 이렇게 재생된 그림 속에서 또는 이 그림들을 이용하여 그 의미를 찾는 것이다.

요한이 본 것을 알리는 상징부를 이해하는 것은 기초 작업에 지나지 않는다. 이 상징적인 언어들의 의미를 찾는 열쇠로 요한 사도가 가미한 해설부를 적극 활용하는 것이 중요하다. 이것은 요한이 보았다는 광경들을 무시해도 좋다는 말은 아니다. 요한이 전달하려는 하나님의 계시는 그가 본 환상의 기록(상징부)에 담겨 있기 때문에 이것을 가장 잘 재생할 수 있을 때 하나님의 계시가 드러날 수 있는 가능성에 접근하게 된다. 그러므로 요한이 환상을 보도하는 언어들을 주도면밀하게 연구해야 한다.

하지만 문자적 해석에서 중단해버리면 그 해석은 아무 가치도 없는 것이 되고 만다. 사도 요한은 계시록 곳곳에 상징부를 해석할 수 있는 단서가 되는 해설을 남겨놓았다(해설부). 그래서 요한 사도는 그가 본 환상들이 언제까지나 환상으로 남아 있지 않고(계시록의 언어로는 '인봉한 채로 남겨놓지 않은 것' 을 의미한다) 일곱 교회와 오고 오는 모든 성도들이 하나님의 말씀을 이해할 수 있도록 세심하게 배려해놓은 것이다. 계시록 해석에서 전체적으로나 부분적으로나 간에 급선무는 바로 요한이 설정해놓은 해설부를 추출하는 작업이다. 그 해설부가 계시록의 어디까지 영향을 미치는지 제한하는 것도 잊지 말아야 한다.

중요 주제

요한계시록의 중요 주제는 그리스도와 그를 믿는 자의 승리이다. 그리스도는 죽임을 당하셨지만 승리자이시다. 그리고 승리자로 다시 오신다. 그를 믿는 기독교인들도 현실에서는 고난과 핍박을 당하지만 믿음을 지키는 한 지금 승리하고 있다. 그리고 계속 승리하고 그리스도와 함께 영광을 얻을 것이다. 계시록의 매 장에서 환상과 상징들을 일단 제쳐두고 나면 매 장마다 바로 이 주제가 항상 반복된다.

내용 분해

1. 서론과 배경(1:1~20)
   1) 서언, 축복, 인사, 송영(1:1~8)
   2) 촛대와 별의 환상 : 사자를 보내어 교회를 다스리시는 그리스도 (1:9~20)

2. 일곱 교회에 보내신 말씀(2:1~3:22)
   1) 에베소 교회에 보내신 말씀(2:1~7)
   2) 서머나 교회에 보내신 말씀(2:8~11)
   3) 버가모 교회에 보내신 말씀(2:12~17)
   4) 두아디라 교회에 보내신 말씀(2:18~29)
   5) 사데 교회에 보내신 말씀(3:1~6)
   6) 빌라델비아 교회에 보내신 말씀(3:7~13)
   7) 라오디게아 교회에 보내신 말씀(3:14~22)

3. 하늘의 문이 열리고 하늘의 모습이 보임(4:1~5:14)

1) 네 생물과 이십사 장로가 하나님을 찬양함(4:1~11)

2) 일곱 인으로 봉해진 두루마리와 어린양(5:1~14)

4. 핍박과 환난 중에서의 교회의 승리, 하나님의 심판(6:1~16:21)

1) 여섯 인의 개봉(6:1~17)

2) 보호를 위해 인을 받은 14만 4,000명(7:1~8)

3) 대환난에서 승리한 흰옷 입은 성도들(7:9~17)

4) 일곱째 인의 개봉 : 일곱 나팔을 가진 일곱 천사의 출현(8:1~5)

5) 첫 네 나팔이 울림(8:6~13)

6) 다섯 번째 천사가 나팔을 붊 : 첫 번째 화(9:1~12)

7) 여섯 번째 천사가 나팔을 붊 : 두 번째 화(9:13~21)

8) 일곱 우렛소리(10:1~4)

9) 예언의 작은 두루마리(10:5~11)

10) 하나님 앞의 두 증인(11:1~13)

11) 일곱째 나팔 : 찬송이 울리고 하늘 성전에 언약궤가 나타남 (11:14~19)

12) 해를 입은 여인(12:1~17)

① 여인이 사내아이를 낳음(12:1~6)

② 용이 하늘에서 쫓겨나고 찬송이 울림(12:7~12)

③ 용이 여자를 핍박하나 살아남음(12:13~17)

13) 용과 두 짐승(13:1~18)

14) 어린양과 함께 노래하는 14만 4,000명(14:1~5)

15) 세 천사의 찬송(14:6~12)

16) 하늘의 추수(14:13~20)

17) 일곱 대접의 재앙 준비와 심판주를 향한 노래(15:1~15)

18) 일곱 대접의 재앙(16:1~21)

5. 바벨론의 멸망과 그리스도의 승리(17:1~20:15)

1) 바벨론의 모습(17:1~18)

2) 바벨론의 멸망(18:1~24)

3) 하나님의 심판과 구원을 찬양함(19:1~10)

4) 백마 탄 자의 출현과 그 추종자들의 멸망(19:11~21)

5) 천년의 환상(20:1~6)

6) 부활과 심판(20:7~15)

6. 승리의 노래(21:1~22:5)

1) 새 하늘과 새 땅(21:1~8)

2) 어린양의 신부인 새 예루살렘(21:9~27)

3) 생명수의 강과 생명나무, 어린양의 보좌(22:1~5)

7. 결언(22:6~21)

생각해볼 문제

1. 요한계시록은 기독교 역사에서 어떤 상반된 대접을 받았습니까?
2. 요한계시록은 누가 언제 어디에서 기록했습니까?
3. 요한계시록의 수신자는 누구입니까?
4. 요한계시록이 보여주는 내용은 어떻게 탄생한 것입니까?
5. 요한계시록의 주제는 무엇입니까?

현대인을 위한 신학총서 3

신 약 개 론

초판 발행 · 1998년 6월 30일
2판 발행 · 2009년 9월 10일
2판 8쇄 · 2024년 10월 26일

지은이 · 정훈택 교수

편집 · 대한예수교장로회총회 교육부
제작 · 대한예수교장로회총회 출판부
발행 · 대한예수교장로회총회

주소 · 서울시 강남구 영동대로 330
전화 · (02)559-5655~6
팩스 · (02)6940-9384
인터넷 서점 · www.holyonebook.com
출판등록 · 제1977-000003호

ISBN 978-89-8490-373-9 03230